国家社科基金重点项目"国家大数据战略下档案管理理论与实践创新研究"
（项目编号：18ATQ008）

国家大数据战略下档案管理理论与实践创新研究

李泽锋 著

中国社会科学出版社

图书在版编目（CIP）数据

国家大数据战略下档案管理理论与实践创新研究／李泽锋著． -- 北京：中国社会科学出版社，2025.4．
ISBN 978-7-5227-4814-6

Ⅰ．G271-39
中国国家版本馆 CIP 数据核字第 2025R42G28 号

出 版 人	赵剑英
责任编辑	刘　艳
责任校对	陈　晨
责任印制	郝美娜

出　　版	中国社会科学出版社
社　　址	北京鼓楼西大街甲 158 号
邮　　编	100720
网　　址	http://www.csspw.cn
发 行 部	010-84083685
门 市 部	010-84029450
经　　销	新华书店及其他书店
印　　刷	北京君升印刷有限公司
装　　订	廊坊市广阳区广增装订厂
版　　次	2025 年 4 月第 1 版
印　　次	2025 年 4 月第 1 次印刷
开　　本	710×1000　1/16
印　　张	21.75
字　　数	313 千字
定　　价	128.00 元

凡购买中国社会科学出版社图书，如有质量问题请与本社营销中心联系调换
电话：010-84083683
版权所有　侵权必究

目录 Contents

第一章 导论 / 1

第一节 选题背景 / 1
  一 国家大数据战略带来的挑战和机遇 / 2
  二 大数据需要数据的有效档案化管理 / 7
  三 数据治理为数据档案管理提供了可行性支撑 / 10

第二节 研究意义 / 12
  一 理论意义 / 12
  二 实践意义 / 13

第三节 研究的主要内容 / 14
  一 研究对象 / 14
  二 研究内容 / 14

第四节 相关概念界定 / 16
  一 档案数据 / 16
  二 档案大数据 / 17
  三 档案数据化 / 19
  四 数据档案化 / 22

第五节 研究方法 / 24
  一 文献研究法 / 25
  二 比较研究法 / 25
  三 系统建模法 / 25

　　　　四　实证研究法　　/ 25
　　　　五　系统方法　　/ 26
　　第六节　技术路线与全书架构　　/ 26
　　　　一　技术路线　　/ 26
　　　　二　全书架构　　/ 26
　　第七节　创新之处　　/ 28
　　　　一　提出了数据视角下档案定义　　/ 28
　　　　二　拓展了档案管理基本理论　　/ 28
　　　　三　重构了数据档案管理活动　　/ 29
　　　　四　构建国家大数据战略下的数据档案管理框架　　/ 30
　　　　五　提出电子文件与数据归档"双套制""存量档案
　　　　　　数据化、增量数据档案化"等理念　　/ 30

第二章　文献综述　　/ 31

　　第一节　大数据　　/ 31
　　　　一　国家大数据战略　　/ 32
　　　　二　大数据概念　　/ 33
　　　　三　大数据与档案　　/ 34
　　第二节　档案数据化　　/ 39
　　　　一　相关概念研究　　/ 39
　　　　二　档案数据管理与档案数据化管理　　/ 42
　　　　三　档案数据化实践　　/ 44
　　第三节　档案数据管理中的技术应用　　/ 45
　　　　一　区块链技术在档案数据管理中的应用　　/ 45
　　　　二　数据挖掘技术在档案数据管理中的应用　　/ 47
　　　　三　人工智能技术在档案数据管理中的应用　　/ 49
　　第四节　电子文件与数据　　/ 50
　　　　一　数据融合　　/ 50

二　数据管理　/ 51

　　三　数据共享　/ 52

　　四　元数据　/ 53

　　五　数据文件　/ 54

第五节　国外大数据和档案数据研究　/ 55

　　一　大数据政策环境　/ 55

　　二　档案数据理论　/ 57

　　三　档案数据实践　/ 57

第六节　研究评述　/ 61

　　一　研究成果丰硕，但核心概念尚需厘清　/ 61

　　二　注重理论研究，但实践指导尚需深化　/ 62

　　三　聚焦档案领域，但交叉研究尚需形成　/ 63

第七节　进一步的研究空间　/ 65

　　一　加大档案基本理论体系研究的力度与深度　/ 65

　　二　加大数据档案管理活动研究的广度与宽度　/ 66

　　三　构建国家大数据战略下档案管理框架　/ 67

　　四　研究国家大数据战略下数据档案应用场景　/ 67

第三章　档案管理研究对象的学术史梳理　/ 69

第一节　以纸质档案为对象的档案管理理论与实践　/ 70

　　一　初创期的档案管理理论与实践
　　　（1949—1977年）　/ 72

　　二　发展期的档案管理理论与实践
　　　（1978—1996年）　/ 79

第二节　以电子文件为对象的档案管理理论与实践　/ 86

　　一　数字时代与档案工作面临的机遇与挑战　/ 87

　　二　档案管理制度体系的创新发展　/ 91

　　三　档案管理理论体系的创新发展　/ 94

四　创新期代表性档案管理理论　／98
　第三节　档案管理理论的发展趋势——数据化　／101
　　　一　基于"两个服务"的档案管理战略定位　／101
　　　二　基于大数据视角的档案管理核心内容　／103
　　　三　基于大数据思维的档案管理方式方法　／108

第四章　理论拓展：国家大数据战略下档案管理理论发展研究　／112
　第一节　相关理论　／112
　　　一　大数据时代的核心特征：数据与数据驱动　／113
　　　二　数据治理相关理论：标准与模型　／116
　第二节　数据思维与视角下档案概念拓展　／119
　　　一　以数据视角分析现有档案定义　／119
　　　二　数据为关键要素拓展档案管理基本理论　／128
　第三节　数据鉴定、归档与保存研究　／137
　　　一　基于主数据的机构数据分析　／139
　　　二　数据鉴定方法　／141
　　　三　数据归档范围与保管期限　／143
　　　四　数据归档方式与过程　／150
　　　五　基于数据湖的数据归档保存方法　／151
　第四节　国家大数据战略下档案管理框架构建　／154
　　　一　国家大数据战略下档案管理的系统分析　／155
　　　二　国家大数据战略下档案管理理论框架建构　／156

第五章　价值重塑：国家大数据战略下档案管理发展需求研究　／158
　第一节　大数据实践需求变化分析　／158

一　大数据与新技术的融合　/159

二　信息资源管理领域的需求变化　/163

三　大数据实践的需求框架　/168

第二节　大数据时代的档案管理需求　/170

一　国家大数据战略的实践推进　/170

二　档案大数据建设存在的问题　/172

三　档案大数据建设的发展需求　/175

第三节　大数据时代的档案用户需求　/176

一　大数据环境下档案用户需求研究的理论基础　/177

二　大数据环境下档案用户需求的影响因素　/180

三　大数据环境下档案用户需求分析　/185

第六章　业务重构：国家大数据战略下档案管理业务模式研究　/190

第一节　基于全生命周期的数据综合治理模式构建　/190

一　国家大数据战略与数据治理　/191

二　基于全生命周期的数据综合治理框架　/193

三　数据综合治理的基本逻辑　/197

第二节　大数据背景下档案资源建设创新　/212

一　档案资源的建设机制：生态化　/213

二　档案资源的核心来源：主数据　/219

三　档案资源的建设模式：单套制　/222

四　档案资源的建设流程：嵌入式　/224

第三节　大数据背景下档案资源开发利用创新　/229

一　档案资源开发利用创新的原则：规范化　/230

二　档案资源开发利用创新的关键技术：智慧化　/232

三　档案资源开发利用创新的模式：虚实化　/235

第七章 应用重建：国家大数据战略下档案管理应用场景研究 / 242

第一节 大数据背景下档案管理应用生态营造 / 243
  一 大数据背景下档案管理应用生态新特征 / 243
  二 大数据背景下档案管理应用生态新框架 / 248
  三 大数据背景下档案管理应用生态新路径 / 257

第二节 面向干部人事档案大数据的档案管理场景 / 263
  一 干部人事档案管理现状与学术史梳理 / 264
  二 干部人事档案管理思路 / 267
  三 干部人事档案管理业务流程优化 / 269
  四 干部人事档案应用场景创新 / 272
  五 大数据下干部人事档案创新管理成效 / 273

第三节 面向数字建造的企业三维数模档案管理应用 / 275
  一 企业三维数模档案管理的发展态势 / 276
  二 企业三维数模档案管理的框架构建 / 282
  三 企业三维数模档案管理流程深化 / 293

第八章 结论、建议与下一步研究工作 / 315

第一节 结论 / 315
  一 结论一：数据应该成为档案管理的对象之一 / 315
  二 结论二：需要对档案概念体系进行拓展 / 316
  三 结论三：需要对档案管理理论体系进行拓展 / 316
  四 结论四：数据归档前应经过数据治理 / 317
  五 结论五：需要构建国家大数据战略下档案管理理论框架 / 318

第二节 建议 / 318
  一 试行/实行电子文件与数据归档"双套制" / 318

二　数据归档试点先行　／320

三　提高档案队伍构成的专业化与档案管理
参与的多元化　／321

四　提升档案工作者的数据素养与能力，主动参与
数据治理　／322

第三节　下一步研究工作　／323

一　档案理论体系的深入研究　／323

二　数据档案的真实、完整与长期可用的保障问题　／323

三　构建数据档案管理系统的功能框架　／324

四　建立一个数据档案管理可信度评估的方法论　／324

参考文献　／325

后　记　／338

第一章

导 论

2015年10月，大数据上升为国家战略。2017年12月8日，中共中央政治局就实施国家大数据战略进行第二次学习，习近平总书记指出大数据是信息化发展的新阶段，强调审时度势精心谋划超前布局力争主动，实施国家大数据战略加快建设数字中国，提出推动大数据技术产业创新发展、构建以数据为关键要素的数字经济、运用大数据提升国家治理现代化水平、运用大数据促进保障和改善民生、切实保障国家数据安全。档案机构作为社会信息资源最重要的保存场所，必须参与到国家大数据战略中。大数据背景下，档案管理对象与要求变化巨大，原有档案理论已不能充分支撑，必须对全宗、鉴定等基本理论进行创新研究，重构基于数据的档案管理活动与利用模式，促进档案机构真正实现数据有效管理。

第一节 选题背景

国家大数据战略深入实施，要求以数据集中和共享为途径，推动技术融合、业务融合、数据融合，这给档案工作带来了挑战。融入国家战略，档案工作开展档案数据化与数据档案化，既凸显档案工作重要性，又是机遇。数据治理与大数据技术的相对成熟为档案工作抓住机遇提供了可行性。

一 国家大数据战略带来的挑战和机遇

梳理国家大数据战略的实施脉络,分析其给档案工作带来的实际挑战,为应对这些挑战,档案部门抓住机遇尽快融入国家战略,这是项目研究的基础。

(一)大数据与大数据思维

纵观人类社会的成长变迁,从最初的结绳记事,到文字发明后以甲骨、金石、简牍、缣帛、纸张为载体的文以载道,再到近现代的数据建模、数据分析、电子文件,信息、数据一直伴随着人类文明史的发展,作为信息载体的档案更是真实留存了人类历史。随着信息技术的深入应用,人类处理数据、掌握信息的能力飞速发展,产生的数据也空前增长,数据出现了难获取、难管理、难组织的问题,大数据概念与技术应运而生。

2012 年牛津大学教授维克托·迈尔-舍恩伯格和肯尼思·库克耶在其著作《大数据时代》[①] 中对大数据做了概念定义,将"全量数据""近似解""关联关系"作为大数据分析的新模式。中科院院士梅宏在《大数据导论》[②] 一书中认为"大数据泛指无法在可容忍的时间内用传统信息技术和软硬件工具对其进行获取、管理和处理的巨量数据集合,具有海量性、多样性、时效性和可变性等特征,需要可伸缩的计算体系结构以支持其存储、处理和分析",这是一个计算机科学角度的定义。

大数据的定义目前还存在争议,但大数据的赋能作用使其成为人类认识复杂世界的新思维与新手段。长期以来,人类主要遵循"分析现象,找到原因,根据原因得到结果"的逻辑思维方式,即知其然、知其

[①] [英]维克托·迈尔-舍恩伯格、肯尼思·库克耶:《大数据时代》,盛杨燕、周涛译,浙江人民出版社 2013 年版。

[②] 梅宏主编:《大数据导论》,高等教育出版社 2018 年版。

所以然、知其所以必然，寻找准确的、确定的结果。随着人类认识世界的深入，以及信息技术的运用，人们日益意识到世界存在很大的不确定性，这种不确定性难以用因果关系解释，数据间的相关性（复杂关联关系）一定程度上可以取代原来的因果关系，启发人们找到问题的近似解、最优解，而非准确解或唯一解。大数据思维在实践中有一整套方法和技术寻找数据的相关性以寻求近似解。但其前提之一是数据的完备性，只有具备了一定量的数据，且数据间有复杂关联关系时，大数据方法分析出的近似解才是人类想知道的答案，才能赋能人类社会发展。

（二）国家大数据战略发展现状

信息技术的发展推动了数据资源的快速增长，数据已经成为国家基础战略资源，大数据在推动社会经济发展、社会治理体系完善、政府服务能力提升方面的作用日益凸显，为了适应这一趋势，世界各国制定了一系列大数据发展战略，推动了大数据治理技术的快速发展。

1. 国外大数据战略发展现状

世界各国非常重视大数据发展，以美国为首的发达国家，率先把大数据上升到国家战略的高度。美国目前已经完成了从发布战略、完善法律框架到行动计划的整体布局。2012年美国奥巴马政府发布《大数据研究和发展倡议》[①]，提出研究大数据收集、存储、管理技术，通过大数据提升获取知识的能力，加快科学的创新。随后美国陆续发布《大数据研究和发展计划》[②]《大数据：把握机遇，守护价值》[③]，对美国大数据应用与管理现状、政策环境等进行了集中阐述。在这一战略下，美国加快大数据核心技术的研究，积极推进大数据应用场景，完善数据驱动

---

① the WHITE HOUSE: Big Data is a Big Deal, https://obamawhitehouse.archives.gov/blog/2012/03/29/big-data-big-deal.

② the WHITE HOUSE: Administration Issues Strategic Plan for Big Data Research and Development, https://obamawhitehouse.archives.gov/blog/2016/05/23/administration-issues-strategic-plan-big-data-research-and-development.

③ the WHITE HOUSE: Big Data, Open Data & the Federal Agencies, https://obamawhitehouse.archives.gov/blog/2014/06/24/big-data-open-data-federal-agencies.

的体系与能力建设，同时重视大数据带来的信息安全问题。

英国于2013年发布《英国数据能力战略：把握数据机遇》①。该战略在借鉴美国做法基础上，提出加强数据分析技术研发、国家信息关键基础设施建设、数据共享与安全等几方面的措施。2019年又发布《国家数据战略》②，提出要设立政府首席数据官。

澳大利亚在2013年发布《澳大利亚公共服务大数据战略》③，提出了六条原则，如数据是国家资产、信息安全与公民隐私、数据完整与过程透明、政府数据开放等，并进一步要求跟踪研究大数据技术最新发展、制定大数据实践最佳指南与数据分析指南等。

此外，日本的《创建最尖端信息技术国家宣言》④、新加坡的数据地平线平台⑤等国家大数据战略也在稳步推行。

2. 我国国家大数据战略发展现状

"十三五"期间，国家提出了大数据发展战略，明确了我国大数据产业的发展方向。2014年3月我国两会工作报告首次将大数据纳入国家战略，并在次年的政府工作报告中再次强调对大数据的重视。2014年可以称为"中国大数据元年"。同年10月1日，国家发展改革委、工业和信息化部建立联合工作机制，开启《关于促进大数据发展的行动纲要》的研究制定工作。2015年8月，国务院出台了《大数据发展行动纲要》（以下简称《纲要》）⑥，成为我国首个发展大数据产业的战略性指导文件，提出要统筹规划大数据基础设施建设，推动政府治理精准

---

① Gov. UK：UK data capability strategy：seizing the data opportunity，https：//www. gov. UK/government/publications/UK-data-capabilicy-strategy.

② Gov. UK：National Data Strategy，https：//www. gov. UK/guidance/national-data-strategy.

③ 《澳大利亚：开放数据平台和公共服务大数据战略》，https：//cloud. zol. com. /cn/426/4266604. html，2014年1月8日。

④ 《日本：用大数据创建最尖端工厂国家》，https：//developer. aliyun. com/article/75113，2017年4月3日。

⑤ 《海外观察·拥抱数字经济的新加坡》，https：//www. thepaper. cn/newsDetail_forward_6187450，2023年8月1日。

⑥ 《国务院关于印发促进大数据发展行动纲要的通知》，https：//www. gov. cn/zhengce/content/2015-09/05/content_10137. htm，2023年5月1日。

化。2015年10月26日,党的十八届五中全会将实施国家大数据战略写入全会公报,标志着大数据战略正式上升为国家战略。2016年3月,《中华人民共和国国民经济和社会发展第十三个五年规划纲要》(以下简称《"十三五"规划纲要》)提出要"实施国家大数据战略,要把大数据作为基础性战略资源,加快推动政府数据开放共享,助力产业转型升级和社会治理创新"①。为贯彻落实《"十三五"规划纲要》和《行动纲要》提出的发展目标,2016年12月工业和信息化部颁布了《大数据产业发展规划(2016—2020年)》,明确提出要促进行业大数据应用发展,推动全国一体化国家大数据中心建设,促进大数据在政务、交通、教育、健康、社保、就业等民生领域的应用,强化社会治理和公共服务大数据应用。2017年10月,党的十九大报告中要求"推动互联网、大数据、人工智能和实体经济深度融合",建设"数字中国"。2017年12月8日,习近平总书记在中共中央政治局进行第二次学习时发表《审时度势精心谋划超前布局力争主动 实施国家大数据战略加快建设数字中国》重要讲话,提出"大数据是信息化发展的新阶段"重要论断,为我国发展大数据、实施大数据战略开启了新篇章。2019年10月,党的十九届四中全会首次明确将"数据"作为一种生产要素参与到国家治理体系与治理能力现代化当中。2020年4月,中共中央、国务院印发《关于构建更加完善的要素市场化配置体制机制的意见》,将加快培养数据要素市场作为独立一章,凸显了数据要素的重要性和价值。

"十四五"期间,我国大数据战略开始进入新的阶段,2021年3月,《中华人民共和国国民经济和社会发展第十四个五年规划和2035年远景目标纲要》正式颁布,明确提出"要提高数字政府建设水平,加强公共数据开放共享,推动政务信息化共建共用,提高数字化政务服务效能"。随后《"十四五"大数据产业发展规划》《"十四五"数字经济发展规划》相继印发,助推大数据产业经济稳步发展。2022年6月,

---

① 《中华人民共和国国民经济和社会发展第十三个五年规划纲要》,https://www.gov.cn/xinwen/2016-03/17/content_5054992.htm,2023年5月1日。

国务院发布了《关于加强数字政府建设的指导意见》（以下简称《意见》），明确提出到2025年，要进行更为完善的数字政府顶层设计，基本形成数字政府体系框架，实现政府履职数字化、智能化水平的显著提升，使政府决策科学化、社会治理精准化、公共服务高效化取得重要进展。同时，《意见》也提出要从政府数字化履职能力体系、安全保障体系、建设制度规则体系、开放共享数据资源体系、智能集约平台支撑体系五个方面进行数字政府体系框架建设。2023年3月，中共中央、国务院印发了《数字中国建设整体布局规划》，数字中国建设将坚持数字基础设施和数据资源体系"两大基础"，推进数字技术与经济、政治、文化、社会和生态文明建设"五位一体"深度融合，强化数字技术创新体系和数字安全屏障"两大能力"，发展国内国际"两个环境"，全面赋能经济社会发展。

回顾上述发展历程可以看出，国家大数据战略提出至今，在短短几年间已有了深入实施，与此同时大数据技术也有了相当大的发展，这给档案工作带来了前所未有的挑战。但如果应对得法，则是档案工作从后台走上前台、在社会发挥更大功能的重大机遇。

（三）挑战与机遇

围绕国家大数据战略，国家层面通过推动业务和数据融合，建设覆盖全国、统筹利用、统一接入的数据共享大平台，构建全国信息资源共享体系。地方建设全流程一体化政务服务平台实现跨层级、跨地域、跨系统、跨部门、跨业务的协同管理和服务。这些平台都生成了大量数据，这些数据都有集中保存与共享要求。档案部门面对这些要求，管理能力尤其是数据管理能力面临着严峻挑战。

档案机构作为社会信息资源最重要的保存场所，必须参与到国家大数据战略中。目前，我国档案部门以保存纸质档案、电子档案等非结构化数据为主。档案部门在归档时，按照归档范围要求，去掉了很多更能反映单位历史面貌的过程数据等细节信息，但档案仅仅是单位生成的全量信息的很小部分。大数据技术对全量数据的要求，使得信息中心、数据中心等成为了大数据的主阵地，档案部门存在着被边缘化的风险。

将数据纳入档案管理的范畴，推动档案管理对象从人类可理解的文件形态变成计算机可理解的数据形态，将发生质的变化。现有档案学的概念体系是否能接受数据、理论体系是否能容纳数据、管理方法是否能适应数据，是学界要深入思考的科学问题。学界提出档案数据化和数据档案化概念，就数据与档案在概念体系、理论体系等多个领域开展研究，取得了一定成果，然而从现有成果看，尚不足以解决上述问题，也难以支撑档案工作尽快融入国家大数据战略。

2021年6月中办、国办联合印发的《"十四五"全国档案事业发展规划》为档案工作指明了方向，确定了和数据结合发展的路径。一方面，规划要求深化"互联网+政务服务"领域的电子文件归档工作，以此领域为先行，完善政务服务数据归档机制。以全流程一体化政务服务平台（如一网通办、最多跑一次等）数据归档为抓手，推进政务服务数据归档。另一方面，"十四五"时期档案工作还需着重解决三维电子文件及数据文件的归档。

二　大数据需要数据的有效档案化管理

数据是产生信息的源头，信息是构建知识的基石，知识是信息经过加工提炼的结果。从认知角度看，数据、信息、知识是认识事物的三个不同的层次，计算机按照数据、信息、知识的顺序来加工处理。数据是未经组织的原材料，是事实的原始表达。计算机进行数据处理有明确的算法，通过分析数据之间的关联关系，形成有意义的信息。当信息与使用者的能力或经验结合在一起时，便会形成知识。知识处理的重点是逻辑与符号，有的知识处理有明确有效的算法，但还有许多知识无法用算法有效处理，只能转化为数据进行处理。由此计算机完成了以上三要素的认知转化，数据是计算机的直接处理对象。而人类认知顺序却与计算机认知顺序相反，人们直接看到知识，然后从知识中提取消除不确定性所需的信息，最后摘取符合业务需要的关键数据。人类认知是从感知知识开始的，通过一步步的减熵数学运算获取信息和数据。两种认知如图1-1所示。

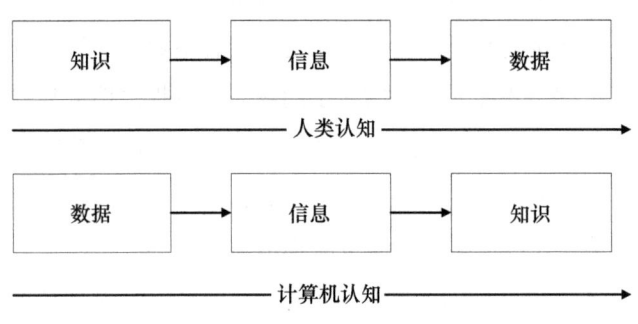

图1-1 计算机与人类两种认知示意图

传统档案管理工作档案为纸质档案，是"文件态"对象，其保管重在保护档案载体。为了方便检索和利用，需要对纸质档案进行著录标引，形成档案目录供手工检索使用。由此完成了知识、信息、数据的认知转化。

进入信息时代，数字技术使得以更低的成本存储大量知识成为可能，档案界提出实施"存量数字化、增量电子化"。一方面是对目前已保有的传统载体形式档案开展数字化工作；另一方面是对未来一段时间在业务工作中直接形成的电子文件进行线上归档，形成电子档案。这一时期形成的电子档案，是"数字态"对象，其保管重在保存，不仅要保护数字载体，还要保存其信息比特流。不论是传统载体档案的数字化副本，还是原生性电子档案，都是直接的知识，属于非结构化数据。计算机难以直接对知识进行加工处理，仍需对电子档案进行著录标引，建立数据库以实现计算机检索功能。但标引并不能对档案内容进行确切完整的揭示。此时，人类认知的顺序仍未发生变化。

大数据时代，数据以指数级增长，高达数十乃至数百PB级规模的大数据已经远远超出了传统数据库软件工具所能处理的范围，大数据技术应运而生。大数据技术是一项以认知计算为核心的新兴数智技术，它通过运用云计算、人工智能、互联网等技术手段，对海量数据进行挖掘、分析、管理与融合，从而实现大数据在社会生活中的应用。大数据有两个基本特征：一是数据全，大数据的全指的是利用所有数据，不是只依靠抽样的部分数据，而是针对全体数据；二是数据之间有相关性，重视数据之间的相关性并基于量更大、样本更全的大数据得出更可靠的结论。过去由于技术的限制和数据量的有限，只能采用抽样的方法进行计算分析，去探索和论证因果关系。随着新兴技术的发展和信息基础设施的完善，获得海量、多维的数据成为可能，并能够通过大数据技术分析处理大数据。由此看出，大数据技术处理的对象是离散的数据。

大数据技术处理结构化数据的能力相比非结构化数据更加成熟，即使是处理非结构化数据，也是先从非结构化数据中抽取关键信息进行标引，转化为结构化数据再进行分析处理。分析处理结果的好坏受非结构化数据向结构化数据转变时数据抽取的质量的影响。比如大数据技术在人脸识别中的应用，当提取人脸图像的若干特征数据质量更优时，人脸识别得更精准。因此，大数据技术需要海量的结构化数据。但是，《非结构化数据管理解决方案白皮书（2020版）》[1]中指出在企业的整体数据架构中，非结构化数据约占企业数据存储量的80%。

为适应大数据技术的发展与需求，作为社会重要资源基础的档案，需要为大数据技术提供坚实的数据源基础。档案工作要深刻认识到知识背后的信息、信息以数据为基础的重要意义，将非结构化的数字档案进行数据化，即档案数据化。此时档案管理对象是"数据态"对象，其保管重在管护语义对象，维护数据之间的关联关系。基于"存量数字化、增量电子化"战略，档案部门具有一定数据管理能力和水平时，适时提出"存量档案数据化、增量数据档案化"。其中，存量档案数据化，即将目前已保有的电子档案内容抽取出来转化为结构化数据，让计

---

[1] 中国电子技术标准化研究院、上海鸿翼软件技术股份有限公司：《非结构化数据管理解决方案白皮书（2020版）》，2020年9月21日，http：//www.cesi.cn/images/editor/20200921/20200921082110270.pdf.

算机去处理；而人类认知变化的核心在于增量数据档案化，即对业务部门产生和管理的各种结构化数据直接进行档案化管理。档案管理工作的起点从数据开始，数据之间存在关联，因此大数据技术可以通过分析处理，形成知识，从而符合大数据时代计算机认知和处理。

数据档案化省去了档案数据化的步骤，使得大数据技术可以直接对海量数据进行统计分析，完整确切地揭示数据档案的内容，提高数据利用率，涉及不同档案内容的相同数据不需重复保存，采用统一的数据规范和标准，输出满足不同用户需求的信息，实现增值管理和知识增长。

本质上，由于计算机认知和人类认知的差异，大数据技术需要数据档案化。计算机认知以数据为起点，且从算法应用和处理能力的角度讲，计算机处理结构化数据的能力成熟于非结构化数据，因此，大数据技术的发展需要海量的结构化数据。由于人类认知一直以非结构化的知识为起点，保存的档案都是直接的知识，不利于大数据技术的应用，所以人类认知亟须做出适应性改变，在档案工作中的体现就是数据档案化，直接将原生性的结构化数据作为档案保存，不仅为大数据技术和档案工作保留了丰富的资源基础，也使得大数据技术与档案工作相辅相成，促进数据档案的增值管理，实现知识增长。

三　数据治理为数据档案管理提供了可行性支撑

治理中需要重点关注的是多元治理主体之间利益的调和，以形成协同治理体系。数据治理是以"数据"为研究着眼点，但其治理对象是整个数据流通模式。数据治理是指通过建立健全规则体系等手段，使在管理整个数据流通的过程中的主体之间权责平衡，形成多元主体协同治理的健康模式，从而促进数据价值的释放。整个数据流通模式涉及业务活动中产生数据、不同主体协同进行数据建设、对数据进行分析挖掘、释放数据价值从而推动业务工作，本质上，这是一个关于"数据价值"的持续循环的过程，各项工作越来越朝向数据驱动发展。数据治理是指从使用零散数据变为使用统一主数据、从具有很少或没有组织和流程治理到企业范围内的综合数据治理、从尝试处理主数据混乱状况到主数据井井有条的一个过程,是保证数据质量的必需手段,数据治理的价值在于确保数据的准确性、可获取性、安全性、适度分享和合规使用,通常包括数据架构组织、数据模型、政策及体系制定、技术工具、数据标准、数据质量、影响度分析、作业流程、监督及考核等内容。数据治理涉及的 IT 技术主题包括元数据管理、主数据管理、数据质量、数据集成、监控与报告等。

随着大数据大范围参与社会经济活动,社会各界已认识到了数据治理的重要性,数据治理(Data Governance)问题逐渐成为学术界和实践领域关注的热点,大数据背景下的数据治理已成为信息资源管理领域重要的研究方向。学界提出了要建立大数据治理标准,并探讨了如何将标准体系应用到实践领域。在数据治理标准方面,对数据格式、数据类型、元数据、主数据开展了讨论和研究,在安全保障机制、评估监督机制方面研究了应对数据泄露和滥用的保障机制,通过建立评估和监督机制,确保数据的准确性和完整性,进一步提升数据的可用性和重用性。

数据治理的成熟为数据档案化实践提供了多方面的支撑。首先,数据治理确保了数据的质量。通过制定规范和标准,数据治理确保数据被正确地收集、存储和管理,从而保证了数据档案的可靠性和准确性。其次,数据治理提供了数据的可追溯性和可审计性。通过建立数据的元数据,应用区块链等技术,数据治理可以追踪数据的来源、变更和使用情况,确保数据档案的可追溯性。同时,数据治理还能够为数据的审计提供支持,确保数据的使用和访问符合合规要求。此外,数据治理还促进了数据的共享和协作。通过建立数据共享和访问策略,数据治理可以确保数据在组织内部和跨组织之间得到有效的共享和协作。这为数据档案化实践提供了更广泛的数据基础,增强了数据档案的价值和可利用性。最后,数据治理还加强了对数据安全和个人隐私的保障。通过制定隐私保护策略和安全控制措施,数据治理可以确保数据档案的安全性和隐私性。这对于处理敏感数据和保护个人隐私至关重要。

综上，数据治理的成熟已为数据档案化实践提供了合适的机制体系和保障能力。顶层设计和制度体系的不断完善协调了在数据档案化实践中不同利益主体之间的权责关系和角色定位，质量控制的技术优势可以保障数据档案化实践中的安全管理，以及整个全生命周期的监督治理。

第二节 研究意义

一 理论意义

大数据下档案管理理论与实践创新是学界研究的难点。本书对国内外学界关于数据档案的研究进行梳理，以数据思维为视角，对档案学的基本概念与理论进行拓展，力图重构档案管理活动，对档案管理机制进行研究，完善已有档案管理的理论与方法，有助于丰富、完善档案学的理论体系。

第一，丰富档案学的理论体系。按照概念体系—理论体系—管理活动—社会实践—理论完善的科学研究思维，以"数据态"档案为研究对象，将数据作为档案定义的属概念，对档案定义和内涵进行界定。在此基础上，对来源原则、全宗理论、鉴定理论、前端控制等档案学基础理论进行数据视角的拓展。宏观上从价值重塑、业务重构、应用重建三个维度构建国家大数据战略下数据档案管理理论框架。这是对以原有"文件态"档案为对象的档案学理论体系的守正创新，丰富、完善了档案学的理论体系。

第二，完善档案管理学与电子文件管理的理论与方法。以数据为对象重构档案管理活动，系统提出了数据档案管理方法，研究运用宏观鉴定法对数据进行鉴定，提出数据归档范围、元数据归档范围、保管期限的确定方法，以及数据归档方式和过程，结合大数据技术的最新发展提出数据档案的保存方法与路径，研究成果以项目组在干部人事档案大数据与企业三维数模方面的创新实践来验证、修正，是对档案管理学、电子文件管理理论与方法的丰富和完善。

二 实践意义

对大数据下档案管理过程与开发利用模式、方法等进行实操研究，有助于档案信息化工作的发展，有利于提升档案机构的大数据管理能力与服务水平，加快其融入国家大数据战略的步伐，对国家档案机构有宏观的理论指导和实际应用价值。

第一，提升档案部门对数据档案管理重要性的认识。数据管理对于档案人员来说是一个全新的课题，目前对数据档案作为社会记忆所必需的真实性和证据价值还没有充分把握，对于数据档案管理的功能尚未全部厘清，档案馆现有的工作重心仍然在文件形态的档案管理上，档案人员对于数据档案管理还处于模糊状态，不知道该如何管起。

研究成果梳理国家大数据战略、数字中国、数字经济建设对数据档案管理的迫切要求，研究数据档案管理，探讨数据的鉴定、归档等实操，可以为档案人员数据管理提供理论依据与方法支持，将数据管理与档案部门的实际工作紧密结合，有利于提高档案部门对数据档案管理重要性的认识。

第二，推动档案部门尽快融入国家大数据战略。档案部门融入国家大数据战略的重要抓手是将数字中国、数字经济建设中生成的大量数据归档保存，留存新时代新征程发展历史。研究成果阐明了数据的鉴定方法、归档内容、归档方式、保存路径与方法，是贯穿整个数据档案管理的方法体系，是破解数据档案管理困境和主体能力困境的关键之匙，能为档案部门尽快融入国家大数据战略提供理论支撑、方向指引和路径策略。

第三，为机构数字化转型提供数据档案管理技术与方法。机构尤其是国有企业数字化转型需要数据有效管理。研究成果宏观上构建了以价值重塑、业务重构、应用重建三个维度的国家大数据战略下数据档案管理理论与技术框架，分析了数据管理过程中对业务数据的在线协同监管、可控高效运行等前端控制，提出了政务数据、企业数据的档案管理场景的融合创新应用，为机构数字化转型提供了数据档案管理技术与方法。

第三节　研究的主要内容

一　研究对象

研究对象为大数据下档案管理的理论与实践创新，即以数据思维为视角，对档案概念进行再认识，通过对档案基本理论的继承与拓展，优化完善档案管理活动与机制，研究大数据下档案开发利用模式，实现档案管理从文档化向数据化转变。

二　研究内容

（一）大数据管理需求特性与管理实态分析

从宏观与微观两个层面研究。宏观上，深入研究国家大数据战略，了解大数据现状和发展趋势及其对经济社会发展的影响，考察国家档案机构与信息化管理机构对大数据的需求特性与管理实态；微观上，深入政府机关与企事业单位内部，通过对管理层、档案部门、信息化部门三个层面的深度访谈或问卷调查，分析机构内对大数据的需求特性与管理实态。

（二）提出了以数据为属概念的档案概念体系

一是分析了档案的本质属性与数据的档案属性，将数据作为档案定义的属概念。二是分析了国家大数据战略要求与档案管理的本质功能，将非结构化数据（文件形态档案）和结构化数据（数据态档案）纳入档案概念。三是分析了结构化数据归入档案的条件。数据赋值是数据档案内容，数据间关联关系、处理加工是数据档案的结构、背景。

（三）以数据为关键要素，拓展了档案学基本理论

一是来源原则的拓展。来源原则在保持对于数据的形成者、形成目的、处理程序和职能范围等关注度的同时，更应该考虑伴随业务流的数据流，关注数据的起源、路径、数据之间的关联关系、加工处理等。二是全宗理论的拓展。数据档案将成为全宗档案有机体的重要组成部分，全宗边界应拓展到对外有业务数据交换、处理和共享的业务系统。对以数据为关键要素的全流程一体化政务服务平台中的归档数据，应按照事务全宗进行管理。三是鉴定理论的拓展。宏观鉴定法适用于数据档案的鉴定。针对大数据的特性，提出集聚价值鉴定法。四是前端控制的拓展。对数据的多源、多模态、全面性以及数据间逻辑关系的正确稳定等进行前端控制，将 ER 图、数据字典、数据血缘关系图谱等作为数据档案元数据在前端进行控制。

（四）重构了数据档案管理活动

一是数据的价值鉴定。运用宏观鉴定法通过确认数据的职能来源、数据的血缘关系、数据的标准化等方面实施鉴定，利用数据血缘关系图谱辅助鉴别数据价值。二是数据的归档范围。主数据全部归档、事务数据选择性归档、分析数据可不归档，元数据归档范围是 ER 图、数据字典、数据血缘图谱、指针链接等。三是数据的归档方式。归档时可以整张表数据以原有表结构归档，最佳方式是根据数据间的关系，将不同数据表中的字段抽出建立数据视图，通过视图进行数据归档。四是确定保管期限。建立企业数据与国家档案局 10 号令保管期限表之间的映射关系，利用企业现有档案保管期限表来确认归档数据的保管期限。将来应该设计档次多、区分细致的精细型保管期限。五是数据归档保存方法。提出以时间戳方式、MD5 码方式收集数据以及基于数据湖（数据湖仓）的数据归档保存方法。

（五）构建了国家大数据战略下数据档案管理框架

从国家大数据战略宏观上，构建了一个以需求响应—价值重塑、业务模式—业务重构、应用场景—应用重建为主要组成的数据档案管理框架。一是从大数据总体需求、数据档案管理的现实需求与档案用户三方面，重塑大数据时代档案价值。二是以档案资源建设为核心，重构国家大数据战略下的档案管理业务行为。三是研究大数据下档案管理应用生态的营造，以干部人事档案大数据、企业三维数模为实例阐述了数据档案管理应用融合创新做法。

第四节 相关概念界定

随着数智时代的到来，"档案数据""档案大数据""档案数据化""数据档案化"等词汇/概念开始频繁出现于学术论文与官方政策文本之中。然而，在追求学术创新的同时，对于这些相近概念的内涵外延却仍缺乏清晰认识，不利于方兴未艾的档案工作数据转型与档案数据范式的可持续发展。为此，本节旨在对相关概念予以界定，并对相关理论予以概述，以为研究讨论奠定基础。

一 档案数据

大数据时代，随着使用频率的提升，"档案数据"在不同使用情景中呈现出多种定义，如认为档案数据是"档案机构收集保存的所有原始数据"，是"一种具备档案属性的数据"，或是"数据化的档案信息及具备档案性质的数据记录"等。从内涵上看，GB/T 5271.1-2000 将数据（data）定义为"信息的可再解释的形式化表示，以适用于通信、解释或处理"。美国质量协会（ASQ）认为数据是"收集到的一组事实，并把数值数据分为两种类型：测量数据或变量数据、计数数据或属性数据"。数据被称为"信息的原材料"，信息则是"在上下文语境中的数据"。档案数据属于数据，既具有数据的一般属性，也具备档案属性。狭义上的档案数据指"国家机构、社会组织和个人在社会各项活动中形成的具有保存和利用价值，以数码形式记录于磁盘、光盘等载体，依赖计算机系统存储、阅读和处理，并在通信网络上传输的各类电子文件及其元数据"。而广义上的档案数据指国家机构、社会组织和个人在社会活动中产生的有价值的数据。但学者们对于何为"档案数据"（archival data）仍持不同看法，特别是对于修饰"数据"的定语——"档案"的意涵并未形成清晰认知，究竟是"档案中的""属于档案的""档案化处理的""档案数据化后的"等无法厘清。

本书从广义上理解档案数据，认为其是客观事物的原始记录"符号"或"原始性符号"，并需着重强调"档案"（archival）作为限定词在"档案数据"（archival data）中的核心地位，即档案数据应以"档案"为基础，是"关于档案的""有价值"的数据。既包含"电子档案的内容数据、传统载体档案数字化副本的内容数据以及两者的元数据（含目录数据）"等传统意义上的档案数据，同时还应包括对数字档案内容进行"数字化处理后所形成的数据以及相应的元数据构成的数据集合"。

二　档案大数据

大数据时代，档案学界围绕档案与大数据的关系、档案大数据的内涵等已开展了系列探讨。从档案与大数据的关系来看，一方面，档案是不是大数据？有学者从大数据的"4V"特征出发，认为档案数据从数据量、多维度、完整性和实时性等方面来看，均不符合大数据特征。特别是档案数据不具备大数据所要求的实时性与动态性；对于档案数字资源的利用也远未达到大数据所要求的"全数据"，不能作为预测和决策依据；在技术应用方面同样存在显著不足。因此，有学者认为档案数据不是大数据，大数据也并非档案数据。但应注意到，以上学者们所聚焦的大数据的"4V"特征，并非大数据的本质。舍恩伯格在《大数据时代》一书中指出大数据的核心预示着信息时代的三个转变，即所有数据而非随机采样、海量即时数据降低精确性依赖，以及由此而促成的更多关注相关关系而非因果关系，其本质是一种新的价值观和方法论。也就是说，大数据不在于"大"，而在于对数据进行分析应用所创造的新价值。从大数据的本质来看，档案数据虽然并未严格具备大数据的所有特征，但档案作为人类社会生活的真实记录，是"最真实、最可靠、最具权威性与凭证性的原生信息资源"，相较于其他类型的数据，档案数据更加真实可靠、价值密度更高，能够为决策提供更加坚实有力的依据，从这一点来看，档案数据同样属于大数据，是能够通过分析挖掘产生新价值的、有用的数据。

另一方面，大数据又是不是档案？新修订的《档案法》将档案界定为"是指过去和现在的机关、团体、企业事业单位和其他组织以及个人从事经济、政治、文化、社会、生态文明、军事、外事、科技等方面活动直接形成的对国家和社会具有保存价值的各种文字、图表、声像等不同形式的历史记录"。吴宝康老先生认为，档案"是国家机构、社会组织和个人在社会活动中形成的，保存备查的文字、图像、声音及其他各种形式的原始记录"。进入数字时代以来，对于档案的属定义也经历了从"记录"到"信息"的演变，如冯惠玲等主编的《档案学概论》[①]中就将档案表述为"档案是社会组织或个人在社会实践活动中直接形成的具有清晰固定的原始记录作用的固化信息"。从上述定义中可以看出，尽管具体表述各有不同，但档案的核心内涵并未更易：其一，档案是社会活动过程中形成的；其二，具有保存价值的；其三，具有多种形式。从这个意义上而言，大数据是社会主体在社会生活中直接形成的具有保存价值（如备查、原始记录作用等）的记录或信息，与档案的核心内涵是一致的。

在剖析档案与大数据间关系的基础上，本书系统梳理了学界近年来对于档案大数据内涵的解读，如认为"档案大数据在实质上是一种基于发展的、动态的、数据流的档案观；基于海量数据的实时技术处理和知识挖掘过程；是一种基于数据全面性、复杂性、相关性的思维分析方法；是一种颠覆传统的、全新的档案管理模式"，"包括档案资源大数

[①] 冯惠玲主编：《档案学概论》（第三版），中国人民大学出版社2023年版。

据、档案管理大数据、档案开发大数据等"。因此，本书认为，档案大数据的本质在于档案工作领域的大数据应用，而要推动这种大数据应用又要着力解决档案数据化、档案云存储、档案数据关联等一系列问题。这也正是本书着力需要解决的核心关切之一。

三 档案数据化

信息技术的快速迭代更新加速数字化转型进程，如何充分激活数据潜能、更好服务发展大局成为需要关注的核心议题。在此背景下，档案管理理论与实践也充分拥抱数据理念与方法，把握档案数字化转型路径与趋势，促使对档案资源的静态管理向着"活起来"的动态组织、开发利用、知识服务等转变。由此延伸出档案管理逻辑与数据管理逻辑的相互嵌入。一方面，在档案管理理论与实践中引入数据管理逻辑，催生"档案数据化"；另一方面，数据实践所衍生出的真实性、可靠性等质量问题，以及数据难共享、平台垄断、数字歧视与算法鸿沟等现象加剧了社会不公，严重影响社会信任与稳定。档案管理理论与实践由于其在凭证性维护、集约化管理、集体性记忆构建等方面具有鲜明优势，可为数据管理实践提供有益参考，因此，也应关注如何在数据管理实践中引入档案管理逻辑，推动"数据档案化"。当前，学界围绕档案数据化已开展了较多探索，形成了系列成果，探讨档案数据化的意义、困境及策略，剖析档案数据化的底层逻辑，并基于知识赋能提出档案数据化编研的逻辑及实现路径。然而，与档案数据化热点形成鲜明对比的是，数据档案化尚缺乏系统深入的分析与探讨。为此，本部分基于上述对于数据与数据驱动的分析，结合数据治理相关理论，分析总结档案数据化相关研究的基础上，着重探索数据档案化研究框架，以促进档案管理逻辑与数据管理逻辑的双向融合与互构，助推档案管理的数字化转型的同时，更好融入国家大数据战略与数字中国建设进程。

（一）数据化的内涵

20世纪90年代，随着计算机技术的快速发展，数字化（digitization）这一概念开始扩散开来，成为信息化的代表性发展趋势，推动了模拟态转向数字态。大数据时代的到来则使得数字化进一步向数据化转变。"数据化"作为一个有明确内涵的概念，由梅耶-舍恩伯格（Mayer-Schönberger）和肯尼思·库克耶（Kenneth Cukier）于2013年正式提出。他们在系统回顾经济和社会科学领域的大数据进展过程中阐述了"数据化"，认为"所谓数据化就是将一种现象以量化的形式表示，以便将其制成表格并进行分析"。数据化不仅涉及将模拟态转化为数字态，更是使得模拟态信息资源变得可索引，通过大规模自动化分析将使人类生活发生极大变革。在"一切数据化"（the datafication of everything）的过程中，人类行为将被呈现为可分析的形式，从而驱动社会发展。对于数据化的理解可从三个维度展开：从微观技术视角来看，数据化可视为一种技术趋势，可将社会行为转化为计算机化的数据，以供实时预测分析。从中观组织视角来看，数据化呈现了一种组织发展趋势，推动各类组织从经验驱动型向数据驱动型转变。从宏观社会视角来看，数据化已成为人类社会的发展趋势，是推动生产力发展的新型生产要素，创造了新型生产模式、工作业态和生活方式，构筑起物理世界的数据镜。简言之，数据化转型描绘了新的数据生成与处理的方式，如物联网大数据、社交媒体数据、环境感知数据、用户生成数据等以及对这些海量异构数据的收集、整合、分析与利用。这一趋势对传统档案管理造成了极大冲击。

2021年，中共中央办公厅、国务院办公厅联合印发的《"十四五"全国档案事业发展规划》提出"推动档案工作与新技术深度融合，为档案事业发展提供持久动力"的工作原则，明确"档案信息化建设进一步融入数字中国建设，新一代信息技术在档案工作中的应用更加广泛，信息化与档案事业各项工作深度融合，档案管理数字化、智能化水平得到提升，档案工作基本实现数字转型"的发展目标。原国家档案局局长李明华也撰文指出"档案工作正在经历一个从接收保管纸质档案到接收保管电子档案，从管档案实体到管档案数据，从手工操作到信息化智能化操作,从档案资源分散利用到联网共享的变革过程",揭示出我国档案数据化的发展趋势。

(二) 档案数据化的内涵

近年来,档案数据化成为档案学界关注的热点词汇,学者们多从数据化的微观层面理解档案数据化。例如,钱毅将数据化界定为"针对数字化成果进行的数据著录、抽取与挂接工作,工作成果表现为积累形成大量的二次文献数据库"。这一狭义的理解实质揭示了从数字态向数据态转化的过程。一些学者从数字档案加工的角度认识档案数据化,将之界定为借助光学识别(OCR)、语音识别(ASR)等技术对图像、音频、视频中的数字内容进行全文识别、分类、著录、标引等工作,形成结构化数据,并建立目录数据库、全文数据库和媒体资源库,以使档案资源内容能够为计算机所挂接、存取、调用、更新、分析和处理,使其可以通过检索词进行检索的过程。亦有学者认为档案数据化不仅是数字档案的数据化、矢量化加工,还应包括档案数据的结构化解析、应用级封装、媒体化组织和全链式管理过程。

在认识档案数据化的过程中,学者们从多个维度辨析了档案数字化与档案数据化的联系与区别。数字化指将信息转化为计算机可以读取的数字格式的过程,数据化则是将信息变为数据,将现象转变为可分析量化的形式的过程。如从模拟态、数字态、数据态"三态"关系来看,可将从模拟态到数字态的转变称为数字化、将从数字态到数据态的转变称为数据化。档案数字化仅实现了对档案文本的识别和读取,并未建立起深层次的理解与分析;而档案数据化则更加关注档案资源的有效开发与利用,推动档案数据进行知识转化。可见,尽管学者们对数据化的认知略有不同,但大都同意数据化将档案资料的利用方式从"人的阅读"变为"机器计算",即挖掘与分析。这一过程又包含结构化与量化两个子环节。这里所谓结构化不同于社会学对于结构化的理解,而是计算机科学意义上的结构化,指根据不同应用需求对信息进行的解构与定义过程;所谓量化是指在结构化的基础上,对数据特征进行提取,使之可以被机器计算和理解。正是通过结构化和量化过程相辅相成,数据化将信息转化为数据库系统中的字节(Bytes)。

通过上述分析可见,档案数据化相较于档案数字化更加注重档案数据的开发利用,因此,对于档案数据化的理解需要着重强调档案"开发"。参考既有研究对于相关概念的阐释,本书认为档案数据化是面向档案开发利用需求,将档案转变为机器可识别、可分析、可计算、可理解的数据的过程。因此可以说,档案利用需求决定了档案数据化过程所采用的技术工具和成果形式,是一种利用驱动的、细颗粒度的、面向分析计算的过程。

四 数据档案化

(一)档案化的内涵

档案化作为一个学术概念可追溯至德里达的档案化思想,后由托马斯·奈司密斯将之概括为"档案化也就是对事件的记录过程",并将这一思想的含义阐释为"档案员必须是理解历史进程的专家,这些进程产生了文件和对文件所涉及的过往事务的了解"。何嘉荪系统引介了德里达的档案化思想,并提出所谓"档案化",就是"确保并且能够证明文件的真实性、完整性、可靠性和长期有效性(可读性、可理解性等),使文件有可能用作证据和作为档案保存"。而"档案化管理"不同于"归档",是"为使文件档案化而采取的管理措施,比如在电子文件管理系统内建立元数据著录机制等。'归档'则是把文件认定为档案,移交档案部门管理"。并认为,只有践行"档案化管理"才能将电子文件管理所强调的"前端控制""全程管理"真正落实。在哲学层面,可将"档案"视为"对过去式当前记忆的物质化","档案的从无到有"即是档案化。从归档范围和档案概念来看,"档案化管理"拓展了传统的以空间转移为标志的文件归档,更具广泛性和深层次。在方法论层面,"档案化思维"有助于推动科技整合与研究手段的多样化。此外,学者们还将"档案化"应用于数据管理、政务数据资源、社会记忆、文化遗产、社交媒体信息等领域，聚焦于如何以档案管理的要求与方式开展管理实践，关注"归档""长久保存"等核心环节。

（二）数据档案化的内涵

档案管理所具备的凭证性、集约化等鲜明优势也为数据管理提供了借鉴。例如，可借鉴连续体概念开展数据保护、减小数据风险；同时可以指导政务数据治理，并建立政务数据治理体系框架。亦有研究提出可将数据业务与档案协同、融合管理。此外，还有学者提出了将档案科学介入数据资源管理的思路做法，认为数据时代，传统归档模式应向档案化模式转变，以弱化数据与档案的边界，变"控制"为"干预"。可见，"档案化"相关研究为"数据档案化"提供了理论支撑，但尚未形成有关数据档案化的专门、系统研究。

如前所述，"档案化管理"本质上是对文件连续体理论的进一步拓展。正如文件连续体理论的提出者 Upward 所指出的，"文件（records）的概念包括具有持续价值的记录（=档案），强调其用于交易、凭证和记忆目的，这一认识统一了文件档案化的保存方法"。因此，相较于"归档"，"档案化"的概念更具适用性和兼容性，强调通过赋予特定文件对象以"档案价值"或"档案特性"，以确保其可用于交易、凭证和记忆等目的，而不强调对于对象文件的实际控制权必须掌握在档案部门手中。档案化管理要求"在一切信息、数据管理中，自始至终注意应用档案学理论以及相应的档案管理原则、举措（包括采行元数据技术著录来源信息等），力保信息、数据的完整性、可理解性、有效性和可持续性，实现档案化"。因此，参照何嘉荪的观点，本书将"数据档案化"理解为为确保数据的完整性、可理解性、有效性和可持续性，而对数据全生命周期进行档案化干预和管理的过程。这一界定是将档案管理理论与方法嵌入数据管理全过程，是在文件连续体理论指导下对传统归档模式的延伸，是实现数据连续性（data continuity）的重要保障。这一档案化过程又涉及理念层面和过程层面的转变。

首先，建立数据"档案化认同"理念。大数据时代，数据与档案间的关系愈发模糊。档案通常被视为可利用的"数据",于是"档案数据化"相关研究广泛兴起;但数据因其来源的分布之广、分析过程的人工干预等特征,不完全具备档案的属性,因而往往并不被视为严格意义上的档案,但通过对数据的整合分析,借助于人工智能、深度算法等技术手段,可形成极富洞见的知识发现。而数据分析结果的价值性,则往往与数据本身的真实性、完整性、可信性,数据分析过程的合法性、合规性,数据分析结果的可关联性、可溯源性、可理解性、可持续性等密切相关,而要实现上述要求,就需要强调以档案化思维对数据形成、分析、结果等全程予以干预和支撑。

其次,推进数据管理过程的"档案化"。一方面,传统归档模式更加强调对数据的"存储""保存",而"管理""利用"则不受重视,体现为数字连续性(digital continuity)。数据档案化的核心在于将档案化管理思维嵌入数据管理全过程,既注重对于数据的保存,又关注对数据分析处理全过程信息的记录,要求实现对相关元数据、背景信息、说明信息等的保存,即数据的"背景化""再背景化",从而确保数据的交易、凭证、记忆等价值得以保存,实现对数据的科学管理。另一方面,传统归档模式通过"归档"实现对文件控制权的转移,数据档案化管理则不强调将文件/档案的控制权转移至档案部门,而更加强调以档案化管理影响数据管理流程,以真正落实全程管理和前端控制理念。

第五节 研究方法

本书综合运用文献研究、比较研究、系统建模、实证研究等研究方法。其中,比较研究法的运用主要体现在两个方面:一是对档案部门与IT或业务部门大数据管理理念、方法的横向比较;二是大数据下档案管理与传统档案管理的纵向比较,进行差异化研究。系统建模法是通过大数据下档案管理活动模型的构建分析关键因素及其相互关系。

一 文献研究法

全面收集国内外学界关于数据档案、档案数据的研究文献，跟踪学术研究前沿，了解最新动态，在把握相关研究进展的基础上，提出需要进一步拓展的研究空间。

主要梳理国家大数据战略的实施历程，深入学习习近平总书记关于大数据、国家大数据战略、数字经济等方面的讲话精神和重要指示，从宏观上把握国家大数据战略的意义、内涵、要求和实施措施机制。

主要跟踪国内外研究数据管理的机构和项目，掌握数据管理的最新动态，同时，通过期刊网等各类数据库、资源网站整理有关国内的研究现状，通过已有的研究成果探寻研究空间。

二 比较研究法

运用比较研究方法，可以对相同事物的不同方面或同一性质的不同种类进行比较，通过比较找出它们的共同点或差异点，从而达到深入认识事物本质的目的。本书中，比较研究法的运用主要体现在两个方面：一是在收集资料的基础上，对文件形态的档案管理与数据形态的档案管理的纵向比较；二是国内外数据档案管理与数据治理、档案部门与信息部门职能的横向比较。

三 系统建模法

如何将数据管理与档案管理系统密切结合是本书的重点和难点。本书以系统建模法为指导来解决。根据文献研究与比较研究的结果，借鉴数据治理模型、数据管理能力成熟度评估模型，结合我国目前档案馆的实际情况，从中演绎出较为全面的数据档案管理的模式与方法。

四 实证研究法

本书选择与课题组成员有密切合作关系、具有较好数据治理能力且正在实施数据治理的企业进行实地调研，力求能把研究成果有针对性地应用于数据档案管理，特别是在鉴定、归档、保存等方面，本书选择政务数据和企业数据两方面开展实证研究。

五 系统方法

系统方法，就是从系统观点出发，着眼于整体与部分、整体与环境的相关联系和相互作用综合考察对象，求得整体的最佳功能的科学方法。本书在研究中，不仅要运用系统方法对数据档案管理的研究现状进行总体把握，还要基于数据的生命周期，通过对档案概念体系、理论体系的拓展研究，构建基于实操的档案管理活动，并对其构成要素进行整体、系统研究。

第六节 技术路线与全书架构

一 技术路线

本书遵循提出问题、分析问题、解决问题的研究思路。首先是根据国家大数据战略实施需要，提出档案工作需要解决的科学问题。其次在文献调研的基础上，对大数据管理的需求特性以及社会组织对数据管理的实态进行调研，将档案学的理论用于指导问题分析。最后提出研究结论与展望。技术路线如图1-2所示。

二 全书架构

本书主要分为8个部分。

第一章是导论。简要介绍本书的研究背景、研究意义、研究内容、研究目标、研究方法与创新之处。对于当前学界研究但尚未达成一致认识的几个概念，进行概念辨析，提出本书自己的观点。

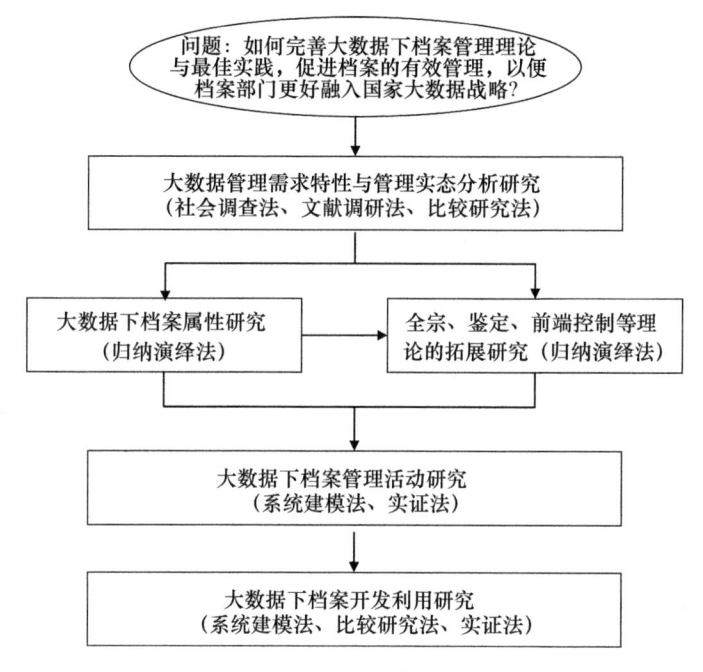

```
┌─────────────────────────────────┐
│ 问题：如何完善大数据下档案管理理论 │
│ 与最佳实践，促进档案的有效管理，以便 │
│ 档案部门更好融入国家大数据战略？   │
└─────────────────────────────────┘
                │
                ▼
   大数据管理需求特性与管理实态分析研究
   （社会调查法、文献调研法、比较研究法）
                │
        ┌───────┴───────┐
        ▼               ▼
  大数据下档案属性研究   全宗、鉴定、前端控制等理
  （归纳演绎法）     →  论的拓展研究（归纳演绎法）
                │
                ▼
      大数据下档案管理活动研究
      （系统建模法、实证法）
                │
                ▼
      大数据下档案开发利用研究
    （系统建模法、比较研究法、实证法）
```

图1-2　本书研究技术路线图

第二章是文献综述。对国家大数据战略、数据与档案的研究现状从国内外两个方面进行归纳总结，把握总体研究状况，明确本书的研究方向。

第三章是档案管理理论与实践的学术史梳理。档案工作从纸质档案为管理对象到以电子文件为管理对象，目前正逐步进入以数据为管理对象阶段。本章对档案管理研究对象进行学术史梳理，力求还原其形成时期档案管理实践所面临的突出困难与问题，试图从档案工作发展史中寻找档案理论与实践的演变规律，为数据档案管理的理论体系构建提供有益的借鉴。

第四章是档案学基本理论拓展研究。本章是本书研究的工作重点。档案工作如何尽快融入国家大数据战略是迫切需要解决的问题。大数据时代，档案与数据是什么样的关系、档案概念是否需要再认识，档案基

本理论是否适应大数据战略的要求、是否需要再审视，档案管理活动是否具有数据管理的能力，是本章要研究的主要问题。同时构建一个以需求响应—价值重塑、业务模式—业务重构、应用场景—应用重建为主要组成的数据档案管理框架。

第五章分析了国家大数据战略下档案管理需求，主要从大数据总体需求、档案大数据实现的现实需求与档案用户三方面展开，以求对大数据时代档案价值在实践需求方面进行价值重塑。

第六章在分析全生命周期大数据治理基础上，以大数据下档案资源建设为核心，对国家大数据战略下的档案管理业务进行重构。

第七章是对国家大数据战略下档案管理应用场景的研究。以应用生态营造为基础，通过政务、工程项目三维数模档案两方面营造应用场景。

第八章是思考、结论与展望。归纳本书的基本研究成果，展望进一步研究的方向。

第七节　创新之处

一　提出了数据视角下档案定义

通过分析档案管理的本质功能，基于数据视角，以数据为属概念，提出了档案的定义：社会组织和个人在以往的社会实践活动中直接形成的、可以进行加工处理且处理结果能使社会实践消除不确定性的数据。该定义不仅将文件形态的档案（如纸质档案、电子档案）纳入管理对象，也将结构化数据纳入了档案管理的范畴。

二　拓展了档案管理基本理论

来源原则适用于数据档案的管理，在保持对于数据的形成者、形成目的、处理程序和职能范围等的关注度的同时，更应该考虑伴随业务流的数据流，关注数据的起源及路径、数据之间的关联关系、数据的加工处理等。

通过对全宗边界、组成及全宗内分类等的研究，对全宗进行再认识。提出未来全宗内档案将以数字形态为主，数据档案将成为全宗档案有机体的重要组成部分，全宗边界不仅包括一定的社会单位，还应拓展到对外有业务数据交换、处理和共享的业务系统。同时对以数据为关键要素的全流程一体化政务服务平台中的数据归档，结合来源原则和事由原则，提出事务全宗的概念。

本书认为宏观鉴定法适用于数据档案的鉴定，针对大数据的特性，提出了集聚价值鉴定法。

本书认为大数据下，前端控制除了保障数据的真实完整可用，还应对数据的多源、多模态、全面性以及数据间逻辑关系的正确稳定等进行前端控制，参与数据标准制定、主数据生命周期管理等，应将 ER 图、数据字典、数据血缘关系图谱等作为数据档案元数据在前端进行控制。

三 重构了数据档案管理活动

提出数据鉴定的具体方法：确认数据的职能来源、确认数据的血缘关系、确认数据标准化、运用宏观鉴定法基于职能来源的理念进行鉴定。可以利用数据血缘分析工具辅助鉴别事务数据价值。

提出数据的归档范围：主数据全部归档、事务数据选择性归档、分析数据可不归档。归档时可以整张表数据以原有表结构归档，也可以根据数据间的关系，将不同数据表中的字段抽出建立数据视图，通过视图进行归档。

提出元数据归档范围：ER 图、数据字典、数据血缘图谱、指针链接等。

提出企业数据与国家档案局 10 号令保管期限表之间的映射，利用企业现有档案保管期限表来指导归档数据的保管期限。将来应该设计档次多、区分细致的精细型保管期限。

提出以时间戳方式、MD5 码方式收集数据以及基于数据湖的数据归档保存方法。

四 构建国家大数据战略下的数据档案管理框架

从国家大数据战略宏观上，构建了一个以需求响应—价值重塑、业务模式—业务重构、应用场景—应用重建为主要组成的数据档案管理框架。一是从大数据总体需求、数据档案管理的现实需求与档案用户三方面，重塑大数据时代档案价值。二是以档案资源建设为核心，重构国家大数据战略下的档案管理业务行为。三是研究大数据下档案管理应用生态的营造，以干部人事档案大数据、企业三维数模为实例阐述了数据档案管理应用融合创新做法。

五 提出电子文件与数据归档"双套制""存量档案数据化、增量数据档案化"等理念

电子文件得到社会完全认可，用了二十余年，经历双套制管理到单套制管理。为迎接大数据时代的挑战，加快融入国家大数据战略，可以仿照电子文件双套制归档管理的发展历程，按照"存量档案数据化、增量数据档案化"路径，实行电子文件与数据归档"双套制"。

第二章

文献综述

档案管理作为国家信息资源的重要组成部分，如何融入国家大数据战略是档案工作的政治任务，也是迫切需要解决的问题。国内外学界围绕大数据时代的档案管理理论与实践展开了系列探索，形成了较为丰富的研究成果，为本书奠定了坚实的理论基础。本章通过全面收集、深入研读国内外有关大数据与档案数据及其管理相关成果，在把握相关研究进展的基础上，提出需要进一步拓展的研究空间，明确研究方向，为后续各章的具体展开寻求切入点。

第一节 大数据

随着信息技术的飞速发展和互联网的普及，我们正处于一个数据爆炸的时代。大量的数据被不断产生、传输和存储，这些数据包含了各个领域的信息。然而，这些数据的规模和复杂性也给我们带来了巨大的挑战。如何从海量的数据中提取有价值的信息，如何处理和分析这些数据，如何应用这些数据来解决现实问题，已经成为了当今社会和科学研究的重要课题之一。在此背景下，大数据研究开始兴起。大数据是指规模庞大、种类繁多、生成速度快的数据集合，是推动经济转型发展的新动力。本节从国家大数据战略、大数据概念、大数据在档案上的利用等三个方面对学界的研究成果进行归纳梳理。

一 国家大数据战略

大数据在推动经济社会发展中的重要地位和作用受到党中央和国务院的高度重视。2014年，大数据一词首次出现在政府工作报告中，引发了各级政府对大数据的广泛关注。为进一步促进大数据的发展，国务院于2015年9月发布了《促进大数据发展的行动纲要》，将大数据纳入国家战略层面，进一步彰显了大数据的重要性。

在对国家大数据战略的研究上，有的学者对国家大数据战略的内涵进行研究。如刘宏达等[①]认为对国家大数据战略内涵的理解，可以从其目标、价值、体系三个维度进行把握：以大数据驱动创新发展为目标、以解决大数据发展中的问题为价值导向、以国家主导构建一体化的国家大数据战略为体系。

有的学者从战略服务角度进行阐释。如庄子银[②]提出政府应构建数据要素市场机制体制，同时在价值创造过程中融入数据要素和其他传统生产要素，把充分发挥数据要素对其他传统要素效率的倍增作用放在重要位置，以此来使大数据更好地服务于国家发展战略。

有的学者从大数据战略的重要性角度出发进行研究。如薛卫双[③]认为大数据战略有助于打破各个部门以及行业之间的信息壁垒，从而防止各部门、各行业形成数据孤岛，出现数据无法融合的情况，因而需要从国家层面做好顶层设计，更需要社会各界的共同参与。

有的学者立足于大数据战略的关注点进行研究。如李后卿等[④]认为不同层面上，大数据战略的关注点不同：国家层面关注总体规划与顶层

---

① 刘宏达、王荣：《论新时代中国大数据战略的内涵、特点与价值——学习习近平总书记关于大数据的重要论述》，《社会主义研究》2019年第5期。
② 庄子银：《大数据如何更好地服务于国家发展战略》，《人民论坛》2021年第Z1期。
③ 薛卫双：《国家大数据中心战略构建研究》，《图书馆》2019年第5期。
④ 李后卿、樊津妍、印翠群：《中国大数据战略发展状况探析》，《图书馆》2019年第12期。

设计；地方层面聚焦于统筹大数据资源，进行大数据标准化工作；企业层面关注如何利用大数据发现新的增长点，为企业创造利润。陆茜①认为"大数据×国家治理"作为大数据战略重要关注点，已经成为新时代国家治理能力现代化的核心驱动力，在促进新时代国家治理向治理主体多元化、方式智能化、决策科学化及目标精细化的时代转型上起到重要作用。

有的学者对大数据战略的实施进行研究。如陈潭②认为大数据战略的实施必须建立统一的大数据公共资源平台，同时构建大数据开放共享机制，完善大数据隐私保护体系，发展与其相关的新产业和新业态，只有这样，才能使战略实施服务于国家发展。郭华东③认为科学大数据作为大数据的重要分支，正在成为科学发现的新型驱动力，对科学大数据进行科学认知，有助于大数据战略的贯彻实施，基于此，对科学大数据基础设施、研究中心以及学术平台的建设刻不容缓。

二 大数据概念

当前，学界对大数据概念暂未形成统一认识，各位学者从大数据技术的分析应用、实践价值、作用于社会发展等诸多角度对大数据概念做出了不同程度上的界定。

骆正林④从社会对"大数据"概念的使用角度出发，阐释了其四个层面的内涵，即将大数据作为世界观与方法论、将大数据作为技术手段与研究方法、将大数据作为舆情分析与政府治理、将大数据作为时代特征与未来生活。

---

① 陆茜：《"互联网+"与"大数据×"：新时代国家治理能力现代化的战略引擎》，《领导科学》2019年第8期。
② 陈潭：《大数据战略实施的实践逻辑与行动框架》，《中共中央党校学报》2017年第21卷第2期。
③ 郭华东：《科学大数据——国家大数据战略的基石》，《科学中国人》2018年第18期。
④ 骆正林：《网络生活与"大数据"概念的四层内涵》，《新闻爱好者》2022年第1期。

彭知辉①根据现实情况，认为大数据如果能吸纳各方面的数据，就能成为真正意义上的"所有数据"，即涵盖大、小数据于一体，汇集各种数据源，尽可能地将所有数据都囊括其中。

李天柱等②运用分析哲学中的概念置换方法对大数据进行重新定义：假定存在大规模、多类型、非静态产生且具有丰富价值的"特殊数据"集合，则大数据可以被定义为，在该"特殊数据"集合的基础上，借助高新技术手段来实现特定功能的整体架构。

罗俊等③从计算社会科学的视角出发，对大数据做出定义：大数据是指体量巨大（一般达到 TB 级）或模式结构复杂、增长高速，必须依附于高新技术才能实现时效性处理的计算机数据（Data）。

董春雨等④则在综合国外研究的基础上提出大数据是一种思维方式、一种世界观、一种理解世界的方式。

三 大数据与档案

随着大数据时代的到来，各界研究都受到大数据所带来的不同程度的影响，档案界也不例外。大数据研究已成为当今档案界最热门的研究内容之一，学者一致认为大数据对档案工作的发展至关重要。安小米等⑤认为大数据时代档案机构面临数据管理不善的危机，档案人员相应的管理能力缺乏。赵彦昌⑥提出大数据下档案理论与实践的缺失造成信息实时管控难，原有检索式的利用服务不能满足大数据要求。国家大数

---

① 彭知辉：《"大数据观"辨析》，《情报理论与实践》2020 年第 43 卷第 1 期。
② 李天柱、王圣慧、马佳：《基于概念置换的大数据定义研究》，《科技管理研究》2015 年第 35 卷第 12 期。
③ 罗俊、李凤翔：《计算社会科学视角下的数据观》，《吉首大学学报》（社会科学版）2018 年第 39 卷第 2 期。
④ 董春雨、薛永红：《数据密集型、大数据与"第四范式"》，《自然辩证法研究》2017 年第 33 卷第 5 期。
⑤ 安小米、宋懿、马广惠、陈慧：《大数据时代数字档案资源整合与服务的机遇与挑战》，《档案学通讯》2017 年第 6 期。
⑥ 赵彦昌、段雪茹：《大数据环境下档案信息资源整合的 SWOT 分析》，《北京档案》2016 年第 11 期。

据战略在方方面面对档案工作产生深刻影响,只有实施档案大数据战略,档案部门才能更好地适应大数据时代的到来;同时,档案信息化建设的不断推进,也为档案大数据战略的实施打下坚实基础[1]。综合研究近几年大数据档案相关文献,发现现有研究内容主要聚焦于档案大数据的内涵、大数据视阈下的档案管理及部门协同等方面。

(一)档案大数据内涵

林伟宏[2]提出除了具有特殊约定要求的内容(如寄存、征集等),以及需要涉密管理或不适宜联网使用的内容,档案数据作为公共数据,可以整合形成一个区域性的档案大数据。

康蠡等[3]结合大数据和档案工作实际,将档案大数据定义为与档案活动密切相关的各种高价值的、在短时间内难以进行分析处理的数据集。同时,康蠡等[4]还从生态系统层面出发,对档案大数据生态系统进行定义,认为档案大数据生态系统是由档案大数据及其主体和环境构成的,大数据技术和理念赋予档案大数据生态系统新的特征。

郑金月[5]立足于实际工作,认为档案大数据既是指档案部门接收管理的各类档案数据,又囊括了档案部门自身产生的大数据,大数据的应用成为档案部门在其工作领域的核心之意。

王居一[6]综合国内研究,认为将数量庞杂的档案数据统称为档案大数据是错误的,大数据时代,档案数据至关重要,若想使档案数据真正成为现实意义上的大数据,就需要改变与时代不相匹配的管理模式与方法,使档案数据最大限度地融合到社会大数据中。

---

[1] 向立文、李培杰:《档案部门实施档案大数据战略的必要性与可行性研究》,《浙江档案》2018年第10期。
[2] 林伟宏:《省域档案大数据共建共享方法与路径探讨》,《浙江档案》2022年第9期。
[3] 康蠡、金慧:《档案大数据定义与内涵解析》,《档案管理》2017年第1期。
[4] 康蠡、周铭:《档案大数据生态系统涵义、构成与结构撷探》,《北京档案》2017年第8期。
[5] 郑金月:《关于档案与大数据关系问题的思辨》,《档案学研究》2016年第6期。
[6] 王居一:《从大数据特征看档案界对于档案大数据认知的误区》,《档案管理》2021年第1期。

祁天娇①立足于档案视角，对历史大数据进行研究，认为"历史大数据"作为"大数据"的一种，在具备大数据基本特征的同时，又有其特性，如泛在性、拓展性、再生产性等。

（二）大数据与档案管理

大数据背景下，档案学管理对象与研究范畴发生了不同程度的变化。张芳霖等②认为档案学研究对象扩充、工作内容变化、核心理论突破将是新的研究趋势。叶大凤③提出应重建档案学的研究范畴与概念系统。王晨④在分析大数据下档案学研究困境后，提出应延长保管期限、拓宽全宗边界的理念。周耀林⑤认为应明确大数据下档案与档案机构功能的拓展与演变，对档案管理体制进行创新。

王长红⑥认为大数据时代档案管理工作面临新的机遇与挑战，在此背景下，应对档案管理平台、制度、个性化服务以及管理人员的信息化技能等进行建设提升。

李莉⑦从分类管理出发，针对数字档案的分类管理问题，以元数据和标签的分类为基础，创新管理模式，在提高信息分类查询和提取效率的同时还附带了定位功能，且能够满足一定的社交要求。

于英香等⑧认为大数据背景下，档案管理工作处于从数字化到数据化转型的关键时期，主要体现在管理思维的转变、数据资源的开发以及

---

① 祁天娇：《从历史档案到历史大数据：基于威尼斯时光机十年路径的探索》，《中国图书馆学报》2022年第48卷第5期。
② 张芳霖、唐霜：《大数据影响下档案学发展趋势的思考》，《北京档案》2014年第9期。
③ 叶大凤、黄思棉、刘龙君：《当前档案大数据研究的误区与重点研究领域思考》，《北京档案》2015年第7期。
④ 王晨、李耀庭：《大数据视阈下档案学研究的困境和启示——基于CNKI档案类期刊的共词聚类分析》，《北京档案》2016年第6期。
⑤ 周耀林、常大伟：《我国档案大数据研究的现状分析与趋势探讨》，《档案学研究》2017年第3期。
⑥ 王长红：《大数据背景下强化档案管理工作的思考》，《档案与建设》2021年第4期。
⑦ 李莉：《大数据环境下个人数字档案的分类管理与加密防护研究》，《档案管理》2021年第6期。
⑧ 于英香、滕玉洁：《大数据背景下档案管理数据化转型探析》，《中国档案》2021年第1期。

数据服务的创新。在数据化转型的同时，档案数据的管理理论将发生变革与重构，技术的引进、优选和推广逐渐成为数据管理研究考虑的主要问题①。此外，於菊红②也提出类似观点，认为档案管理范式正在从信息管理向数据管理转变，基于大数据观、大档案观、大平台观等理论以及大数据技术的支持，赋予该范式的转型极大可行性。

刘越男③从大数据的时代背景出发，认为数据治理作为数据管理的核心职能，已成为档案管理的新视角，同时赋予了档案管理新的职能，要求档案部门对高层次的数据管理工作积极开展，尤其要关注数据治理格局中多主体协同关系的建立。

金波等④认为大数据时代，国家管理方式会面临新的调整，其必然会引起档案管理方式的变革。在此背景下，档案部门迫切需要加强对档案数据的治理，在治理过程中，需以数据质量为中心，构建数据治理新机制，建立科学合理的治理体系，以此实现档案数据善治。

孔媛媛等⑤提出为满足大数据背景下社会对档案管理工作的需求，从数据库模型、处理平台、数据展示三个方面构建档案信息服务体系。

王宁等⑥认为大数据对档案信息的组织和管理工作产生深刻影响，档案的形态在发生变化，但管理方式存在落后情况，亟待形成统一标准。

朱国康等⑦认为档案大数据安全问题作为档案大数据管理工作的重

---

① 于英香：《大数据视域下档案数据管理研究的兴起：概念、缘由与发展》，《档案学研究》2018年第1期。
② 於菊红：《大数据背景下档案管理范式的转型：从信息管理到数据管理》，《档案管理》2019年第6期。
③ 刘越男：《数据治理：大数据时代档案管理的新视角和新职能》，《档案学研究》2020年第5期。
④ 金波、杨鹏：《大数据时代档案数据治理研究》，《档案学研究》2020年第4期。
⑤ 孔媛媛、张舒、王爱：《大数据背景下档案信息服务体系构建方法探析》，《档案与建设》2021年第5期。
⑥ 王宁、李晶伟：《大数据影响下的我国档案学研究发展刍议——基于实践需求环境的分析》，《档案与建设》2018年第10期。
⑦ 朱国康、陈奇志、徐琨：《档案大数据安全面临的挑战与对策研究》，《北京档案》2019年第5期。

中之重，正在面临新的挑战，需从平台建设、技术投入、人才机制等方面做好档案大数据的安全防护工作。

（三）大数据视阈下的协同管理

大数据视阈下，档案工作面临转型升级。综合前文所述，不难发现，档案工作正在由数字化走向数据化。档案工作的转型必将带来档案部门的职能调整，创新升级现有模式。近年来，学者在档案部门与其他部门的协同管理上做出了初步探索。

徐拥军等①从档案与数据的协同管理出发，认为传统的档案部门与新兴的数据管理部门之间存在职责交叉的问题，需加以厘清优化。在此基础上，需明确档案部门在大数据战略中的地位、完善相关法律法规、统筹优化协同机制等，实现合作共赢。同时，徐拥军等②以浙江省为例，对档案部门参与大数据战略的关键问题进行研究，提出档案部门需明确工作的职责划分、对归档共享问题进行妥善解决、协调好纸质与电子文件之间的过渡问题以及主动提出需求等。

刘越男等③对企业档案与数据资产的协同管理提出相关对策，主要在于创新档案与数据资产部门的协作机制、加强业务领域的协同、统一数据标准并推动转型升级。

金波④立足于档案部门与政府部门之间的协同管理，提出大数据时代档案部门需积极与政府部门合作，可通过构建互动平台、政务数据与档案数据综合管理、开发资源、创新服务形式等多种途径参与到政府治理中。此外，何玉颜⑤亦立足于档案部门与政府部门之间的协

---

① 徐拥军、张臻、任琼辉：《国家大数据战略背景下档案部门与数据管理部门的职能关系》，《图书情报工作》2019年第63卷第18期。
② 徐拥军、王露露：《档案部门参与大数据战略的必备条件和关键问题——以浙江省为例》，《浙江档案》2018年第11期。
③ 刘越男、何思源、王强、李雪彤、杨建梁、祁天娇：《企业档案与数据资产的协同管理：问题与对策》，《档案学研究》2022年第6期。
④ 金波：《大数据时代政府治理的"档案参与"》，《求索》2021年第3期。
⑤ 何玉颜：《档案部门参与政府大数据治理的路径研究》，《浙江档案》2018年第8期。

同管理，提出相似观点，认为档案部门要积极参与到政府大数据治理中，将档案数据资源的开放共享融入政府治理中，积极构建协同共治模式并践行。

第二节 档案数据化

档案数据化是提高档案管理效率的重要方式，对档案数据化进行研究可促进档案信息的共享和利用，保护档案信息的安全性，推动档案管理理论和方法的创新。这对于有效管理和利用国家信息资源，推动国家大数据战略的实施具有重要意义。本节从相关概念、管理、实践等三个方面对学界的研究成果进行归纳梳理。

一 相关概念研究

（一）档案数据

在档案数据的概念研究方面，主要有两种观点：一种认为档案数据是"数据形态的档案"；另一种观点认为档案数据是"具备档案属性的数据"。

对于档案数据是数据形态的档案这种观点，主要以钱毅[1]为代表。同时，夏天等[2]认为档案数据指各种数据形式的档案记录，包括电子档案、传统档案的数字化副本，以及社会活动中产生的各种元数据。陈阳等[3]通过梳理档案数据与数据档案定义的演化过程，认为由档案经过数字化和数据化后形成的数据，即为档案数据；反之，先有数据后归档为档案，即为数据档案。数据档案最初认为是数据，逐渐拓展为记录、信

---

[1] 钱毅：《技术变迁环境下档案对象管理空间演化初探》，《档案学通讯》2018年第2期。
[2] 夏天、钱毅：《面向知识服务的档案数据语义化重组》，《档案学研究》2021年第2期。
[3] 陈阳、吴雁平、刘永：《档案数据与数据档案定义的演化过程》，《档案管理》2022年第3期。

息、资源、文件、资料、数据库等。《基于文档型非关系型数据库的档案数据存储规范》（DA/T 82-2019）①将档案数据注解为：包括电子档案、传统载体档案数字化副本的内容数据和元数据（含目录数据）。

部分学者认为档案数据是具备档案属性的数据。金波等②通过分析档案数据形成的时代背景，从档案的存在粒度、开发方式、价值方面进行研究，提出档案数据是档案经过数据化而形成的数据记录，展现出新的特征，如广源性、共生性与互生性、累积性、扩展性和易算性等。金波等③还从狭义和广义两个方面对档案数据的概念进行了研究，认为狭义的档案数据指国家机构、社会组织和个人在社会各项活动中形成的具有保存和利用价值的各类电子文件及其元数据，这些数据以磁盘、光盘为载体，依赖计算机系统存储、处理，并可以在网络上传输。广义的档案数据指档案机构收集保存的各种数据形式的档案资源，如各类数字、多媒体档案、档案统计数据等具有档案性质的数据记录。同时，于英香④认为档案数据指具有档案属性的数据、具有长期保存价值的数据，以及在档案业务活动中产生的数据。

另外，谢国强、黄新荣等⑤认为档案数据是以数据化形态表现出来的记录信息。

（二）档案数据化

钱毅⑥认为数据化指的是针对数字化成果进行的数据著录、抽取与挂接工作，工作成果表现为积累形成大量的二次文献数据库。

---

① 国家档案局：《基于文档型非关系型数据库的档案数据存储规范》（DA/T 82-2019），2019年12月16日。
② 金波、添志鹏：《档案数据内涵与特征探析》，《档案学通讯》2020年第3期。
③ 金波、杨鹏：《大数据时代档案数据治理研究》，《档案学研究》2020年第4期。
④ 于英香：《从数据与信息关系演化看档案数据概念的发展》，《情报杂志》2018年第37卷第11期。
⑤ 谢国强、黄新荣、马云、曾萨：《基于档案数据观的企业档案治理创新》，《档案与建设》2020年第8期。
⑥ 钱毅：《技术变迁环境下档案对象管理空间演化初探》，《档案学通讯》2018年第2期。

赵跃[①]从开发的视角提出档案数据化的狭义理解：以满足用户需求和业务需要为目标，将数字档案资源转换为可供机器理解、分析和处理的档案数据资源的过程。

赵生辉、胡莹[②]认为"档案数据化"的含义是：以构建大规模结构化档案领域本体数据集为基础，规范档案文献元数据著录结果。他们认为"档案数据化"不仅指档案资源转化为数据形式，还有将数据转化为档案的意思。比如，将业务部门产生和管理的有证据价值的各类结构化数据进行档案化管理。

另外，赵生辉、胡莹[③]还从不同视角对档案数据化的定义进行了分析，并借助记录因子理论提出，"档案数据化"指档案管理的基本单元从文档变为能够按照其历史逻辑进行关联和重组的记录因子，从粗粒度转变为细粒度后脱离了信息控制单元的限制，而且管理的核心工具从档案元数据转变为档案领域本体数据集。

刘永、庞宇飞[④]从两个方面对档案数据化进行解读。一方面将档案数据化作为数字化的延伸，在档案数字化解决档案原生数据的处理和描述问题后，档案数据结构化解析、封装、组织和全链式管理的过程为档案数据化；另一方面认为档案数据化是数字化的重要构成，是贯穿档案数字化全生命周期的原生数据管理过程。

祁天娇、冯惠玲[⑤]对档案数据化过程中的语义组织进行了界定，她们认为：档案的语义组织指明确档案相关的内容、背景与结构数据，通

[①] 赵跃：《大数据时代档案数据化的前景展望：意义与困境》，《档案学研究》2019年第5期。

[②] 赵生辉、胡莹：《档案数据基因系统：概念、机理与实践》，《档案学研究》2021年第1期。

[③] 赵生辉、胡莹：《"档案数据化"底层逻辑的解析与启示》，《档案学通讯》2021年第4期。

[④] 刘永、庞宇飞：《档案数据化之原生数据源全链式管理分析》，《档案管理》2018年第5期。

[⑤] 祁天娇、冯惠玲：《档案数据化过程中语义组织的内涵、特点与原理解析》，《图书情报工作》2021年第65卷第9期。

过编码将其形式化，并进行关联链接的过程，使计算机能够识别、理解、分析和输出档案的语义，能够建立起多级档案语义之间的联系。其本质就是分析档案语义之间的关系并建立关联。

二 档案数据管理与档案数据化管理

（一）档案数据管理

管理思路上，周枫、杨智勇①运用5W1H分析法，对档案数据管理的动因、对象、主体、场所、时点、路径进行了分析，提出：档案管理理念从资源中心转变为用户中心；管理层次更加深层化；管理目标从管理为主转变为挖掘档案数据的价值；管理方法由经验转变为数据驱动；管理手段由人工到智能。

管理颗粒度上，张芳霖、王毓婕②对近代商会档案数据资源进行研究，通过分析资源整合的意义和底层逻辑，提出资源整合的实现路径：首先，细化档案数据颗粒度，建立单份档案数据之间的内在联系和记忆实体，突破记忆实体的局限，实现档案数据在更大范围内进行联系和重组；其次，构建图状的数据结构，展现档案的多重脉络；最后，构建多元档案数据共享平台。

管理策略上，金波、杨鹏等③采用文献研究法、结构分析法，发现档案数据生态失衡表现出的主要矛盾为海量的数据资源与不匹配、不到位的档案数据治理，从档案数据本体、客体、主体三个因素解释了档案数据生态失衡的原因。最后，提出从理念、规则、管理、技术入手进行档案数据生态平衡调控。金波、周枫等④还引入数据科学与数据管理的

---

① 周枫、杨智勇：《基于5W1H分析法的档案数据管理研究》，《档案学研究》2019年第4期。
② 张芳霖、王毓婕：《近代商会档案数据资源整合的意义、底层逻辑和实现路径》，《档案学通讯》2023年第3期。
③ 金波、杨鹏、添志鹏、吕姗姗：《大数据时代档案数据生态平衡与调适》，《图书情报知识》2023年第40卷第1期。
④ 金波、周枫、杨鹏：《档案数据研究进展与研究题域》，《情报科学》2021年第39卷第11期。

理论方法，对档案数据生态环境、基本内涵、形成机理、管理主体、治理控制、利用策略、安全防护、治理体系进行了研究，建立档案数据管理新范式。杨晶晶[1]对企业档案数据自动分类管理实践进行研究，提出管理目标、设置自动分类规则以及实施步骤。万雨晨、杨国立[2]提出数据管理的档案化途径，以档案学话语体系主导数据管理业务、数据价值的档案化认同、数据选择的档案化鉴定、数据全景的档案化组织。

智慧化管理上，张慧颖、曹玉[3]研究了档案数据资源智慧化管理，包括档案收集、整理、保管智慧化，通过统一数化协同机制、以数据流通为主线的开放共享机制、以人才和技术为支撑的运行保障机制，高效地对综合档案馆藏资源进行智慧化管理。

（二）档案数据化管理

赵跃、王俊慧[4]通过比较档案数字化和数据化的管理思维，提出思维要有四个方面的转变，具体包括存取到开发、信息服务到知识服务、信息管理到智慧管理、开放档案到开放数据。

刘永、庞宇飞认为档案数据化管理的范畴包括矢量化加工数字档案、对结构化数据进行分析、应用级封装、媒体化组织和全链式管理过程，使档案原生数据管理从实体化向媒体化、用户级向应用级延伸，并从全链式管理本质、要素、网络、机制、流程几个方面构建原生数据源全链式网络化管理模式。

徐钦梅、戴敏[5]通过分析档案数据化在处理档案来源数据化和解决档案服务供需失衡方面的优势，以及档案数据化在思维、标准、数据提取等方面的管理现状，提出档案数据化管理的实现路径为：确认档案数

---

[1] 杨晶晶：《企业档案数据自动分类管理实践探究》，《北京档案》2022年第3期。
[2] 万雨晨、杨国立：《数字记忆视角下数据管理的档案化路径研究》，《浙江档案》2022年第7期。
[3] 张慧颖、曹玉：《国家综合档案馆档案数据资源智慧化管理路径及其实现机制研究》，《北京档案》2022年第6期。
[4] 赵跃、王俊慧：《从数字化到数据化：档案管理思维的转变》，《档案与建设》2020年第7期。
[5] 徐钦梅、戴敏：《档案数据化管理的实现路径研究》，《浙江档案》2021年第12期。

据凭证、保持媒体档案原貌、贯彻数据治理、落实数据保存、提升数据服务等。

曹惠娟、高闯等[1]提出档案数据化正在向多元化主体、多中心化存储平台、数据驱动业务运行模式、基于业务场景的融合分析和智能服务转变，通过数据挖掘、融合分析，实现档案馆从基础服务到提升服务再到智能服务的转变，形成系统化的共建共享的解决方案。

陈嘉钰[2]对智慧档案馆数据化管理功能进行研究，提出实现路径为数字技术为档案数字资源提供了更广阔的生存空间，同时也将人工智能与传统文字识别技术结合，进而全面实现智慧档案馆的管理功能，实现档案"活化"和智慧档案馆管理理念的改变。

三　档案数据化实践

赵妍[3]建设了基于行政权力档案数据化的正风肃纪大数据监督平台，建设内容包括总体架构、网络架构、重点建设云平台、数据备案平台、智能分析平台、门户及业务平台、信息安全平台，该平台汇聚海量数据，实现了数据采集、数据公开、数据分析全覆盖。大数据监督平台让老百姓、各级政府和领导干部都受益。

部分学者对档案数据共享进行了研究，易涛[4]研究发现档案数据共享面临不敢共享、不愿共享、不能共享的困境，提出实现档案数据共享的"双元"路径，在维护档案数据工具价值的基础上，实现档案数据信息价值的共享目标。赵生辉、胡莹[5]用"档案数据基因系统"统称数据规则、数据模板、逻辑框架和技术体系，以实现大规模多源异构档案

---

[1] 曹惠娟、高闯、曾光、张茵：《军工企业档案工作数据化转型实施路径研究》，《浙江档案》2020年第5期。
[2] 陈嘉钰：《智慧档案馆数据化管理功能的实现》，《档案管理》2021年第1期。
[3] 赵妍：《基于行政权力档案数据化的正风肃纪大数据监督平台建设》，《中国档案》2020年第11期。
[4] 易涛：《双元价值论视域下档案数据共享研究》，《档案与建设》2023年第6期。
[5] 赵生辉、胡莹：《档案数据基因系统：概念、机理与实践》，《档案学研究》2021年第1期。

数据之间跨系统融合共享。李妲[①]构建了大数据时代档案数据开放共享机制，该机制由主体协调、政策协同、平台联动三种机制相互作用，提出从主体协力增强开放共享力度、利用数据安全支撑开放数据、资源统筹调配推进开放共享进程这三个方面推进数据开放共享策略。

朱富成、刘永等[②]对应急处置类档案数据资产化进行研究，提出从数字资产到数据资产，将应急处置类档案数据资产化，通过确定评估对象、使用成本法进行评估，由此构成经济价值评估指标。

第三节 档案数据管理中的技术应用

在高新技术迅猛发展的当今时代，各项工作纷纷进行数字化、数据化转型，新兴技术的发展与应用正深刻地改变着我们的生活方式和工作方式。其中，档案数据管理在国家各项工作中扮演着重要角色，也面临着新的挑战和机遇。数智时代，大数据、区块链、人工智能等技术在各个行业中被广泛应用，传统的档案管理工作已不适用于当今社会的发展，档案管理工作正在转变为以数字化为基础的全新模式——档案数据管理。这种新技术环境下的档案数据管理，创新了档案存储和检索方式，为社会各界利用者带来了诸多便利。目前，学界基于新技术环境下的档案数据管理研究主要集中在区块链、数据挖掘、人工智能技术等方面。

一 区块链技术在档案数据管理中的应用

区块链技术在确保档案数据的安全性和可信度方面发挥着重要作用，将档案数据存储在区块链上，可确保数据的不可篡改，保证其真实

---

① 李妲：《大数据时代档案数据开放共享机制及推进策略探析》，《档案与建设》2023年第3期。
② 朱富成、刘永、许烨婧：《应急处置类档案数据资产化及其经济价值评估指标构建》，《档案管理》2021年第6期。

性，基于这一特性，学界展开了研究。

金波等①从档案数据自身问题出发，认为当今时代，档案数据存在失真、失效、失密等诸多问题，亟待从数据质量上对档案数据进行治理。区块链具有可追溯、不可篡改等诸多特性，通过加强法规建设、构建资源联盟链平台、加强技术研发与人才培养等措施能有效提升数据质量。此外，王平等②亦基于区块链视角，从预防、控制、优化和反馈四个方面出发提出了一系列提升档案数据质量的措施。

李恩乐等③对电子档案数据保全模式进行探讨，以区块链存证平台为基础，以电子文件的哈希校验值作为数据真实完整的凭证，以此来为电子档案数据保全作保障。

仲怀公等④基于时代背景，提出审计档案管理面临转型升级。以区块链技术为支撑，构建审计档案管理模型，该模型的应用可有效提升审计档案数据价值，推动行业发展。

林明香等⑤从异构档案数据视角出发，基于异构档案数据特性，分析其在安全管理上存在的问题，提出可运用区块链技术搭建异构档案数据安全存储模型，以此实现异构档案数据的安全管理。

钱秀芳等⑥立足于高校档案工作，认为区块链技术具有诸多优势，将其运用在高校档案工作中，是新技术环境的不二选择，可充分保证档案数据的真实性，从而进一步提高档案数据安全。此外，吴功才⑦在学

---

① 金波、孙尧、杨鹏：《基于区块链技术的档案数据质量保障研究》，《图书馆杂志》2023年第10期。

② 王平、陈秀秀、李沐妍、侯景瑞：《区块链视角下档案数据质量管理路径研究》，《档案学研究》2023年第2期。

③ 李恩乐、张照余：《基于区块链技术的电子档案数据保全模式探析》，《浙江档案》2023年第3期。

④ 仲怀公、吴东方：《基于区块链的审计档案管理研究》，《经济问题》2022年第12期。

⑤ 林明香、曲强：《基于区块链技术的异构档案数据安全管理研究》，《档案管理》2022年第6期。

⑥ 钱秀芳、赵小荣：《区块链技术在高校档案工作中的应用研究》，《档案与建设》2021年第11期。

⑦ 吴功才：《区块链技术在学生档案管理中的应用研究》，《浙江档案》2021年第3期。

生档案管理研究中,从学生档案数据安全的体现出发,列举目前出现的新的区块数据保密方式:零知识证明、环签名等。

朱国康[①]从数字档案馆层面出发,认为档案数据体量大且复杂,当前数字档案馆存在数据孤岛问题,只有利用区块链技术建立档案数据利益相关者之间的信任桥梁才能推动档案数据共建共享。同时,王文君等[②]在研究高校国有资产档案管理中,亦提到"数据孤岛"的问题,基于此,学者提出可运用区块链技术推动其与业务系统相融合,从而消除"数据孤岛"问题。

曲强等[③]从档案数据资源建设出发,提出分散在不同组织、不同部门的档案数据可通过区块链中间件服务聚集起来,将其上云可促进档案数据资源的共建共享。

蔡盈芳[④]从提交区块链管理数据范围的角度对电子档案管理应用区块链的存储方式进行研究,认为若提交不同范围的数据,则会对电子档案管理系统的运行路径产生不同程度的影响。

谭海波等[⑤]针对档案数据管理中存在的普性问题,在运用区块链技术的基础上提出档案数据保护与共享方法,该方法主要通过公有链与联盟链相结合来实现档案数据的保护、验证与恢复。

二 数据挖掘技术在档案数据管理中的应用

数据挖掘技术可以在海量的数据中进行分析挖掘,将其运用于档案领域可帮助发现档案数据中的潜在价值。同时,通过挖掘数据中隐藏的

---

① 朱国康:《区块链助推数字档案馆高质量发展:优势、困境和策略》,《浙江档案》2021年第10期。
② 王文君、冉栋刚、付庆玖、刘淑云、刘洪颜:《区块链视域下高校国有资产档案管理研究》,《北京档案》2021年第7期。
③ 曲强、林明香、潘亚男:《区块链:构建韧性数字档案馆的新基建》,《中国档案》2021年第1期。
④ 蔡盈芳:《电子档案管理应用区块链存储方式探析》,《档案学研究》2020年第4期。
⑤ 谭海波、周桐、赵赫、赵哲、王卫东、张中贤、盛念祖、李晓风:《基于区块链的档案数据保护与共享方法》,《软件学报》2019年第30卷第9期。

模式和关联，可以发现其规律和趋势，用于档案数据的预测和分类，为决策和研究提供支持。

丁家友等①立足于数字叙事视角，基于数字挖掘技术，对档案管理对象的嬗变进行预测，即档案数据将以知识态演化，而档案内容管理将作为重点工程，其活态知识将以故事化形式呈现。同时，学者将数字挖掘技术应用到叙事体系的构建中，以便档案内容管理更好地向智慧化管理发展。

杨茜雅②以数据挖掘技术为基础，构建企业电子档案知识图谱系统。该技术的引入可在极大程度上提高企业电子档案数据挖掘与分析能力，针对用户的历史数据做画像，实现业务的有效管理。

张文元等③基于大数据时代背景，认为数据的深度挖掘在技术的推动下成为可能。基于此，可构建数据资源体系，赋予档案数据挖掘以时代特色，促进档案管理模式的转型升级。

陶水龙④从大数据的关注出发，认为大数据更多的是关注人本身，因此档案数据挖掘需要基于用户，对档案之间、用户之间、档案与用户之间的关系等进行数据整合，从而形成完整的档案数据网络，做到精准预测。此外，该学者对语义网技术进行深入分析，认为语义网技术的引入对档案数据的智能挖掘分析起到重要作用，充分发挥数字档案资源深藏的潜在价值⑤。

杨来青⑥以智慧城市建设为背景，基于档案数据的复杂性、多样性

---

① 丁家友、周涵潇：《数字叙事视域下档案内容管理的发展趋势——档案数据资源生态圈的构建探索》，《档案学研究》2022年第6期。
② 杨茜雅：《中国联通电子档案数据挖掘与智能利用的研究》，《档案学研究》2018年第6期。
③ 张文元、张倩：《大数据技术与档案数据挖掘》，《档案管理》2016年第2期。
④ 陶水龙：《大数据视野下档案信息化建设的新思考》，《档案学研究》2017年第3期。
⑤ 陶水龙：《海量档案数字资源智能管理及挖掘分析方法研究》，《档案学研究》2017年第6期。
⑥ 杨来青：《大数据背景下档案信息资源挖掘策略与方法研究》，《中国档案》2018年第8期。

等特点，提出拓展档案信息资源建设思路，通过数据挖掘等技术构建数据库、搭建智能服务平台，提高档案部门对档案数据的管理控制和开发利用能力。

三 人工智能技术在档案数据管理中的应用

当前，人工智能（AI）作为一项前沿技术，正逐渐渗透到各个领域，对社会发展产生深刻影响。档案数据化进程中，离不开人工智能技术的赋能。人工智能技术的引入，为档案数据管理带来了更高效、智能化的解决方案。通过人工智能技术，档案数据可以更加准确、快速地进行分类、索引、检索和分析，大大提升了档案管理的效率和质量。同时，人工智能还可以通过数据挖掘和分析，帮助发现档案数据中的有价值的信息和知识，为决策和研究提供支持。

杨冬权[1]从智慧档案馆（室）建设出发，认为智慧档案馆（室）将实现档案全部"数据化"，档案里所包含的智慧将成为人类智慧的一部分。为实现这一愿景，需将人工智能技术应用其中，把数据变为智慧的技术，同时也是开展智慧档案馆（室）建设的重要支撑。

金波等[2]从"数智"时代背景出发，认为高新技术从各个方面对档案治理产生深刻影响。档案部门可运用人工智能技术对电子文件实现全自动管控，建立智慧管理系统，从而为社会提供智能服务。

于英香等[3]针对人工智能算法应用引发的风险进行研究，认为档案数据在经过算法"加工"后方能被用户利用，因此，档案部门亟须对算法风险进行管控。档案部门可构建专门性规范，对档案数据进行保护，从而引导和规范算法的应用行为。

---

[1] 杨冬权：《智慧档案馆（室）——我国档案馆（室）建设的新方向》，《中国档案》2020年第11期。

[2] 金波、杨鹏：《"数智"赋能档案治理现代化：话语转向、范式变革与路径构筑》，《档案学研究》2022年第2期。

[3] 于英香、李雨欣：《"AI+档案"应用的算法风险与治理路径探析》，《北京档案》2021年第10期。

张斌等[1]以档案知识工程为研究对象，辨析档案数据与档案知识之间的异同，认为人工智能技术为知识工程在档案界的实践提供发展契机，可推动档案学理念的重构与发展。

祝成[2]针对当前人工智能技术在档案数据化应用工作中存在的问题进行分析，从技术加强、统一标准、培养人才三方面提出建议，认为人工智能技术在档案数据化工作中存在一定的局限性，需对其深入研究实践。

史江等[3]以"智能+"时代为背景，对档案管理方法进行探讨，认为档案工作在数据化转型的过程中，一方面需注重提升档案数据的储量和质量；另一方面基于人工智能多方面的优势，可为档案利用者提供一般性的咨询服务。

第四节 电子文件与数据

电子文件和数据是现代信息技术发展的重要成果之一，它们在各行各业中扮演着至关重要的角色。随着科技的不断进步，数据影响了电子文件管理和应用的方式，它们为我们提供了更高效、便捷和安全的信息处理和交流方式，对于推动社会进步和经济发展起到了重要的作用。

一 数据融合

付永华、张文欣等[4]从工程角度对电子文件全生命周期本体空间动

---

[1] 张斌、高晨翔、牛力：《对象、结构与价值：档案知识工程的基础问题探究》，《档案学通讯》2021年第3期。

[2] 祝成：《人工智能技术在档案数据化工作中的应用分析》，《中国档案》2021年第4期。

[3] 史江、罗紫菡：《"智能+"时代档案管理方法创新探讨》，《档案学研究》2021年第2期。

[4] 付永华、张文欣、张策、刘茹、杜妍枢：《工程电子文件全生命周期本体空间动态数据融合构建机制研究》，《档案管理》2023年第1期。

态数据进行融合研究，该研究的关注点主要包括本体数据：需求、来源、对象和模式，立足全生命周期的智慧前瞻；对工程实例进行调研，融合需求、方法、项目、环境、设备、人员等要素驱动的问题分析；构建本体空间动态数据智慧融合模型，包括智慧融合模式设计、最优融合模式、多角融合模式、协同融合模式、纠复融合模式，以及悬移式空间动态数据智慧融合方案；最后由中建二局第二建筑工程有限公司选择复杂工程项目进行使用。

刘越男[1]认为：一是思维上建立电子文件与数据概念关联；二是坚定实行电子文件单轨制管理；三是从多元路线提升数据管理的能力；四是构建良性的电子文件数据管理生态环境协同。

张宁[2]将电子文件视为企业的数据资产，提出需要将具有天然数据属性的电子文件"降维"成"数据体档案"，电子单轨制管理就是以数据驱动为管理理念，对具有文档数据的电子数据体进行档案化管理的过程。其中的关键点是形成电子文件数据资产目录清单与电子文件数据流；明确电子文件的数据属性和特征，强化电子文件单轨制管理方法的技术性；构建适用于"数据态"的电子文件单轨制精细化管理体系；整合以电子文件数据流为主线的相关要素，推动业务进程。

二 数据管理

于英香、孙逊[3]基于技术变迁的视角，从文件结构演化看电子文件数据化管理的发展，电子文件结构的数据化催生了数据化管理思维，有利于降低电子文件的系统依赖性，方便对电子文件数据进行数据挖掘与

---

[1] 刘越男：《数据管理大潮下电子文件管理的挑战与对策》，《北京档案》2021年第6期。
[2] 张宁：《数据驱动视角下的电子文件单轨制管理研究》，《档案学研究》2022年第5期。
[3] 于英香、孙逊：《从文件结构演化看电子文件数据化管理的发展——基于技术变迁的视角》，《档案学通讯》2019年第5期。

分析，使文件的概念弱化与异化，增强和拓展了元数据的概念。

朝乐门、曲涵晴①认为在大数据时代，电子文件管理系统面临从"业务的文件化"到"文件的业务化"，从"目标驱动"到"数据驱动"，从"计算为中心"到"数据为中心"，从"离线处理"到"实时处理"。电子文件管理系统从数字连续性转变为数据连续性，使电子文件的可关联性、可溯源性、可理解性有了保障。

黄睿、单庆元②认为国外电子文件管理的八条准则，在物联网数据管理中都有所体现。他们拓展了 NOARK 面向物联网数据的电子文件保管标准，即应用弹性的 API 处理高难度的数据异构性。物联网数据管理带来的启示：加强元数据管理，建立一体化物联网数据开放共享体系，实现物联网数据集中管理、标准化管理，建立安全机制并发展监管制度，保障数据隐私和信息安全，保证数据可信。

钱毅③构建基于完整性管控的数字档案对象全树结构模型，树干指档案分类框架，树叶指文件层级管理对象，叶脉指用于文件级对象的各型数据。

三 数据共享

杨海杰、石进、卢明欣④构建基于链上链下的电子文件可信管理系统，研究了电子文件数据的存储架构和共享。

方康顺⑤研究德清县档案数据，明确电子文件归档和电子档案数据交换共享的任务和要求并实施数据交换共享。

---

① 朝乐门、曲涵晴：《电子文件管理系统：从数字连续性到数据连续性》，《档案学通讯》2019 年第 3 期。

② 黄睿、单庆元：《国外基于电子文件管理准则下的物联网数据管理分析及启示》，《档案管理》2021 年第 6 期。

③ 钱毅：《基于完整性管控的数字档案对象全树结构模型研究》，《档案学研究》2020 年第 3 期。

④ 杨海杰、石进、卢明欣：《基于链上链下的电子文件可信管理系统模型》，《档案管理》2022 年第 2 期。

⑤ 方康顺：《德清：重点推进档案数据交换共享》，《浙江档案》2018 年第 7 期。

四　元数据

郭留红、高爱民等[①]以一致性、一体化、专业化、模块化为原则，构建了公路建设项目原生电子文件元数据标准，将元数据类型分别划分为文件实体、责任实体、业务实体和关系实体元数据，公路建设项目电子文件元数据标准的特色有：构建基于工序质量节点的电子文件元数据标准、赋予电子文件形成过程中元数据实体元素集唯一性标志、描述公路建设项目管理业务特征的实体元素。

嘎拉森、顾天荣[②]对《文书类电子文件元数据方案》进行研究，解读该方案的适用范围，术语及定义，元数据元素、结构及描述方法，提出《方案》可增设实体类元数据的法规标准、细化档案内容描述的元数据元素、进一步明确个别元素的具体捕获方式。

刘越男[③]由 VERS 标准的变化对电子文件元数据封装策略进行研究，指出 VERS 由 2 版标准到 3 版标准的改变，使元数据标准、长期保存格式规定、封装标准发生了改变。

李芳芳、吴玉龙等[④]构建机关电子档案元数据体系，从形成阶段、捕获方式、实体类型、通用及专用属性、聚合层次等方面分析元数据体系的组成部分，提出元数据体系构建与元数据库建设的关键环节是：确定分类体系及通用元数据项、专用元数据项，构建元数据库实现元数据统一配置和管理，实现元数据规范填写。元数据是电子文件的重要组成部分，是四性检测的信息来源和依据，是电子档案数据查询检索、编研

[①] 郭留红、高爱民、齐云飞、朱兰兰、郝伟斌：《公路建设项目电子文件元数据标准构建研究》，《档案管理》2022 年第 3 期。

[②] 嘎拉森、顾天荣：《〈文书类电子文件元数据方案〉（DA/T46—2009）要点解读及思考》，《北京档案》2019 年第 11 期。

[③] 刘越男：《对电子文件元数据封装策略的再思考——由 VERS 标准的变化引起的研究》，《档案学研究》2019 年第 4 期。

[④] 李芳芳、吴玉龙、米捷、陈成：《机关电子档案元数据体系构建及元数据库建设研究》，《档案管理》2019 年第 5 期。

利用的基础，保障电子档案规范管理。

谢锋、徐悦等①以苏州市为例，从元数据标准、实体、描述方法、方案的实施以及评估与更新方面研究，构建了地方性电子档案元数据。

张正强②认为建设智慧档案馆的关键与核心是建立基于本体的电子文件元数据。

王婧逸③提出对电子文件形成前、运行和归档过程中、归档后的整个过程进行管理，保证网络环境动态变化过程中数据信息的保全。

方昀、仇伟海等④研究电子文件数据维保服务案例，提出电子维保单要满足电子数据真实性、合法性、关联性等要求。

五　数据文件

王子鹏⑤认为数据文件指"以数据库形式存在的具有文件属性的记录"。面临来源复杂、系统依赖程度高、元数据无法保障数据文件真实性等问题，数据文件归档的对策有：来源原则适用于数据文件管理、分析数据文件归档形式、保障数据文件的真实性路径。

张芳霖、崔皓⑥认为数据文件中心主要针对数据形式的文件，可以融入数据管理的概念和方法。它整体考虑电子文件规模、类型和关联，利用技术支持文件运动周期的流程衔接，实现政务信息从公开到升华。

---

① 谢锋、徐悦、王磊、王密、毕建新：《地方性建设电子档案元数据方案构建——以苏州市为例》，《档案与建设》2022 年第 8 期。

② 张正强：《基于本体的电子文件元数据》，《中国档案》2020 年第 3 期。

③ 王婧逸：《数据保全视角下电子文件单轨制管理模式研究》，《档案与建设》2020 年第 2 期。

④ 方昀、仇伟海、李德昆、韩季红：《电子文件数据维保服务案例研究》，《档案学通讯》2018 年第 4 期。

⑤ 王子鹏：《数据文件归档研究——以江苏开放大学为例》，《档案管理》2018 年第 4 期。

⑥ 张芳霖、崔皓：《面向政务信息共享平台的数据文件中心建设构想》，《北京档案》2018 年第 5 期。

第五节 国外大数据和档案数据研究

在当今数字化时代,大数据和档案数据已经成为国际社会中不可或缺的重要资源。国外在大数据和档案数据的应用方面取得了显著的进展。大数据分析已经广泛应用于医疗、建筑、会计、地质等领域,为决策者提供了更准确、更全面的信息支持。

一 大数据政策环境

2008 年 9 月,英国《自然》杂志发表了题为《下一个谷歌》的专刊报告。该报告不仅正式提出了"大数据"(Big Data)这一概念,而且认为它将是下一个十年能够与谷歌搜索引擎相媲美的重大科技创新。

2012 年 3 月 29 日,美国奥巴马政府宣布了"大数据研究与发展计划"(Big Data Research and Development Initiative),宣布将对六个联邦部门和机构投入 2 亿美元发展大数据。该计划被视为美国大数据国家战略正式出台的标志。通过提高从大量复杂的数字数据中提取知识和见解的能力,有望加快科学和工程领域的发展步伐,加强国家安全,并改变教学和学习。

2013 年 1 月,美国国家信息标准委员会(National Information Standards Organization,NISO)以"保存元数据:数字对象的最佳朋友"为主题召开网络研讨会,以 PREMIS 的研究与实践为基础,探讨数字信息资源保存元数据的发展问题。2013 年 11 月,美国白宫发布"数据—知识—行动"(Data to Knowledge to Action)计划。该报告对美国国防部、能源部、国家航空航天局、国家卫生研究院等联邦部门和机构落实"大数据研究和发展计划"的进展情况进行详细报告,并进一步探讨了如何利用大数据改造国家治理、促进前沿创新。

2014 年 5 月 1 日,美国总统科技顾问委员会(PCAST)发布"大数据与隐私权:基于技术的视角"(Big Data and Privacy: A Technological Perspective）报告。该报告详细介绍了大数据和隐私的技术方面问题。计算和电子通信技术的无处不在导致数据呈指数级增长，收集、分析、传播和保存大量数据的新技术能力引发了对隐私可能受到损害的担忧。

2016年10月12日，英国数字和文化部长Matt Hancock在索尔福德举行的DCDC16会议上，就档案的新战略愿景发表了演讲，他的演讲涵盖了档案内容的数字化和数字创新。2016年3月18日，开放数据门户网站对欧洲各种类型和规模的企业进行调查。在档案馆的数字保存会议中表明，它们只使用云存储来存储已经属于公共领域的开放数据，能够保持其履行法律义务的能力，比如信息自由、主权、管理数据完整性、信息安全，已经在业务失败或决定更换提供商等情况下取回数据。2016年2月15日，英国下议院科学技术委员会发布了关于大数据困境的报告，该报告就隐私、匿名化、安全和公共利益之间的平衡问题得出结论并提出建议。

2018年，英国国家档案馆和政府档案政策协会撰写了一份关于个人数据归档指南，并开发了数据保护立法工具包，来协助档案保管员处理数据保护请求和馆藏中出现的问题。由Wellcome Library and The National Archives制作的数据集HOSPREC，将档案数据的价值发挥在医疗领域，帮助查找英国各地的医疗记录，成为一个十分便捷的辅助工具。

英国政府的开放标准委员会为整个政府制定标准数据。John Sheridan领导了一个艺术与人文研究委员会资助的"法律大数据"项目，探索数据分析在法规中的应用。英国科学数据管理中心（Digital Curation Center, DCC）在其科学数据管理参考手册中专设一章，对科学数据管理中的保存元数据相关问题进行了阐述。

基于大数据背景，国外学者对档案数据展开研究。笔者以"archival data；archives datafication；archives data transformation"等为检索词进行检索，检索范围为EBSCO数据库、Proquest数据库、SpringerLink数据库等，经筛选去重后，得到有效外文文献27篇。

二 档案数据理论

Ashleigh Hawkins[①]立足于档案、关联数据与数字人文视角,认为数字人文学科由数字数据驱动,档案数据以数字方式提供是不够的,它需要集成、可互操作和可查询,当前的数字化方法通常会导致非结构化数据的产生,因此给数字人文主义者带来了许多障碍。Karen F. Gracy[②]同样立足于档案与关联数据,研究档案馆如何通过使用语义 Web 技术(特别是关联数据)将其馆藏与相关数据源联系起来;Mordell D.[③]立足于档案术语的变化,认为档案的第五种范式即将出现:档案即数据范式。该学者通过探索将计算方法应用于数据档案的概念,来描绘档案即数据范式可能带来的影响。

三 档案数据实践

(一) 相关领域实践

Gunn 等[④]立足于档案实践,对技术系统如何影响当今的档案实践进行分析,同时探讨了如何处理个人计算机、开放网络和网络社交平台等三种环境中产生的档案数据。Qianru Liu, Jianmei Liu, Cheng Gong[⑤]在企业转型发展的研究当中,通过对企业年报中提取出来的数字化转型的档案数据进行文本挖掘和词频统计,为上市公司的数字化转型的实证研究作出贡献;Pedro Martin-Holgado, Amor Romero-Maestre, Jose de-

---

① Hawkins A., "Archives, linked data and the digital humanities: increasing access to digitised and born-digital archives via the semantic web", *Archives Science*, 2021, pp. 319-344.

② Gracy K. F., "Archival description and linked data: a preliminary study of opportunities and implementation challenges", *Archive Science*, 2014, pp. 239-294.

③ Mordell D., "Critical Questions for Archives as (Big) Data", *Archivaria*, 2019, Spring TN. 87.

④ Chelsea G., Unruly Records: Personal Archives, Sociotechnical Infrastructure, and Archival Practice, Ph. D. PQDT, 2020.

⑤ Liu Q., Liu J. and Gong C., "Digital transformation and corporate innovation: A factor input perspective", *Managerial & Decision Economics*, Vol. 44, No. 4, 2023, pp. 2159-2174.

Martín-Hernández 等①在研究双极晶体管的时候，通过从档案数据中提取有价值的信息来对其辐射环境的相关风险需求进行评估；Debin Xu②探讨了数据挖掘技术在档案信息资源平台中的作用。由于档案数据是一种重要的数据资源，因此在对数据挖掘模型进行构建的过程中，需要对其功能模块与操作过程进行检查，同时也为实现档案信息数字化发展提供了更加科学有效的解决方案，Xuwen Zhang③研究通过面部表情识别增强认知推荐算法的互联档案问题。

Daniela Agostinho④以殖民档案为研究对象，主要讨论了美属维尔京群岛殖民地档案的数据化以及这一过程中产生的伦理认识和挑战，提出批判性地分析嵌入数据档案中的殖民历史非常重要。

Paul Clough 等⑤以英国国家档案馆为例，对英国国家档案馆将自然语言处理（NLP）和地理信息检索（GIR）等现有技术应用于档案数据中进行研究，得出技术的应用可改善对大规模档案数据的访问，以期为其他档案馆提供参考借鉴。2017 年，英国国家档案馆和 Jisc 签署了 Memorandum of Understanding，并在这份报告当中通过探索数据之间的互操作性，改善检索中心和数据中心，目的是提高两个系统馆藏之间的互通性。

Ricardo Eito-Brun⑥对档案数据聚合进行研究，提出了一个档案信息系统的协作框架，该框架利用了查找辅助工具与编码对上下文和档案

---

① Martín-Holgado P., Romero-Maestre A., de-Martín-Hernández J., et al., "How the Analysis of Archival Data Could Provide Helpful Information About TID Degradation, Case Study: Bipolar Transistors", *IEEE Transactions on Nuclear Science*, Vol. 69, No. 7, 2022, pp. 1691-1699.

② Xu D., "An Analysis of Archive Digitization in the Context of Big Data", *Mobile Information Systems*, July 2022, pp. 1-8.

③ Zhang X., Interlink Archives: Emotion, Algorithm & Inspiration, Ph. D. PQDT, 2023.

④ Agostinho D., "Archival encounters: rethinking access and care in digital colonial archives", *Archive Science*, Vol. 19, 2019, pp. 141-165.

⑤ Clough P., Tang J., Hall M. M., Warner A., "Linking archival data to location: a case study at the UK National Archives", *Aslib Proceedings*, Vol. 63, No. 2-3, 2011, pp. 127-147.

⑥ Eito-Brun R., "Context-based aggregation of archival data: the role of authority records in the semantic landscape", *Archive Science*, 2014, pp. 217-238.

建立关系。该架构可用于解决对分布式数据进行单点访问的需要，它可以部署或映射到现有的技术架构上，以改善用户与网络存储库之间的交互。

Xiaobo Jiang[①]对目前的存档数据分类方法的不适用性进行分析，并提出一种新颖的分类方法，即多粒度语义的归档数据智能分类。这种方法在对档案信息的发现与利用以及探索分析档案数据内容之间的关联性上有着很大的意义。

James Patrick Philips[②]使用监督式机器学习方法调查数目引文和文章脚注的分类。通过文献梳理，将很多档案领域的参考书名置于其中，比较单一和混合机器学习分类器的性能，以及传统特征和自然语言处理中得出的新颖语法特征的性能。该工作证明混合模型对包含史学数目参考文献的脚注进行分类的优越性，以及利用新颖的语法特征训练机器学习模型的可行性。

Shubham Airan[③]研究关于数据转换的问题。数据有不同的形式，它的结构可以是图形、树、表集合或其他形状。作者主要研究结构为树的数据，这被称为分层数据，相同的数据可以被构造成许多不同的树状结构。有时，层次结构的各个部分被注释或与元数据关联，即与关于数据本身的数据关联。元数据可以具有在转换数据时必须保留的特殊语义。文章通过对数据转换语言 XMorph 的扩展，实现了数据与元数据转换的研究。我们对扩展进行评估，表明开销是适度的。

Brenda Reyes Ayala[④]研究创建一个外观和行为与原始网站完全相同

---

① Jiang X., "Intelligent Classification Method of Archive Data Based on Multigranular Semantics", *Computational Intelligence & Neuroscience*, May 2022, pp.1-9.

② Philips J. P., Bibliographic Reference Analysis in Archival Data Using Supervised Machine Learning and Grammatical Features, Ph. D. PQDT, 2021.

③ Shubham A., MetaXMorph: Hierarchical Transformation of Data with Metadata, Ph. D. PQDT, 2021.

④ Brenda B. R., A Grounded Theory of Information Quality in Web Archives, Ph. D. PQDT, 2018.

的高质量存档网站，通过为网络档案提出以用户为中心的智商理论来解决 Web 档案中信息质量的定义未开发的问题，还提出 IQ 每个维度的数学定义，可以将其用于测量网络档案的质量。

Bettina Yvette Moore① 通过文献计量评估家庭系统之间的关系，利用档案数据分析最优家庭系统。Carrie Scott② 对 345 个组织进行研究，每个组织中都有档案数据可用的数据点，利用 SPSS 进行回归分析，确定变量之间的相关性，以提高医疗保健基准。

（二）其他领域实践应用

医疗领域：Fiorini L., Conti A., Meucci A., Bonora V., Tucci G.③ 为了了解韩国老年人主观健康影响因素，通过对相关的 3822 个老年人群的档案数据进行分析来检验研究假设，并且对政策的制定有着重要的意义。Michelle R. Brandser④ 利用档案数据检查西方咨询和美洲原住民传统治疗方法的有效性。Lewis Rae Blake⑤ 开发和研究了一系列算法，分析海量空间数据。建筑学领域：Joonho Moon, Seoryeon Woo, Jimin Shim, Won Seok Lee⑥ 将档案数据的价值与建筑学进行结合，将档案数据与建筑元素进行精准对比，为楼梯建造提供一个新的设计思路、结构与布局。一个跨学科之间的结合为重建历史建筑提供了一个新的思

---

① Moore B. Y., Optimal Domotic Systems Based on Archival Data Trend Analysis, Ph. D. PQDT, 2022.

② Carrie C., Physician Pay and Meaningful Use Impact on Diabetic Outcomes: Analysis of Archival Data, Ph. D. PQDT, 2019.

③ Fiorini L., Conti A., Meucci A., Bonora V., Tucci G., "Between Spatial and Archival Data: Digital Humanities for the History of a Staircase of Pitti Palace", *International Archives of the Photogrammetry, Remote Sensing & Spatial Information Sciences*, Vol. 48, No. M/2, 2023, pp. 571-577.

④ Brandser M. R., Examination of the Effectiveness of Western Counseling and Native American Traditional Healing Methods Using Archival Data, Ph. D. PQDT, 2020.

⑤ Blake L. R., Enabling Massive Spatial Data Analysis, Ph. D. PQDT, 2022.

⑥ Moon J., Woo S., Shim J., Lee W. S., "Antecedents of Subjective Health among Korean Senior Citizens Using Archival Data", *Behavioral Sciences* (2076-328X), Vol. 12, No. 9, 2022, p. 315.

考方向。会计学领域：Yu Cong, Hui Du[①]通过研究新数据源在档案会计研究中的使用与影响情况，探索从现象到新数据以及从新数据到理论的联系，发现档案数据在会计领域中对现象理论方面的关键作用，对会计信息系统和新兴技术的研究发展产生影响。

第六节 研究评述

一 研究成果丰硕，但核心概念尚需厘清

自2008年维克托·迈尔-舍恩伯格和肯尼思·库克耶在其著作《大数据时代》中对大数据做了概念界定后，国内外真正开始了对大数据的研究，尤其是计算机界走在了理论研究与实践应用前列。档案界认识到了大数据对档案行业的冲击，从2015年左右开始了对大数据的关注与研究。部分学者根据大数据的4V（Volume、Velocity、Variety、Value）特征将档案纳入大数据范畴，称之为档案大数据，并对其从概念定义、管理体系、人员要求等方面展开研究。随着研究的深入，学者相继提出了档案数据化和数据档案化的概念，尽管学者对这两个概念的认识与界定还有分歧（详见前文），但对于档案工作、档案资源要顺应大数据时代的发展与需要这一观点达成了共识。2020年以来，学者们也认识到了相关学科研究成果对档案工作的借鉴性，将数据治理相关理论与实践引入到数据档案中来。

档案学界对大数据与档案结合的研究不过短短几年，取得了较为丰硕的成果，学界共同认为开展数据档案研究、尽快融入国家大数据战略，是档案进入新时代、迈向新征程的重要工作和抓手。然而还面临着诸多问题。

---

① Cong Y., Du H., "The Use of New Data Sources in Archival Accounting Research: Implications for Research in Accounting Information Systems and Emerging Technologies", *Journal of Emerging Technologies in Accounting*, Vol.19, No.1, 2022, pp.21-31.

首要解决的就是档案数据、数据档案、档案大数据的内涵尚未清晰的问题。不同作者各抒己见，观点相异。项目组认为，存在这个问题的核心原因是对大数据的本质尚未完全理解。2008年维克托·迈尔-舍恩伯格和肯尼思·库克耶发表的经典著作《大数据时代》提到了思维变革的三个方面：全量数据而不是随机样本、相关关系而不是因果关系、混杂性而不是准确性。可以说，全量、相关、混杂是大数据最核心的内在特征，4V特征更多是大数据的外在表象。如果只抓住4V特征，就去套档案资源，就会轻易下出"档案资源就是大数据，档案大数据"的结论。因为按照有些学者的分析，档案也具有庞大数据规模（Volume）、多样性（各种来源、各种文件格式等，Variety），认为档案资源都是鉴定过的有价值的，因此还有Value特性（殊不知，Value特性恰恰是低密度价值性，即单一数据价值很低），认为档案每年都有庞大的增量，因此具有增量大增度高（Velocity）特性（殊不知，Velocity特性除了数据产生快，还要求处理速度快的特性，档案资源基本上是以文件、图片等非结构化资源存储，离处理速度快有较大差距）。

抓住大数据全量、相关、混杂这三个核心特征，我们再去审视学界关于档案大数据、档案数据化、数据档案化的相关概念，会有新的疑问、发现和认识。如果现有馆藏资源称为档案大数据，是否是全量？这个全量和整个立档单位的数据全量是否相符？档案大数据和该单位信息中心保存的数据区别是什么？档案大数据内的数据之间是什么样的关系，是否具有关联关系？等等。这些基本问题没有得到解决、达成共识的话，可能我们的很多研究是架空的，是难以在实践中得到认可的。

二 注重理论研究，但实践指导尚需深化

档案学界对大数据研究达成的共识是大数据时代档案工作必须要转向数据管理。学界在对大数据初步研究的基础上，结合我国档案工作实际，提出了档案大数据等相关概念，并对档案学基本理论如来源原则、

全宗理论等进行了初步探讨，认为档案学基本理论应该拓展以适应大数据技术。学者们对于档案数据治理、档案数据安全治理能力成熟度模型、保障机制、档案数据生态等进行了理论研究。

档案研究最重要的是指导工作实践。从纸质档案、电子文件管理研究路径看，最终的研究成果均是在指导档案管理对象的收管藏用等。以电子文件管理研究为例，2000年以前以冯惠玲教授为先行者的学界开始对电子文件管理进行研究，提出了全程管理原则、前端控制原则等，为电子文件管理的实践尤其是电子文件管理系统的实施奠定了理论基础。2000年后则进入了电子文件管理的实践阶段，电子文件管理项目的实践出现了"大跃进"，电子文件管理项目、数字档案馆项目遍地开花。尽管电子文件管理的理论研究还在继续，尽管这些电子文件管理项目出现了一些问题，但实践持续进行，并反过来修正、完善相关理论。

纵观数据档案方面的研究，成果较多，为档案工作向数据对象的管理提供了非常有益的理念和思路。但研究重心多在理论层面，尚未深入到实践。比如，档案数据化，要数据化的是什么样的档案？哪些档案需要数据化？数据化后怎么管理？再如，数据档案化如何开展，哪些数据需要档案化，即数据归档范围和鉴定问题，鉴定后需要归档的数据如何保存？

实际上，随着大数据、数据治理、数据湖等新技术在机构的应用，尤其是大型国企中的广泛应用，一些决策层、管理层、技术人员已经产生了一个疑问：我所有的全量数据都已经在企业统一的存储平台——数据湖中保存了，档案为什么要参与？如果档案要参与，怎么参与，参与后干什么？而档案人员往往讲不清，从而被排斥在了数据治理、大数据建设之外。

三 聚焦档案领域，但交叉研究尚需形成

随着以大数据为代表的新一轮科技革命和产业变革的加速演进，学

科深度交叉融合势不可当，数据管理与档案学的交叉、融合是档案学发展的趋势之一。从目前数据档案领域的研究看，研究视角主要是在档案领域，档案人员意识到了大数据、数据治理给档案工作带来的深远影响。然而和电子文件不同的是，其他领域尚未意识到档案工作对大数据和数据治理的重要作用。

从电子文件管理的发展历程看，成熟的电子文件管理有着多元合作、跨领域、跨地区、跨资源等特征。多元合作，指电子文件管理由文件/档案管理人员、信息技术人员、业务人员、行政领导、安全保密人员、法律界人士等多方力量参与，如NARA制定的《Web 2.0和社交媒体平台的文件管理指南》要求社交媒体形成的信息应由档案管理人员、网络管理人员、社交媒体管理者、隐私保护和信息安全人员、信息技术人员等，共同承担文件的发布与管理责任。美国的ERA建设时由几十家知名机构参与，如国防部、麻省理工学院、电子文件永久性真实性保存研究组、国家计算机科学联合会、国家标准技术研究所、国家科学基金会、圣迭戈超级计算机中心等。

目前我国数据档案的研究还主要在档案界，主要是档案学者对大数据、数据治理开展了一定的研究后，与档案工作相结合，形成了一定的成果。部分成果没有与数据管理专家、业务人员、数据治理专业人员等充分交流沟通完善，档案人员设计的数据管理平台、生态体系等是否能在实践中应用，尚未可知，存在着自说自话现象。从实际工作看，现有档案资源离科学界定的大数据还有很大差距。我们更需要多元化力量参与进来，形成跨学科或交叉学科研究。

中办、国办印发的《"十四五"全国档案事业发展规划》提到大力推进增量电子化，继续做好存量数字化，并对不同单位的数字化率进行了要求。规划主要内容第五部分"加快推进档案信息化建设，引领档案管理现代化"，重点仍在电子文件管理。可喜的是，规划提到了数据文件的问题，要求"完善政务服务数据归档机制，强化全流程一体化政务服务平台数据归档功能建设要求,切实推进政务服务数据归档,逐步开展其他业务系统电子文件单套制归档。推进企业事业单位电子文件单套制归档从会计系统向管理系统、工程技术系统、科研系统等更广泛领域推广","研究解决三维电子文件及数据文件归档等难题,促进各类电子文件应归尽归"[①]。这说明,实践已经对数据归档提出了迫切要求。

第七节 进一步的研究空间

学者们对数据归档、数据档案方面的研究,取得了一定的成果,但研究的空间还应该也可以进一步拓宽、进一步深入。

一 加大档案基本理论体系研究的力度与深度

目前,以数据为管理对象的档案学基础理论的研究还处于起步阶段,研究力度和深度都有待加强。

大数据的本质是全数据、关联关系和近似求解。如何理解全量数据?如何理解数据大与小、关联关系与因果关系、全数据的相对性等?中科院院士梅宏教授认为,多源数据聚集和跨组织、跨领域的数据深度融合挖掘是展现大数据价值的前提。在价值驱动下,普遍存在着数据突破单位边界进行流动的现象。因此,数据归档的研究,对档案学的概念体系的认识提出了新要求。

数据纳入档案管理对象这一结论已经在《"十四五"全国档案事业发展规划》中得到体现,但现有的概念与理论尚难以支撑数据归档。例如,现有档案定义的内涵和数据之间的关系是什么?全宗理论是以一定的社会单位为基础构成的,而数据突破单位边界进行流动是国家大数据战略、激发数据要素活力的必然要求,全宗理论如何拓展以适应大数据

---

① 国家档案局:《中办国办印发〈"十四五"全国档案事业发展规划〉》,https://www.saac.gov.cn/daj/toutiao/202106/ecca2de5bce44a0eb55c890762868683.shtml。

时代？鉴定理论也面临着如何适应数据归档的情况，如归档范围问题。数据保存在数据库中，如何对数据库中的数据进行鉴定？采用纸质档案、电子文件的鉴定方法是不现实的。一些学者对此进行了有益的探索，这些探索能不能用来、如何用来指导档案工作实践？如此等等一系列的基础理论问题需要学界加大对档案基本理论体系研究的力度与深度。本书对上述问题进行研究，通过对档案定义的拓展研究，试图对基本理论如来源原则、全宗理论、鉴定理论、归档范围等进行再认识，并提出自己的观点。

二 加大数据档案管理活动研究的广度与宽度

档案学界将档案工作划分为八项内容（或八个环节）与两大方面，实质上就是以纸质档案为研究对象的档案管理学的内容，构成了档案工作的理论指导，这八项内容在纸质档案管理中是以线性顺序开展的。在以电子文件为对象的管理阶段，八项内容的线性开展已经出现了难以适应的现象（详见笔者前作《基于OAIS电子文件管理系统体系研究》），对于数据档案管理是否还能适应？如何去研究数据档案管理的八个方面？

审视数据治理与大数据，有着明显的方法论作指导。如数据采集与汇聚、数据管控、数据服务、平台底座等，再如数据标准、元数据管理、主数据管理、指标数据管理、数据质量管理、数据生命周期管理、数据安全管理等。参与人员则有数据管理人员、数据管理专家、业务专家、计算机人员等。

数据档案管理活动必须有相应的方法论作指导。目前的一些研究，看研究标题是数据治理视角下的档案研究，看内容则是档案视角下的数据治理，即将档案工作直接套向数据治理而得出结论。方法论方面的研究目前基本上是空白。基于此，本书尝试用数据思维与视角、以数据为关键要素，致力于构建一套适合数据档案管理的方法论，重构大数据下档案管理活动模型。以此方法论来研究数据档案管理活动，研究数据如何归档、如何鉴定、如何保存、如何实现真实完整与可用，研究在整个管理活动中，需要什么方面的多元参与，等等。

三　构建国家大数据战略下档案管理框架

对档案概念体系和基本理论体系的研究与拓展，更多的是解决一个单位的数据档案管理问题，是从一个单位的角度（全宗边界）为出发点。然而，随着国家大数据战略的深入实施，数据跨层级、跨地域、跨系统、跨部门、跨业务的流动和应用已经产生并日益普遍，最佳的例子就是全流程一体化政务服务平台已在各级政府普遍应用。

这种涉及单位内部、行业内、跨行业跨区域的多层次的数据流动，需要从更高层次去构建国家大数据战略背景下的档案管理理论框架，将数据档案的价值重塑与发展需求、业务重构与管理模式、应用场景生态营造等进行融合创新，试图构建一个具有宏观指导意义的理论框架体系。

四　研究国家大数据战略下数据档案应用场景

以数据形态归档保存的数据档案，可以根据数据间逻辑关系按照固定格式形成电子文件，从而转化为人类认知的非结构化档案。说明数据档案具有传统的情报价值和凭证价值。最重要的是，传统档案更多以检索利用、编研方式提供利用，大数据能够将低价值密度的数据集聚整合为高价值、作用巨大的信息资产。数据档案的这一价值，是传统档案的利用工作所不具备的。

为了更充分发挥数据档案的价值，需要加大对其应用场景的研究，如档案部门对数据档案按照事由原则整理成各类主题数据库，向利用者提供其所需的主题数据集合。国内外的数据交易市场（大数据交易中心如上海数据交易中心，特定行业领域的大数据交易平台如交通大数据交易平台，互联网企业的数据交易平台如京东万象、美林数据）可以给这样的应用场景提供借鉴。如企业档案部门从数据档案中抽取主题数据集合，利用大数据技术与工具进行分析，将结果提交给利用者，这种情况下档案部门不仅是数据档案保管部门，还是数据分析部门。这三种应用场景对档案部门的能力要求、服务方法、实施途径是需要加大研究力度的内容。

第三章

档案管理研究对象的学术史梳理

我国自20世纪二三十年代开启对档案管理的专门研究以来，历经近百年发展，档案管理研究对象已发生了较大变化。把握复杂的档案管理知识演进过程及其逻辑，对于全面深化档案管理理论与实践的理解与认知至为重要。作为研究者与学习者，我们经常遇到的问题是：档案管理学科为何产生？其知识演进阶段有无清晰划分？为何会如此划分？特别是，不同阶段的、纷繁复杂的不同代表性理论之间有无联系？这些关联是什么？为什么它们互相关联？档案管理学科发展脉络如何？是否能够指导大数据时代的档案管理实践？

事实上，一连串疑问正反映了档案管理理论的多元性与档案管理实践的复杂性，正如吴宝康老先生在《论当前档案工作方针的正确性》一文中所指出的，档案保管与利用是档案工作的基本矛盾。这一基本矛盾贯穿档案管理始终，当一部分人在力求使档案开放利用更为便捷、无阻力的同时，另一部分人却在力求给档案管理施加更多限制以防止档案风险、确保档案安全。不同研究者关注档案管理的不同层面，这些行为具有不同的目标与价值取向，由此形成了不同的档案管理理论。在理论发展路径相对独立、核心概念缺乏统一认识的情况下，档案管理学科的独特性要求对档案管理学史的梳理必须挖掘单个概念与理论之下的更具思想性的发展脉络,从而深化理解概念与概念之间、理论与理论之间的相互影响与作用。为更加凸显档案管理理论的形成与发展轨迹,本章以档案管理实践为导向梳理档案管理理论,以思想脉络为主轴分析档案管理思想与理论的前后承继关系。本质上,档案管理是实践导向的学科,是多数人一生中都会有所体验的现实学问。因此,档案管理学科无论如何在形式上形而上,仍是对现实档案管理实践困境提出解决措施的理论抽象与分析。

档案工作从以纸质档案为管理对象到以电子文件为管理对象,目前正逐步进入以数据为管理对象阶段。本章对档案管理研究对象进行学术史梳理,力求还原其形成时期档案管理实践所面临的突出困难与问题,试图从档案工作发展史中寻找档案理论与实践的演变规律,为数据档案管理的理论体系构建提供有益的借鉴。

第一节 以纸质档案为对象的档案管理理论与实践

我国档案管理思想与理论的发展历程与党和国家的发展密切相关。我国档案管理工作具有上千年历史,历经数千年发展探索,累积了丰富的档案管理实践经验,为档案管理理论体系的建立与发展奠定了坚实基础。中华人民共和国的成立开启了国家现代化的新篇章,以吴宝康等为代表的几代档案学家扎根中国大地,建立和发展了具有中国特色的档案学科;1978年,改革和市场化成为重要政治话语,国家、区域与全球间的复杂连接、相互影响不断增加,我国的现代化进程与现代国家建设的内涵被不断重塑,推动了一系列经济社会变迁。在此过程中,现代档案管理理论得以萌芽与成长,具有中国特色的档案管理理论体系逐步建立起来。在相关研究中,较为全面的专门性论述主要见于《中国档案学史论》(李财富,2005)[①],以及《中国特色档案学的发展脉络与演进逻

---

① 李财富:《中国档案学史论》,安徽大学出版社2005年版。

辑》（张斌和杨文，2020）①、《中国特色档案学基础理论体系的历史发展与当代构建》（张斌和尹鑫，2021）② 等论文，相关内容见表 3-1：

表 3-1　　　　　　　档案管理发展历程相关研究成果

序号	研究成果信息	学术史梳理
1	《中国档案学史论》（李财富，2005）	1. 孕育时期；2. 创立时期；3. 发展时期；4. 停滞与倒退时期；5. 恢复与繁荣时期
2	《中国特色档案学的发展脉络与演进逻辑》（张斌和杨文，2020）	梳理了中国特色档案学的发展脉络，包括：1. 初创期（1949—1977 年）；2. 发展期（1978—1996 年）；3. 创新期（1997 年至今）
3	《中国特色档案学基础理论体系的历史发展与当代构建》（张斌和尹鑫，2021）	梳理了中国特色档案学基础理论体系的历史发展，包括：1. 初创期（1949—1977 年）；2. 发展期（1978—1996 年）；3. 成型期（1997 年至今）

本项目参考既有研究对于档案事业发展历程的划分，将新中国成立后的档案管理学术史同样划分为初创期（1949—1977 年）、发展期（1978—1996 年）、创新期（1997 年至今）三大发展阶段。档案管理学是以档案管理活动及其运动规律为主要研究对象的学科，是档案学的一门分支学科。参照档案学基础理论的主要特征，档案管理理论的基本特征包括本质属性、对象范围与方法三个方面。其中，本质属性包括档案的原始记录性、价值属性、法治属性和文化属性四大性质。对象范围包括三个维度：一是档案价值论、来源原则、文件生命周期理论等档案学三大基本理论；二是档案管理的基本问题为基础进行的理论拓展；三是相关学科理论交叉融合作为重要组成。档案管理方法主要涉及认识论、方法论、实践论在档案管理理论中的应用。③ 本节以档案管理理论的基

---

① 张斌、杨文：《中国特色档案学的发展脉络与演进逻辑》，《图书情报知识》2020 年第 5 期。
② 张斌、尹鑫：《中国特色档案学基础理论体系的历史发展与当代构建》，《中国图书馆学报》2021 年第 47 卷第 6 期。
③ 张斌、尹鑫：《中国特色档案学基础理论体系的历史发展与当代构建》，《中国图书馆学报》2021 年第 47 卷第 6 期。

本特征为主要研究对象，以载体变迁为主线，结合时代背景、社会变迁、实践探索、技术发展等因素，梳理中国特色档案管理初创期、发展期和创新期的发展脉络与演进逻辑。其中，随着科学技术演进历程，我国档案管理理论演进的初创期与发展期主要以纸质档案为研究对象，20世纪90年代末期，随着信息技术的快速革新，推动档案管理实践发生颠覆性变革，档案管理理论亦开始将电子文件纳入研究框架。由于在纸质档案与电子文件阶段档案管理理论基本特征发生较大变革，在此划分为两大主要部分进行论述。

一 初创期的档案管理理论与实践（1949—1977年）

在封建社会，档案工作始终作为文书工作的后级部分而存在，并未发展成为一项独立的事业，"资政""存史"是其主要职能，保密性、机要性十分突出。档案的形成与利用被看作是社会少数上层群体的特权与专利，普通人通常无法私窥档案或接触档案工作，档案学更无从谈起。至唐以前，我国的档案工作与文书工作没有明确界分，档案工作是文书工作的组成部分。唐宋时期关于档案鉴定、销毁的相关规定及实践对我国档案工作的发展发挥了重要推动作用，档案工作开始逐渐与文书工作有所分工，但其依然从属于文书工作，服务方向仍主要是封建机关衙署系统，几乎处于完全封闭的状态。[①] 20世纪30年代，以文书档案工作改革为主要内容的行政效率运动和明清档案整理热潮合力催生出十三本档案学"旧著"的问世，标志着近代中国档案学开始形成。[②] 因此，文书工作与档案工作的区分，是近代中国档案学成为独立学科的开始。这意味着档案管理者与文书工作者之间的不同开始得到关注，研究者们也开始真正从档案工作的实际和特殊性角度去思考和分析档案管理，而不再囿于传统史官、文书档案官吏"主业"副产品的工作经验总结。这成为日后档案管理学确立和发展的重要基础。

[①] 李财富：《中国档案学史论》，安徽大学出版社2005年版，第2页。
[②] 李财富：《中国档案学史论》，安徽大学出版社2005年版，第29页。

(一) 新中国成立与档案工作面临的挑战

1949年新中国的成立开启了档案管理研究的新纪元。新中国成立初期，我国面临着严峻的财政经济困难，如何快速恢复国民经济，完成对农业、资本主义工商业、手工业等的社会主义改造成为党和国家关注的重点。1950年6月召开的七届三中全会秉持"公私兼顾、劳资两利、城乡互助、内外交流"基本方针，全力恢复国民经济。1953年，新中国第一个五年计划开始实施，集中全国力量进行工业建设，围绕苏联援建的156个项目和694项大中型建设项目展开，极大促进了社会生产力的提升与发展，并产生了大量档案。据统计，1950年至1953年间，我国聘请的苏联专家带来的科技文献资料重达600吨。[①] 但此时，我国系统的档案管理体系尚未建立起来，档案管理的基础十分薄弱，缺乏完善的档案管理制度与档案管理人才，各机关单位档案管理的体系混乱，致使技术档案资料丢失严重，给经济生产造成极大损失。周恩来总理针对该情况作出批示，要求"建立一个技术资料管理机构，以加强技术档案资料管理工作"。可见，落后的档案管理水平与国民经济发展、科学研究的巨大需求间的矛盾越发尖锐，如何尽快建立一套契合于中国发展现状与需求，能够有效支撑新中国建设与发展的中国特色档案管理体系成为迫切需要解决的重大议题。

1957年，我国超额完成发展国民经济的第一个五年计划，开始全面转入大规模社会主义建设阶段。这一阶段，我国电子工业、原子能工业、石油化工工业、航空宇航工业等新兴工业逐渐成长。1964年，我国首次核爆炸试验取得成功，标志着我国科技发展达到新高度。周恩来总理在第三届全国人民代表大会第一次会议上提出"争取在不太长的历史时期内，把我国建成一个具有现代农业、现代工业、现代国防和现代科学技术的社会主义强国"的宏伟目标。在进一步推进科学技术发展的同时，科技档案管理也成为我国档案管理学科建设初期的鲜明特点，为

---

① 史真：《第一个五年计划制定中的周恩来》，http://dangshi.people.com.cn/n1/2019/0403/c85037-31010706.html，2023年4月10日。

中国特色档案管理理论的建设与发展奠定基础。

（二）档案管理制度体系的初步建立

为更好促进档案工作发展，1954年11月，国家档案局成立，为中国特色档案管理发展奠定了组织基础。第一次全国档案工作会议提出了"边做边学，稳步前进"的档案工作方针和工作任务，会议讨论通过的《中国共产党中央和省（市）级机关文书处理工作和档案工作暂行条例》（以下简称《暂行条例》），首次正式规定了"集中统一地管理机关档案，维护档案的完整和安全，便利机关工作；反对分散保存"的档案管理基本原则，对于指导全国档案工作具有重要意义。[1]

1956年3月，国务院常务会议通过了《关于加强国家档案工作的决定》（以下简称《决定》），提出"国家的全部档案……都是我们国家的历史财富。档案工作的任务就是要在统一管理国家档案的原则下建立国家档案制度，科学地管理这些档案，以便于国家机关工作和科学研究工作的利用"。《决定》指明了档案管理工作的原则是"统一管理"，档案管理工作的目的是"便于国家机关工作和科学研究工作的利用"，为建立中国特色档案管理理论体系提供了一定发展空间，有力推动了我国档案管理理论的形成。1957年9月，国务院全体会议第五十七次会议通过《关于改进档案、资料工作的方案》（以下简称《方案》），明确指出新中国成立初期，档案管理工作中出现的系列问题。例如，资料未经整理、无法利用；历史性资料管理情况较差；因保管不当导致档案、资料潮湿霉烂；档案被随意销毁和分散；档案保密范围过宽致使档案利用受阻；等等。《方案》提出"必须建立统一的档案、资料工作的管理制度，加强对档案、资料的整理、保管和组织利用等工作"，对档案、资料的管理制度、利用、交流、借阅、保密等问题进行了全面阐述，在我国档案事业建设发展历程中具有重要地位。

新中国成立以来，我国档案管理工作通过学习借鉴苏联经验，逐步

---

[1] 王明哲：《毛泽东、周恩来、刘少奇、朱德与新中国的档案工作——纪念毛泽东诞辰100周年、周恩来和刘少奇诞辰95周年、朱德诞辰107周年》，《档案学通讯》1993年第6期。

建立制度体系，成立国家档案局等机构健全组织体系，明确了实行党政档案工作的统一管理原则，为我国档案管理理论的建立指明了方向。

(三) 档案管理理论体系的初步建立

初创时期，以吴宝康老先生为代表的几代档案学家在旧时代档案管理知识体系的基础上，超越了传统档案管理作为史官、文书管理"副业"，仅关注档案整理与编目的局限，开始将档案管理实践、国外（特别是苏联）档案学理论与中国特色社会主义建设融合起来。这一时期，我国档案管理基本认识、对象体系和方法原则等得以逐步建立。

1. 档案本质与价值认识的逐步形成

1954年，第一次党的全国档案工作会议指出，档案是"机关工作中形成的文书材料"或"保存在档案室内的机关外部文件和内部文件的综合"。1956年，第二次全国档案工作会议报告将档案界定为"档案是我国党和国家机关工作所形成并保存下来的一些文书材料"。对于档案的定义基于实践工作的经验总结与提炼，所涉范围仅仅局限于"机关工作"的小圈子，尚未上升到理论认知层面。1960年，《档案工作》中题为《档案工作者应该正确地掌握档案的自然形成的规律》一文中，将档案界定为"是本机关在工作和生产中形成的，具有一定保存价值的，并且经过立卷、归档，作为真实历史记录集中保管起来的各种文书材料（包括技术文件、影片、照片、录音带等）"。此时，关于文书材料转化为档案的具体过程形成了基本思考。首先，文书材料应"具有一定保存价值"；其次，文书材料需经过"立卷、归档"等过程才能转化为档案；最后，"技术文件"被纳入档案范畴，档案的内涵得以拓展。1962年，《档案管理学》出版，认为档案"是机关、团体、企业、事业单位、个人在活动中形成的、具有查考利用价值的、归档集中保存起来的文件材料（包括技术图纸、影片、照片、录音带等）"。这一时期，对于档案价值的认知多围绕服务国家经济建设、科学研究等维度，如档案工作不仅对于机关、团体、企业、部队、学校的日常工作是必不可少的，而且能为国家储备文件材料，为整个国家的经济建设，以及开展历史科学的研究而服务，因此它是我们党与国家工作的重要部分之一，是一个具有政治、历史、科学以及实际意义的工作。

2. 对象范围的逐步确立

近代中国档案管理范围仅局限于机关文书范畴，并未涉及档案馆、科技档案、其他专门档案的管理工作。新中国成立后，随着国家经济建设的飞速发展，科技档案的急剧增加，科技档案管理研究开始逐步形成，档案学界开始关注科技档案与技术资料的区分、科技档案的形成及其特点、科技档案管理工作等问题，至20世纪60年代初，极具中国特色的科技档案管理学初步建立起来。1959年10月，中央档案馆建成并开馆，广东、山西、河南、甘肃、黑龙江、上海等地设立档案馆筹备处，至1965年，我国已初步形成一个覆盖中央、省、市、县的国家档案馆体系。随着我国档案馆建设与发展，档案馆工作也成为重要档案学研究对象，产生了大批探究档案馆工作与档案室工作的关系、档案馆利用编研等研究成果。

3. 基本原则的逐步确立

作为马克思主义政党，党政档案集中统一管理、为党管档、保守党和国家的重要档案机密等成为这一时期档案管理理论体系建设的基本原则。20世纪50年代初，我国开始系统研究苏联关于集中统一管理档案工作的基本原则，1951年，中共中央各部门第一次档案工作座谈会提出档案管理必须集中统一，同年《公文处理暂行办法》施行，明确规定机关档案工作以集中管理为原则。1954年，新成立的国家档案局《国家档案局组织原则》中明确了"统一管理国家档案工作"是国家档案局的任务。1955年，《暂行条例》首次提出档案工作的基本原则"是集中统一地管理机关档案、维护档案的完整与安全，便利机关工作，反对分散保存"。但这一原则的适用范围较窄，仅限于党政军机关的档案工作。1956年，《关于加强国家档案工作的决定》明确"档案工作的基本原则是集中统一地管理国家档案，维护档案的完整与安全，便于国家各项工作的利用"。1959年，中共中央发布的《关于统一管理党政档案工作的通知》中,首次确立了我国"集中统一管理档案的原则与体制",《中华人民共和国档案法》进一步明确了这一原则与体制,为建立中国特色档案管理理论体系奠定基石。

(四) 初创期代表性档案管理理论

新中国成立后历经近十年实践发展,档案管理理论研究累积了一定经验,为更高维度的理论抽象提供了事实基础,形成了系列具有代表性的档案管理理论,除确立了集中统一管理原则外,有关全宗原则、档案形成规律、档案利用等档案管理理论开始逐渐形成,对档案收集整理、鉴定统计、开发利用等工作环节及其间的相互关系的相关研究开始深化发展。与此同时,档案学界开始关注针对会计、诉讼等专门档案管理原则与方法的研究。[1] 这一时期,吴宝康老先生先后提出档案的科学管理和社会利用是档案工作的基本矛盾,档案利用是档案工作诸多环节中的主要环节、是档案工作的根本目的,并将之总结为档案工作发展的客观规律。至此,一个涉及收集整理、鉴定统计、保管利用等环节及其间区别联系的档案管理理论体系初步建立起来,使档案学这一实践性极强的应用学科跳脱出纯技术研究的困境,提升了档案管理理论研究的高度。

1. 档案收集:档案自然形成规律

受"大跃进"影响,档案管理中也出现了偏离档案工作客观规律的现象,为纠正"大跃进"时期的错误做法,1962 年,曾三同志在全国档案工作会议上对"档案自然形成规律"进行了较为系统的论述。其主要内容包括:第一,档案不能根据任何人的主观意愿去制造,档案是在社会实践中自然形成的。第二,保存档案和建立档案工作是一种客观需要。第三,每项社会实践活动完整过程构成了档案间的有机联系,即档案本身所固有的内在联系。第四,档案的最后归宿是各级档案馆。第五,档案形成与运动的过程是由文书部门或有关人员立卷归档形成档

---

[1] 李财富:《中国档案学史论》,安徽大学出版社 2005 年版,第 73 页。

案开始,经过档案室,最后集中到档案馆。第六,档案的性质与特点由社会实践的性质所规定。①

2. 档案分类整理:西方全宗理论的引入

19世纪40年代以前,法国档案馆采用事由原则对档案进行整理分类,致使档案支离破碎,违背了档案形成规律。实践证明事由原则无法适用于近代档案管理。1841年,法国率先提出"全宗原则","要求档案馆按照档案的形成机关来进行整理和分类",成为来源原则起源的标志。1881年,德国在全宗原则的基础上提出了登记室原则,要求在尊重全宗的同时必须保持形成机关整理档案的原始顺序,促进了来源原则的初步发展。1898年《档案的整理与编目手册》(简称《荷兰手册》,Dutch Manual)出版,提出"档案全宗是一个有机形成的整体,应单独保管,既不能与其他全宗混淆,也不能被拆散""档案整理必须以档案收集的原始组织顺序为基础的来源原则",奠定了现代档案管理理论与实践的基础。1953年,《档案学——欧洲档案工作的理论与历史》在德国出版,阿道夫·布伦内克发展了来源原则,提出"自由来源原则",认为应按照来源联系基础上的事由保持档案间的有机联系。此后,苏联档案学者吸收了全宗理论中来源原则内核,结合社会主义国家档案管理特色形成了较为系统完整的全宗理论。初创时期,苏联档案管理理论对中国产生极大影响,我国引入苏联"芬特"后改为"全宗"理论。1962年,中国人民大学历史档案系编写的《档案管理学》在论述档案分类问题时介绍了全宗理论,推动了全宗理论在中国档案管理实践中的传播与应用。但此时,我国档案界对全宗理论的认知与探讨仅停留在全宗划分、宗号编排等浅层的技术操作层面,并未涉及深层的理论分析。

3. 档案保护技术:注重中西融合

在初创期,档案学者们一方面广泛学习借鉴西方档案保护技术,另一方面针对中国传统文献保护技术开展了深入详细的调查研究,发现传

---

① 国家档案局:《曾三档案工作文集》,档案出版社1990年版,第211—212页。

承自唐代以来的中国档案保护技术已有 1500 多年历史，诸如浆糊、台子、油纸反转技术、绷子四宝等。在此基础上提出了"以防为主，防治结合"方针，以及许多具体的档案保护技术方法，同时发表出版了系列论著，对于改进和完善档案保护工作发挥了积极作用。1955 年，中国人民大学历史档案系出版了第一部档案保护技术讲义《文件保管技术学》；1961 年，《档案保管技术学》的出版标志着我国档案保护技术学的诞生。这一阶段，学者们重点关注档案虫害防治、档案缩微、档案修复和字迹加固等技术的理论探索与实践，累积了一定经验。

4. 档案利用理论：明确档案利用的中心地位

1959 年至 1961 年，档案学家吴宝康教授先后提出档案的保管和社会的利用是档案工作的基本矛盾，档案利用是档案工作诸环节中的主要环节，利用是中心，利用是目的，并说这是我国档案工作发展的客观规律。1962 年，中国人民大学出版社出版了新中国第一本《档案管理学》，在论述档案利用的章节中，探讨了档案利用概念的内涵、档案利用工作的地位、档案利用工作的服务方向、档案利用与保密的关系、开展档案利用的前提条件等档案利用的基本内容。从以上文件与科研成果可以看出，从 20 世纪 50 年代中期至 60 年代，我国档案利用理论已初步形成。

二　发展期的档案管理理论与实践（1978—1996 年）

改革开放以后到 20 世纪 90 年代末，是计划经济向市场经济转型的关键时期，党和国家的工作重心逐步转移到经济建设上来。1978 年 12 月，党的十一届三中全会在北京召开，重新确立了党的正确思想路线、政治路线和组织路线，全面纠正"文化大革命"及"左"倾错误，并做出将工作重点转移到社会主义现代化建设上来的重大决定。1992 年党的十四大明确提出我国经济体制改革的目标是建立社会主义市场经济体制，要求加快政府职能转变。政府职能主要是统筹规划、掌握政策、信息引导、组织协调、提供服务和检查监督。这一时期，在经济建设与政府职能转变的背景下，我国档案管理理论与实践也呈现出较大创新与突破，具体表现为档案管理制度体系的进一步完善，档案管理理论体系科学化、规范化程度的逐步提升。

（一）改革开放与档案工作面临的新形势

1976年10月，我国结束了长达十年的"文化大革命"。1978年12月，党的十一届三中全会召开，冲破了长期"左"的错误和束缚，彻底否定了"两个凡是"的错误方针，高度评价了关于真理标准的讨论，重新确立了党的实事求是思想路线，要求将党和国家的工作重心转移到社会主义建设上来，提出了改革开放的任务。1986年后，我国经济体制逐步进入实质性改革阶段，国家开始实行以计划经济为主、市场经济为辅的双轨制经济政策。1992年以来社会主义市场经济体制逐步确立与完善，经济建设呈现出突飞猛进之势。1993年，党的十四届三中全会通过《关于建立社会主义市场经济体制若干问题的决定》，提出了转换国有企业经营机制，建立适应市场经济要求、产权清晰、权责明确、政企分开、管理科学的现代企业制度，标志着我国正在从根本上摆脱传统计划经济模式的束缚，向着更为符合我国国情的社会主义市场经济体制转变。20世纪90年代中后期，我国经济体制改革逐渐深化，同时国家政治体制改革也开始提上日程。这一时期，随着我国经济发展、体制机制改革、政府职能转变等一系列宏观调整，我国档案事业也面临着与现代政治体制间的张力，亟待予以改革，以建立更加适合我国国情的档案管理模式。

（二）档案管理制度体系的逐步完善

十一届三中全会后，为配合全国各项事业的恢复与整顿，国家规模的档案事业在全国发展起来。1979年8月，全国档案工作会议在北京召开，提出了档案工作"恢复、整顿、总结、提高"的要求，提出要尽快恢复和健全各级党政机关和人民团体、企业、事业等单位的档案工作，重建遭到破坏的各级档案机构及其各项规章制度和工作内容。我国档案事业也从此进入新的发展阶段。会议提出短期内全国档案工作的主要任务是"坚决贯彻执行党的十一届三中全会和五届人大二次会议的精神,坚持四项基本原则,加速档案工作的恢复、整顿、总结与提高,积极开展档案的利用工作,为社会主义现代化建设服务"。中共中央、国务院批转了该会议报告,并指出"档案是历史的记录,是党和国家的宝贵财富。档案工作是一项很重要的专门事业,是实现社会主义现代化建设,开展历史研究,进行各项工作的必要条件。做好档案工作,不仅是当前工作的需要,而且是维护党和国家历史真实面貌的重大事业"。这一批示科学阐述和高度概括了档案和档案工作的重要作用与意义,将档案工作提到了前所未有的高度,对于档案事业的恢复发挥了极大鼓舞作用。这一时期,现代档案事业从体制制度、组织机构、政策法规等方面为中国档案管理研究的发展奠定了重要基石。

首先,在体制制度上,结合我国改革开放时期的政治体制发展需求,确立了与之相对应的"统一领导、分级管理"原则。其次,在组织机构上,我国逐步建立起与纵向层级化、横向部门化的科层结构相适应的,覆盖中央、省、市、县四级的档案行政管理机构,各地先后建立起集档案业务指导与档案保管于一体的档案处。各级档案行政管理机构对全国或本地区、系统的档案事务进行管理,对档案工作进行监督指导,对于维护档案的安全完整、发挥档案价值起到了重要作用。1996年,《中华人民共和国档案法》修订时,扩大了违法处理的范围,并明确赋予档案行政管理机关行政处罚权,为档案工作提供了坚实的法律保障。这种从中央到地方建立的建制完整的档案行政管理机构,是中国特色档案事业的一大特点,同时也是我国档案事业不断发展进步的重要保障。最后,在政策法规上,1987年9月,六届人大第二十二次会议审议通过了《中华人民共和国档案法》,并于1988年1月1日正式施行,这是我国档案事业法规建设进程的里程碑,标志着我国档案工作从此走上法制化轨道,开始进入依法治档的新阶段。1990年10月24日,经国务院批准,国家档案局发布《中华人民共和国档案法实施办法》(以下简称《实施办法》),为法律手段的运用确定了基本方式和途径。《档案法》及其《实施办法》对我国档案事业产生重大影响。据统计，以《档案法》及其《实施办法》为核心，自1954年11月国家档案局成立到1997年，我国党和政府先后批准、制定、颁布了239项档案相关的法律法规、行政规章和规范性文件，① 成为我国档案法规体系的基础框架。

（三）档案管理理论体系的逐步发展

改革开放以来，随着我国各项事业及国家规模档案事业的全面推进，档案管理理论研究也迅速恢复，全国范围内逐步建立起专门的档案科研机构与学术团体，开展档案学理论与技术研究。1981年，中国档案学会成立，对于组织开展并繁荣我国档案学术与业务交流、提高档案研究质量与水平、促进我国档案事业发展等方面发挥了积极作用，并在一定程度上改变了我国传统的"散兵游勇"式的研究方式，逐步转向"有组织"的档案学研究方式。这一时期，档案学的发展得到了党和国家的高度重视，《国民经济和社会发展第六个五年计划（1981—1985年》要求加强档案学研究，其后的《中共中央关于制定国民经济和社会发展第七个五年建议》中也明确提出要加强档案资料工作，逐步实现管理合理化与现代化的要求。这一阶段，中国特色档案管理理论随着国家档案事业的恢复与发展展现出巨大活力，档案本质与价值的认知进一步深化，研究对象与范围极大拓展，理论成果丰硕，中国特色的档案管理思想体系、学科体系、学术体系更加丰富与完善。

1. 档案定义的持续探讨与争论

档案本身的复杂性决定了档案定义的多样性。这一时期，档案学界围绕档案定义展开激烈讨论，所提出的概念界定不下百种。从属种关系来看，关于档案的定义可归纳为以下几种：一是以"历史记录"或"原始记录"为属概念，代表性定义有中国标准出版社《中华人民共和国国家标准——情报与文献工作词汇基本术语》（GB 4894-85）和《档

---

① 王刚：《中国档案立法——1997年9月24日在第23届国际档案圆桌会议上的发言》，《中国档案报》1997年11月10日。

案著录规则》(1985) 中将档案定义为"国家机构、社会组织以及个人从事政治、经济、科学、文化等社会实践活动直接形成的文字、图表、声像等形态的历史记录"。二是以"文件"或"文件材料"为属概念，如陈兆祦、和宝荣在《对档案定义若干问题的探讨》以及《档案管理学基础》(1986) 中将档案界定为"档案是机关、组织和个人在社会活动中形成的，作为历史记录保存起来以备查考的，文字、图像、声音及其他各种方式和载体的文件材料。为了简便也可以说档案是人们在社会活动中形成的保存起来以备查考的各种文件材料"。总体而言，这一时期，对于档案的定义主要以"历史记录""原始记录""文件""文件材料""文献"等为属概念。

2. 档案价值及其实现规律认识的逐步深化

围绕档案价值，学界曾展开了激烈争论，形成了以下代表性观点：一是客体价值说，该观点认为所谓档案价值是档案本身所内在的、固有的，与人类的利用需求无关。二是主体价值说，该观点认为档案的价值由档案利用者这一主体及其需求所决定，主体需求的程度决定了档案价值的大小。三是劳动价值说，该观点认为档案价值是凝结于人类劳动之中的，其价值大小由其中蕴含的劳动量大小决定。以上观点始终经过多方论证，始终未能成为认识档案价值的主流观点。四是主客体价值说，该观点认为档案价值是档案作为客体对于档案利用者这一主体的意义，是档案与主体对其需要之间的一种特定关系，指"档案的存在、属性及其变化是否满足主体生存和发展的需要，以及满足的程度"[①]。档案学界大多认同主客体价值说这一观点。与此同时，吴宝康先生在《档案学概论》中对于档案价值实现的规律进行了归纳总结，主要包括三条：一是档案价值扩展律，一方面表现为档案对于机关和社会的双重作用及过渡性，档案自形成后逐渐又实现第一价值向第二价值过渡；另一方面档案价值具有多元性和变异性，处于不同价值阶段的档案具有不同特点，

---

① 李财富：《中国档案学史论》，安徽大学出版社 2005 年版，第 109 页。

可以从多方面利用。二是档案机密程度递减律，即档案的机密程度随着时间推逝和条件改变而不断变化。三是档案科学作用递增律，随着社会的发展，档案的科学文化作用将不断增加。

3. 档案管理对象范围的极大拓展

发展期档案管理对象设计档案管理基础理论、应用理论和应用技术等多个方面，从档案到档案工作，从档案室、档案馆工作到档案事业管理工作、档案教育、档案法制等，管理对象涉及文书档案、科技档案、其他各种专门档案，管理的载体从传统纸质档案到声像、录音、电子等特殊载体，几乎涵盖了所有门类的档案管理领域。在拓展深化初创期档案管理认识的基础上，发展期档案学者们进一步将档案工作环节分解，对每个具体工作的程序、步骤及其基本原理、操作技术和方法等都展开了详细研究。

4. 档案工作基本矛盾的转变

不同于初创期对于档案保管与社会利用这一档案工作基本矛盾的初步认识，我国档案学界根据档案工作发展实际与社会发展需求间的不适应，提出这一阶段我国档案工作所要解决的基本矛盾是分散、凌乱、体量巨大的档案与社会的档案需求之间的矛盾。概括而言，档案管理工作的基本矛盾是落后的档案管理水平与日益增长的社会档案需求之间的矛盾。

5. 档案管理的文档一体化需求

自古以来，我国档案工作与文书工作不分彼此，随着生产力发展和专业分工的出现，才逐渐分化开来。至20世纪末期，我国一直采用文件与档案分开管理的工作体制，并将之视为近代中国档案学成为独立学科的标志。这种工作体制在我国社会主义建设初期发挥了巨大作用，但随着经济社会的发展和改革开放的持续推进，现行文件管理阶段已难以与档案管理阶段严格区分，各种管理工作中"文档一体化"的实际需求凸显。学者们多认为，进行文档一体化管理有助于使文书档案工作规范化，避免重复劳动，能够提高文件、档案的查全率和查准率。

(四) 发展期代表性档案管理理论

改革开放给现代中国档案管理理论与实践带来了极大冲击，在此过程中，档案学者们在档案管理基础理论、应用理论以及技术研究等方面都取得了突破性进展，推动中国档案管理完成了新的飞跃。

1. 文件生命周期的引入

20世纪末期，文件生命周期理论被引入我国，引发广泛关注。尽管学者们对于产生于西方社会的文件生命周期理论是否适用于我国档案管理产生了争论，但其仍对我国档案管理理论与实践产生了极大影响。文件生命周期理论认为，文件运动时，总是一开始第一价值最强；在其正式具有行政或法律效用进入现行期后，这种第一价值又表现为现行价值；在文件内容针对的事务办完或目标达到后，现行价值小时，文件的第一价值开始衰减，第二价值逐渐增大而进入暂存期；在第一价值减至最小，第二价值占主导地位后，文件进入历史阶段，即最后阶段。文件运动规律不以人的主观意志为转移。

2. 全宗理论的中国化

20世纪80年代末至90年代初，我国档案学界对于如何发展和完善从西方引入的全宗理论展开了广泛而深入的研究。邓绍兴、和宝荣主编的《档案管理学》（1989）对全宗做出了颇具代表性的定义，即"全宗是一个独立的机关、组织或人物在社会活动中的档案有机体"，这一表述与陈兆祦、和宝荣的《档案管理学基础》（1996）几乎一致。这一时期对于全宗的阐述主要从三个方面展开：一是认为全宗是一个有机整体；二是全宗是在一定历史活动过程中形成的；三是全宗是以一定社会单位为基础形成的。与此同时，这一时期逐步形成了构成判断全宗立档单位的条件以及立档单位变化中划分全宗的基本原则与方法，如在《档案管理学基础》（1996）中，陈兆祦、和宝荣指出"确定一个单位是否是立档单位，主要应该研究它们在行政上、财务上和组织人事上是否有一定的独立性"，并进一步提出了全宗构成的"三个条件"。

3. 档案保护技术的体系化

十一届三中全会后，我国中央、省级档案馆开始加强了对于档案库房建筑、防虫防霉、装具改革、纸张老化等方面的研究，部分大型档案馆建设起专门的档案保护技术室。这一时期，在档案库房建设方面，1985年，城乡建设环境保护部联合国家档案局制定了《档案馆建筑设计规范》，同年国家档案局印发《档案馆温、湿度管理暂行办法》。地方层面，上海市档案馆自行设计研制了"库房相对湿度自动控制仪"，辽宁省档案馆在防潮问题方面也取得了一定进展。此外，我国在档案纸张脱酸、档案虫害防治、档案修复和字迹加固、字迹恢复技术等方面也取得了系列成果。

4. 档案利用理论的发展

1978年12月，随着党的十一届三中全会胜利召开，我国的档案利用理论研究在"解放思想，实事求是"思想路线的指引下获得新生。1980年5月，为适应改革开放需求，中共中央书记处做出开放历史档案的决定，为充分发挥档案作用提供了政策保障，标志着我国档案利用工作开始从封闭走向开放，由被动服务转向被动服务与主动服务并举。1985年，国家档案局在北京召开了全国档案馆工作会议，会议提出了解放思想，加快步伐，积极创造条件，开放一切应该开放的历史档案的建议，使开放历史档案的工作向深度和广度发展。1987年，全国人大常委会批准颁布了《中华人民共和国档案法》，明确规定了档案利用与公布的原则，为档案利用工作的开展提供了法律依据，促进了我国档案利用理论的进一步完善。随着《中华人民共和国档案法》的贯彻和实施，档案界对档案利用理论进行了深入探讨，发表了一系列论著，使我国档案利用理论的内容更加充实和完善，体系日益成熟，并逐步形成我国自身的特色。

第二节 以电子文件为对象的档案管理理论与实践

1997年，我国档案学学科属性发生重要变化。国务院学位委员会和教育部联合发布的《授予博士、硕士学位和培养研究生的学科、专业目录》中，将档案学正式从历史学科门类剥离，置于"图书情报与档案管理"一级学科之下，确立了档案学的管理学属性。同时，20世纪末期，数字时代的到来和信息技术在档案工作中的逐步应用，极大地拓展了档案管理的研究范畴与研究对象，信息技术从根本上改变了档案管理的理念、方法和规则，对于档案管理理论产生了极大冲击，理论创新与发展势在必行。

一 数字时代与档案工作面临的机遇与挑战

20世纪90年代中国接入互联网，自此进入数字时代。随着中国档案管理理论体系的逐渐成熟与完善，如何适应数字时代的档案管理需求成为这一时期的重要关注内容。这一时期，我国在市场化进程启动后，相继进入前所未有的信息化、全球化浪潮，即市场化、信息化、全球化"三化共时"的高度时空压缩。为全面梳理这一时期，我国档案管理所处的宏观环境特征，需要借鉴相关理论，将诸多因素及其历史性演变发展统筹于系统的分析框架之下。社会变迁理论作为解释社会发展的宏观理论，为理解这一极具变革时期提供了重要理论工具。涂尔干认为，社会变迁的产生与社会结构的变化密切相关。吉登斯继承发展了涂尔干等现代社会学理论巨擘的思想，认为所谓结构是"指社会再生产过程中反复涉及的规则和资源"①。借鉴这一分析思路，可将规则视为一系列档案管理相关制度体系，将资源视为快速革新中的信息技术。因此，本部分主要从制度环境与技术发展变化两个维度展开分析。

（一）制度环境的动态调整

20世纪末至21世纪初，市场化改革推进我国经济社会长足发展，但与此同时也打破了原有的相对均衡的利益格局，由此产生了系列不稳定事件，使得维持社会稳定成为迫切需求。1997年，党的十五大提出，

---

① [英]吉登斯：《社会的构成：结构化理论大纲》，李康、李猛译，生活·读书·新知三联书店1998年版，第9—10页。

要根据精简、统一、效能的原则进行机构改革，建立办事高效、运转协调、行为规范的行政管理体系，提高为人民服务水平，民生和服务问题逐渐受到党和国家的重视，但尚缺乏整体认知。2001年，我国加入世界贸易组织（WTO）后，对政府职能和政府管理方式转变产生了根本性影响，一些地方政府为应对加入世界贸易组织给经济社会管理带来的挑战，加快了地方政府职能转变，立足点是创造有效率的市场环境，难点是克服越位现象，重点是保证公共产品的有效供给。2002年，党的十六大首次将公共服务职能与经济调节、市场监管、社会管理一起明确定位为政府职能。2004年，党的十六届四中全会立足于中国特色社会主义事业全局的重大战略视角提出了"构建社会主义和谐社会"，稳定社会由此成为该阶段的主导逻辑，政府的社会管理和公共服务职能被不断强化，服务型政府建设成为重要价值取向，基本公共服务、城乡统筹等成为重要改革议题。此时，档案管理也开始关注面向社会的公共服务问题，相关研究开始兴起。

2008年中央政治局第四次集体学习，提出"建设服务型政府，是坚持党的全新全意为人民服务宗旨的根本要求"，提高了服务型政府建设的定位。2010年，《政府工作报告》强调要"努力建设人民满意的服务型政府"，2012年，党的十八大报告将这一要求细化为"建设职能科学、结构优化、廉洁高效、人民满意的服务型政府"。2016年，国务院《政府工作报告》要求深入贯彻新发展理念，将人民满意的政府细化为法治政府、创新政府、廉洁政府和服务型政府四个维度。2017年，党的十九大报告进一步要求转变政府职能，建设人民满意的服务型政府。2022年，党的二十大报告旗帜鲜明地指出，在推进中国式现代化的进程中，必须要坚持以人民为中心的发展思想。2023年，为构建系统完备、科学规范、运行高效的党和国家机构职能体系，我国推进新一轮机构改革，组建中央科技委员会，重新组建科学技术部，组建国家数据局等。这一时期，随着我国"三化共时"时期的发展需求，我国党和政府体制机制改革经历了从"适应市场"的高效政府，到"稳定社会"

的服务型政府再到"人民中心"的人民满意的服务型政府的转变。在此背景下，我国档案管理也需适应性调整，进一步贯彻落实"走向依法治理，走向开放，走向现代化"的要求，推动更具开放性、公共性、社会性的档案管理。

(二) 技术环境的快速革新

习近平总书记在 2021 年世界互联网大会乌镇峰会的贺信中指出，"数字技术正以新理念、新业态、新模式全面融入人类经济、政治、文化、社会、生态文明建设各领域和全过程，给人类生产生活带来广泛而深刻的影响"。20 世纪末期以来，信息技术与政治经济社会生活深度融合，推动产生巨大变化，成为档案管理理论创新发展的重要驱动力。

随着互联网的大规模应用与普及，为适应全球信息高速公路建设热潮，数字政府建设突飞猛进，一方面，我国正式启动以"金关""金桥""金卡"为核心的三金工程，大力推进政府信息化工作，税务、财政等部门借助信息技术建立了自上而下的垂直业务系统，极大提升了管理效率，发挥了重要示范作用；另一方面，国家层面开始推行政府办公自动化以及政府上网工程，以实现政府内部办公的无纸化、自动化，并将政府信息通过互联网向外部推动。2002 年，《国家信息化领导小组关于我国电子政务建设指导意见》印发，围绕"两网一站四库十二金"展开，包括政府信息化网络、政府门户网站、数据库系统以及重点政务信息应用系统等方面的建设。在信息化建设浪潮之下，档案机构也积极探索技术应用的渠道与方法，将信息技术视为提升档案管理工作效率的工具，同时开始建设档案门户网站。但该阶段，档案管理中信息技术的应用整体较少，仅有少数档案机构可以配备电脑并接入网络，使用费用高昂且网速不高，所以技术应用进展较为缓慢，研究者围绕关注技术的先进性与经济的合理性展开探讨，关注技术应用的成本与收益。

2010 年社交媒体崛起，社交媒体的社交属性意味着公平、双向、互动的信息交流，推动政务活动更具互动性与开放性。2015 年，"放管服"改革开始在全国推行，与此同时全国政府网站普查与瘦身强化推动政府网站建设从重量到重质的转变。2016年，随着国务院印发《关于加快推进"互联网+政务服务"工作的指导意见》，我国开始进入以"互联网+政务服务"为主要特征的"数字政府1.0阶段"，在线政务得以发展。在建设一体化政务服务平台的推动下，政府组织结构的条条块块开始相互联动，形成"网"状信息化建设局面。这一阶段，在"互联网+"环境下，如何提升档案管理水平与能力成为研究热点。

随着第四次工业革命的深化发展，以人工智能、大数据、区块链、云计算为代表的科技革新在全球范围内加速了生活方式、生产方式和治理方式的现代化进程。第四次工业革命是智能时代治理方式迭代的科技驱动力。正如马克思所说，"手推磨产生的是封建主社会，蒸汽机产生的是工业资本家社会"，科学技术作为第一生产力，它影响并最终决定人类社会的发展形态。熊彼特也认为，生产技术的革新会带来生产方式的变革，同时也是治理变革的根本动力，尤其是某些"颠覆性"的技术创新，甚至会带来治理体系的"范式变迁"。2019年，党的十九届四中全会在《中共中央关于坚持和完善中国特色社会主义制度 推进国家治理体系和治理能力现代化若干重大问题的决定》中，首次提出"数字政府"的概念[①]；2021年，"加快数字化发展 建设数字中国"被写入国家"十四五"规划，[②] 为加快建设数字政府，营造良好数字生态做出明确部署。此后，《"十四五"推进国家政务信息化规划》《"十四五"国家信息化规划》等相继实施，地方规划也陆续颁布。2022年，《国务院关于加强数字政府建设的指导意见》颁布，勾勒了数字政府建

---

① 新华网：《中共中央关于坚持和完善中国特色社会主义制度 推进国家治理体系和治理能力现代化若干重大问题的决定》，2019年11月7日，https://www.gov.cn/zhengce/2019-11/05/content_5449023.htm。

② 新华社：《中华人民共和国国民经济和社会发展第十四个五年规划和2035年远景目标纲要》，2021年3月13日，http://www.xinhuanet.com/politics/2021lh/2021-03/13/c_1127205564_2.htm。

设的蓝图。① 2023年,《数字中国建设整体布局规划》提出数字中国建设"2522"整体框架布局和实施保障。在数字中国建设背景之下,信息技术的迭代演进推动档案管理工作走向以信息化为核心的现代化,极大拓展了档案管理的研究范畴,尤其是以大数据、云计算、人工智能、区块链等为代表的数智技术与档案管理实践深度融合,推动档案工作逐步从信息化、数字化走向数据化、智能化、智慧化,"档案工作正在经历一个从接收保管纸质档案到接收保管电子档案,从管档案实体到管档案数据,从手工操作到信息化智能化操作,从档案资源分散利用到联网共享的变革过程"②,如何以档案工作的数字化转型和治理现代化更好服务党和国家工作大局、服务人民群众,助推中国式现代化成为档案研究者与实务工作者共同关注的核心议题。

二 档案管理制度体系的创新发展

1997年以来,伴随着我国市场化的持续推进、加入WTO带来的广泛深刻影响、政府职能的优化调整以及信息技术的不断革新,我国档案管理制度体系也经历了系列变化,主要体现在档案管理体制的调整与档案管理制度的完善。

(一) 档案管理体制的创新发展

自1993年国务院机构改革以来,依据《中央档案馆、国家档案局职能配置、内设机构、人员编制方案》的规定,在坚持党统一领导的基础上,我国各级档案部门划归党委领导,全国大部分档案机构施行"一个机构、两块牌子、两种职能"模式,"局馆合一"的档案管理体制得以确立。"局馆合一"要求档案局馆既要作为行政机构履行档案行

---

① 国务院:《国务院关于加强数字政府建设的指导意见》,2022年6月23日,https://www.gov.cn/zhengce/zhengceku/2022-06/23/content_5697299.htm。
② 李明华:《高举习近平新时代中国特色社会主义思想伟大旗帜 奋力开创全国档案事业发展新局面》,《人民论坛》2018年第15期。

政监管职能，又要作为事业单位承担档案保管利用职能，以达到精简机构、减少人员的意图。2018年3月，中共中央印发《深化党和国家机构改革方案》，我国地方档案机构也进行了相应调整，开始施行"局馆分立"模式，即绝大多数档案行政职能划归地方党委办公厅，由党委办公厅加挂档案局牌子，档案馆则成为党委或党委办公厅下属事业单位。此次机构改革推动我国档案管理体制从精兵简政提升效率为核心转向有效发挥档案局馆职能为核心，推动政事分开的同时，也对档案行政管理与档案馆工作提出了更高要求。

（二）档案管理制度的创新发展

这一时期，随着信息技术在档案管理中渗透程度的不断加深，以及国家层面数字化转型的持续推进，我国档案工作步入信息化阶段，并逐步确立起以电子文件管理为核心的管理体制和系列政策法规，推动数字时代档案管理的法律化、规范化。2001年，国家档案局印发《全国档案事业发展"十五"计划》，要求"加快档案信息化建设……试点接收电子档案进馆，加快现有档案的数字化进程，在档案利用服务的数字化和网络化方面取得明显进展"①，标志着我国档案工作步入信息化阶段。2002年，《全国档案信息化建设实施纲要》对档案信息化建设进行顶层部署，要求在部分中心城市建设示范性数字档案馆。2003年，国家档案局印发《电子公文归档管理暂行办法》（2003年国家档案局令第6号），明确指出"副省级以上档案行政管理部门负责对电子公文的归档管理工作进行监督和指导"，并对电子文件归档的体制进行了规定，但并未囊括电子文件管理全程。2009年，中共中央办公厅、国务院办公厅印发《电子文件管理暂行办法》，明确规定了电子文件管理机构及其职责。2010年，由中办牵头，国家档案局等有关部门作为成员单位成立了国家电子文件管理部际联席会议办公室，同年12月，中国人民大学电子文件管理研究中心成立，标志着我国电子文件管理体制已基本

---

① 《全国档案事业发展"十五"计划（摘要）》，《中国档案》2001年第2期。

成形。

与此同时,依法治档思想在这一时期逐渐发展成为普遍共识,电子文件、档案数据相关法规标准体系不断健全。2016年,《全国档案事业发展"十三五"规划纲要》提出"优先推动与民生保障服务相关的档案数据开放"。2019年,国务院发布《关于在线政务服务的若干规定》,明确了政务服务领域电子证照、电子印章、电子档案的法律效力;《基于文档型非关系型数据库的档案数据存储规范》的颁布,对使用文档型数据库存储的档案数据提出了总体要求。2020年,《科学技术研究档案管理规定》中首次将"科学数据"纳入归档范围。同年6月,新修订《档案法》颁布,并于2021年1月1日正式实施,是我国档案法治建设的里程碑,也是我国档案工作适应治理体系与治理能力现代化需求的重要举措,对于全面推进档案工作的法治化,辐射带动档案学科建设与发展具有重要意义。此次新修订《档案法》增加了档案信息化、档案监督检查、档案安全管理、档案公共服务等许多新内容,极大丰富了档案管理的研究对象;明确了来源可靠、程序规范、要素合规的电子文件可仅以电子形式归档。

2021年《"十四五"全国档案事业发展规划》发布,这是我国自制定档案事业发展五年规划以来首次以两办名义联合印发①,《规划》提及"档案信息化""现代化""数字转型""改革创新"等词汇159次,"电子文件""电子档案""电子化"等词汇近60次,充分体现了党和国家对于档案工作数字化转型的高度重视。

为适应电子文件管理要求,国家档案局、国家密码管理局、国家市场监督管理局等部门制定了系列相关标准,如《电子文件归档与电子档案管理规范》(GB/T 18894-2016)、《党政机关电子公文归档规范》(GB/T 39362-2020)、《电子档案管理系统通用功能要求》(GB/T

---

① 国家档案局:《中办国办印发〈"十四五"全国档案事业发展规划〉》,2021年06月,https://www.saac.gov.cn/daj/toutiao/202106/ecca2de5bce44a0eb55c890762868683.shtml。

39784-2021）等国家标准，以及《电子档案移交接收操作规程》（DA/T 93-2022）、《电子档案单套管理一般要求》（DA/T 92-2022）、《政务服务事项电子文件归档规范》（DA/T 85-2019）等行业标准，推动我国电子文件管理标准体系不断完善，当前各地区各部门陆续配套出台了130余项电子文件管理相关地方法规、部门规范和政策性文件，逐步建立起电子文件管理标准体系。如图3-1所示。

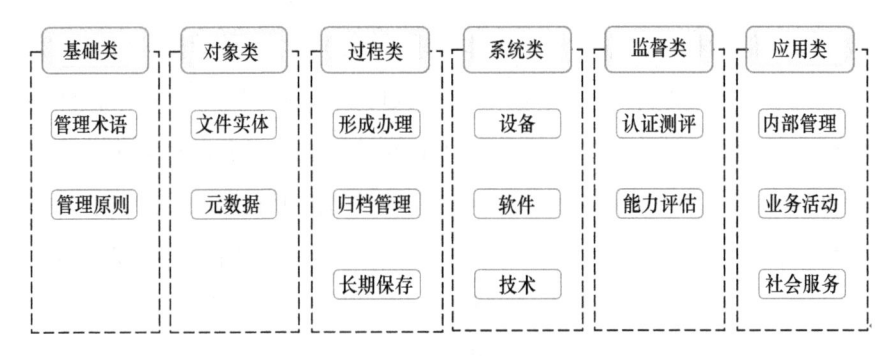

基础类	对象类	过程类	系统类	监督类	应用类
管理术语	文件实体	形成办理	设备	认证测评	内部管理
管理原则	元数据	归档管理	软件	能力评估	业务活动
		长期保存	技术		社会服务

图 3-1　电子文件管理标准体系框架

三　档案管理理论体系的创新发展

20世纪90年代后期以来，随着档案学界对于电子文件的关注以及信息技术在档案管理实践中的持续渗透，档案数据、档案数据治理等相关领域成为档案学界与实务界共同关注的热点。尤其是著名档案学者冯惠玲教授在其博士学位论文《拥有新记忆——电子文件管理研究》中，对于电子文件问题进行了系统研究。1999年，我国研究人员加入了"电子文件真实性永久保管国际研究项目"（International Research on Permanent Authentic Records in Electronic Systems，InterPARES），该项目是由加拿大社科人文研究委员会、美国国家历史出版和文件委员会以及联合国教科文组织联合资助的大型国际项目，以研究如何促进电子文件真实性的永久保管为宗旨。我国在加入InterPARES之后，在电子文件管理领域作出了突出贡献，促进了我国档案界的国际交流与合作。这一阶段，电子文件管理日益成为我国档案管理理论、开展档案管理实践的焦点所在，促进了以电子文件管理为核心的档案管理理论体系的不断丰富，档案的内涵外延、档案价值及其实现规律得以再拓展，数智驱动档案管理范式变革，推动档案管理理论体系的持续创新与发展。

(一) 档案定义的概念丛林

这一时期，对于档案的定义经历了从"历史记录""原始记录"或"文件""文件材料"向"固化信息""符号记录"等更具抽象性的概念界定。《档案工作基本术语》（DA/T 1-2000）对于档案的定义是"国家机构、社会组织或个人在社会活动中直接形成的有价值的各种形式的历史记录"。进入数字时代以来，信息成为一种资源已成为广泛共识，数字资源更作为生产要素参与生产生活，在此背景下档案的属概念也逐渐演化为"信息""符号记录"等。例如，冯惠玲、张辑哲主编的《档案学概论》中，则将档案表述为"档案是社会组织或个人在社会实践活动中直接形成的具有清晰固定的原始记录作用的固化信息"。丁海斌主编的《档案学概论》中对于档案的界定则更具抽象性，认为档案"是人们有意识保存起来的人类实践活动的原始性符号记录"。也可以简述为：档案是保存起来的原始性符号记录。同时，这一时期还衍生出电子档案、数字档案、档案数据等概念，数字时代的特征在档案相关定义中日益彰显，档案学研究正紧随数字时代步伐，运用跨学科理论与方法，探索开辟新的研究领域。

但与此同时，借鉴哈罗德·孔茨（Harold Koontz）在《管理理论丛林》一文中用"丛林混战"来描述管理理论名词、定义漫天飞舞，理论、方法、体系林立的现象[①]，本书认为这一时期的档案管理理论一定程度上呈现出"概念丛林"的特征，以"档案数据"为例，随着使用频率的攀升，基于不同使用情境形成了多种定义（见表3-2），也在一定程度上造成了档案学研究和档案管理实践的困惑与迷茫，亟须推动档

---

① Koontz H., "The management theory jungle", *Academy of Management Journal*, Vol. 4, No. 3, 1961, pp. 174-188.

案术语的规范化发展，以保障相关研究体系的建立与稳固发展。

表3-2　　　　　　　　　　"档案数据"相关定义

来源	概念定义
于英香，2018①，2019②	档案数据是一种具备档案属性的数据，既包括档案内容、档案实体本身，还包括档案采集、处理、存储、开发、利用等全过程所形成的元数据和生成的新数据。
金波等，2020③	档案数据是数据化的档案信息及具备档案性质的数据记录。
金波等，2023④	档案数据属于数据，具有数据的一般属性。档案数据是客观事物的原始记录"符号"，档案信息则是档案数据加工后的产物，具有传达档案内容信息和形成信息的功能，档案数据是档案信息的基本构成元素。
马海群，2017⑤	档案机构收集保存的所有原始数据。
王金玲，2018⑥	档案数据包括档案目录信息资源、档案内容信息资源、多媒体信息资源、档案应用信息资源、档案实体信息资源、档案馆库信息资源六大类。
陶水龙，2017⑦	档案数据是大数据中具有档案属性的数据，档案数据资源包括数字化档案、电子档案等。
刘庆悦等，2019⑧	档案数据是指承载档案信息的数据以及在档案信息管理利用活动中产生的数据。

---

① 于英香：《从数据与信息关系演化看档案数据概念的发展》，《情报杂志》2018年第11期。
② 陈雪燕、于英香：《从档案管理走向档案数据管理：大数据时代下的档案管理范式转型》，《山西档案》2019年第5期。
③ 金波、添志鹏：《档案数据内涵与特征探析》，《档案学通讯》2020年第3期。
④ 金波、杨鹏、邢慧：《大数据时代档案数据共享利用探析》，《情报科学》2023年第6期。
⑤ 马海群：《档案数据开放的发展路径及政策框架构建研究》，《档案学通讯》2017年第3期。
⑥ 王金玲：《档案数据的智慧管理与应用研究》，《中国档案》2018年第4期。
⑦ 陶水龙：《大数据视野下档案信息化建设的新思考》，《档案学研究》2017年第3期。
⑧ 刘庆悦、杨安莲：《档案数据：概念、分类及特点初探》，《档案与建设》2019年第10期。

续表

来源	概念定义
赵跃等，2021①	档案数据是"关于档案的数据"，包括两种语境。第一种语境基于"保存与开放语境"，档案数据"包括电子档案的内容数据、传统载体档案数字化副本的内容数据以及两者的元数据（含目录数据）"；第二种语境基于"开发与计算"，档案数据专指数字档案内容经数据化处理后形成的数据以及相关的元数据构成的数据集合，也可称为档案数据资源。
周枫等，2019②	档案数据不仅包括内容数据，还包括管理数据、利用数据和用户数据等。
李宗富等，2022③	档案数据的概念可界定为：国家机构、社会组织和个人在社会活动中产生的有价值的数据。只要具备利用和保存价值，就可以称之为档案数据。同时，为避免档案数据出现误读，可以是否归档案馆保管为标志进行划分，狭义上指档案馆室保管的数据形式的档案资源；广义上也包括具有长期保存价值但没有归档的数据，按数据来源可分为机构档案数据、社会档案数据、个人档案数据等。

（二）档案管理对象范围的再拓展

随着大数据、区块链、人工智能、云计算等新一代信息技术的快速迭代与演进，及其在档案管理中的深度应用，档案管理工作正逐渐走向以信息化驱动的档案管理现代化，进一步拓展了档案管理研究的对象范围，档案工作正在经历一个从接收保管纸质档案到接收保管电子档案，从管档案实体到管档案数据，从手工操作到信息化智能化操作，从档案资源分散利用到联网共享的变革过程。这一时期，几乎所有的信息技术均与档案的收、管、存、用直接相关，引发档案管理研究对象的拓展，社交媒体和网页档案管理、电子文件管理、电子档案管理、智慧档案馆、档案数据治理、档案数据开放等正逐渐成为档案管理理论需要关注

---

① 赵跃、石郦冰、孙寒晗：《"档案数据"一词的使用语境与学科内涵探析》，《档案学研究》2021年第3期。

② 周枫、杨智勇：《基于5W1H分析法的档案数据管理研究》，《档案学研究》2019年第4期。

③ 李宗富、董晨雪：《档案数据治理：概念解析、三重逻辑与行动路向》，《档案管理》2022年第5期。

并探索的新内容。

（三）档案价值及其实现规律的再认识

这一时期，中国特色档案价值论得以进一步丰富与发展。我国关于档案价值的认知经历了"工具价值论—双重价值论—主客体价值论"三个主要发展阶段。随着信息技术的发展以及社会需求的变迁，对于档案在社会实践中角色定位的认知也在发生着变化，并进而影响了档案管理的着力点。当前，档案的政治价值、行政价值、法律价值与文化价值愈发凸显。具体而言，在政治价值方面，自古以来档案就发挥着重要的政治威慑和社会控制作用。在全面推进治理现代化的进程中，如何以档案治理服务于我国治理体系和治理能力现代化成为我国档案界的核心关切。在行政价值方面，《信息与文献 文件（档案）管理 概念与原则》（ISO 15489-1：2016）指出"文件的形成、接收和捕获是为实施业务活动而开展的"，文件（档案）管理对于"提高业务效率，降低成本"、形成"明智的决策"具有重要作用。档案的法律价值主要体现在档案证据价值。随着电子文件单轨制的推行和法律监管环境的逐步完善，档案的法律价值将更加显现。与此同时，在强调物质文明和精神文明相协调和推动共同富裕的中国式现代化背景下，如何进一步开发档案的文化价值，推动面向公众的文化服务、基于档案文献的记忆建构等成为关注的热点议题。与此同时，为促进档案信息适应时代发展和社会需求，档案的潜在价值向着现实价值、第一价值向着第二价值加快转化。

四 创新期代表性档案管理理论

制度调整、技术发展与实践需求共同促进这一时期档案管理理论的创新发展，具体体现为从简单的外国档案管理理论的引入到档案管理理论的中国化发展，特别是在习近平总书记提出重要批示的指引下，"推动档案事业创新发展，特别是要把蕴含党的初心使命的红色档案保管好、利用好，把新时代党领导人民推进实现中华民族伟大复兴的奋斗历史记录好、留存好，更好地服务党和国家工作大局、服务人民群众"。

创新期的档案管理理论以传承中国特色、展现中国气派、直面中国问题为核心关切,以加快构建中国特色档案管理理论体系为基本遵循,形成了系列代表性理论。

(一)文件连续体理论的中国式发展

文件生命周期理论起源于欧美20世纪40—50年代对于文件中心理论的阐释,是西方档案学理论的重要支柱之一。文件生命周期理论的形成是现代档案学走向成熟的重要标志。20世纪90年代,国际档案学界历经连续体"意识萌芽—术语流行—思想建立"发展历程,著名档案学者弗兰克·厄普沃德发展了文件生命周期,提出文件连续体理论,并据此构建了文件连续体模式。所谓文件连续体即"从文件形成(包括形成前,文件管理系统的设计)到文件作为档案保存和利用的管理全过程中连贯一致的管理方法","揭示了文件形成、保存与长久利用应一体化管理的理念。"[1] 我国档案学者引入并发展了文件连续体理论,科学揭示了从文件到档案的运行过程和规律,并将档案管理的研究对象从"历史档案"拓展到"现代文件",推动档案研究方法从静态走向动态。

(二)中国特色全宗理论的建立

发展自事由原则的来源原则是国际档案学界公认的档案整理的核心理论。来源原则确立了档案管理的基础理论和原则方法,是档案学区别于其他学科的鲜明特征,在档案学中处于核心地位。"来源原则的确立是档案学真正形成的根本标志。"[2] 我国学者引入来源原则,并以此为基础发展了以来源原则为核心的全宗理论,提出了国家档案全宗这一中国特色概念,明确了国家对于档案的所有权;基于对国外舶来的全宗理论的系统反思,我国档案学者进一步从来源和体系维度丰富和发展了国家档案全宗理论。20世纪90年代末,结合电子时代背景,学者们再次

---

[1] 安小米:《文件连续体模式对电子文件最优化管理的启示》,《档案学通讯》2002年第3期。

[2] 张斌、尹鑫:《中国特色档案学基础理论体系的历史发展与当代构建》,《中国图书馆学报》2021年第47卷第6期。

认可了传统全宗理论的必要性、稳定性、独立性，并将全宗从传统认知中的"档案馆藏单位"拓展至"档案组织和运动的基本单位"[①]，推动了全宗理论的再发展。随着技术环境的不断变迁，电子文件应用逐渐普遍，中国档案学者依据档案管理实践，"重新发现"来源原则，提出了"广义来源观"。相较于西方更加虚拟、复杂和动态的"后现代来源观"，广义来源观更为实用和简洁。与此同时，冯惠玲、何嘉荪等档案学者阐释与发展了特里·库克提出的"后保管模式"及其理论，认为所谓"后保管模式"是"以来源为中心的管理"，而非以实体为中心的"保管模式"，进一步扩展了来源原则的理论范畴。

（三）档案信息理论正式形成

近年来，围绕数字化、信息化、智慧化、"三态两化"等，我国档案信息理论逐步发展成型。2005年，《纸质档案数字化规范》印发，风险管理理论开始进入电子文件管理领域，数字档案馆理论、数字鸿沟理论等与数字化进程密切相关的理论得到长足发展。2010年，《数字档案馆建设指南》正式发布，由此相伴而生的数字档案馆服务体系理论、数字档案馆生态系统理论等逐步兴起。2015年，《关于积极推进"互联网+"行动的指导意见》的出台推进了"互联网+"创新成果在档案管理实践中的深入应用。与此同时，面对信息技术发展对于档案管理组织结构、开发模式、运行机制等全方位的挑战，档案治理理论成为档案学界的关注焦点。2018年，随着单轨制的推行，"三态两化"理论被提出，"模拟态""数字态""数据态"档案的三态理论以及"数字化""数据化"的两化理论，标志着中国特色档案信息理论的建立。

（四）电子文件单轨制的推行

随着电子文件管理进程的加速，我国一直以来施行的纸质文档、电子文档管理双套制已难以适应信息化时代需求，我国部分地区开始探索单轨制试点。所谓单轨制，是指"在数字环境中仅以电子方式运行和保

[①] 何嘉荪：《论全宗形态的异化——电子文件时代还有全宗吗?》，《档案学通讯》1998年第2期。

存电子文件的全流程,包括生成、办理、归档管理、移交、保存和利用等业务活动,即文件、档案的全程无纸化,而不再同时生成、办理和保存纸质文件,可以说包括了单套制的内容所指,反映了问题的本质"①。电子文件单轨制是实现电子文件管理目标,助力信息化效能显现、降低档案管理成本的关键所在。

第三节 档案管理理论的发展趋势——数据化

"从纸质档案到电子档案,触发了档案工作的数字化转型,也引起了档案学理论近三十年的重大变革。"梳理新中国成立以来档案管理理论的主要变迁历程可以发现,随着宏观制度调整、经济发展以及社会需求的演变,大数据资源、技术、思维以及大数据观正与档案管理密切融合,档案管理的战略定位、核心内容、技术手段、方式方法等均应发生适应性调整,以在中国式现代化进程中做出档案贡献。

一 基于"两个服务"的档案管理战略定位

2021年,在中国第一历史档案馆新馆开馆之际,习近平总书记对档案工作作出重要批示,"推动档案事业创新发展,特别是要把蕴含党的初心使命的红色档案保管好、利用好,把新时代党领导人民推进实现中华民族伟大复兴的奋斗历史记录好、留存好,更好地服务党和国家工作大局、服务人民群众"②。正如档案学家吴宝康老先生指出的,档案的保管和社会的利用是档案工作的基本矛盾,而档案利用是档案工作诸环节中的主要环节,"利用是中心,利用是目的"。"两个服务"的提出既是对中国特色档案管理理论与实践的精准凝练,也为新时代档案管理

---

① 冯惠玲:《走向单轨制电子文件管理》,《档案学研究》2019年第1期。
② 中华人民共和国国家档案局:《国家档案局印发〈通知〉要求认真学习贯彻习近平总书记对档案工作重要批示》,2021年7月29日,https://www.saac.gov.cn/daj/yaow/202107/4447a48629a74bfba6ae8585fc133162.shtml。

重点工作指明了发展方向，从政治高度锚定了档案管理的战略定位。

一方面，我国档案管理的发展历程揭示出档案事业始终围绕党和国家工作大局，坚持在党的领导下守正创新。"党的领导"是中国特色档案管理理论建立与发展的根本保障。我国档案管理理论继承了我国五千年悠久的档案管理历程，发展了党自革命时期建立的档案管理经验，包括但不限于"加强党对档案工作的领导""档案工作姓党""为党管档，为国守史，为民服务""集中统一管理"等，为服务社会主义革命和建设发展提供了重要支撑。

另一方面，以人民为中心的执政理念是坚持党的领导下档案管理的根本遵循。我国档案管理经历了旨在为少数群体提供封闭式服务逐渐转向面向社会公众的公共服务。随着社会主要矛盾、人口结构调整以及人民生活水平的显著提高，如何满足"人民群众的档案信息和档案文化需求"成为"十四五"时期档案事业发展的主要任务，也是新时代档案工作落实习近平总书记对档案工作"走向开放"指示的重要举措。据统计，档案资源建设、开放、利用、惠民服务等词汇在《"十四五"全国档案事业发展规划》中被提及225次①，是所有词汇类别中出现频率最高的，而这类词汇在《全国档案事业发展"十三五"规划纲要》中仅出现了66次，表明"服务人民群众"的档案需求已成为新时代档案工作的重要关切。"以人民为中心"发展理念实践于档案领域就是朝着"为民建档、档为民用、由民管档"的方向开展档案管理工作②，以更好推进档案事业从"国家模式"向着"社会模式"转变。

进入数字时代以来，信息成为一种资源已成为普遍共识，数字资源更成为重要生产要素。信息技术不仅改变了人类的信息行为，也为档案的隐性价值向显性价值、第一价值向第二价值转化营造了优良环境；同

---

① 实学、汪泳洁：《重磅发布 | 两办印发〈"十四五"全国档案事业发展规划〉! 学习笔记 & 要义解读速递!》，2021年6月10日，https://mp.weixin.qq.com/s/bqRIDaG_IoZeEH7oFIdVPQ。

② 徐拥军：《新修订〈中华人民共和国档案法〉的特点》，《中国档案》2020年第7期。

时，数智技术的广泛应用使得档案中尘封的情报价值、文化价值更加凸显。根据生命周期理论，档案数据价值决定了档案数据生命周期的长度，如何通过数据深度开发等延长档案数据生命周期，充分开发档案价值助力中国式现代化，已成为档案部门的中心任务，也是本书的核心关切之一。本书认为，国家大数据战略下的档案管理理论创新应以"两个服务"为导向，围绕党和国家发展需求和人民群众的美好向往，重新建立适应于大数据时代的档案治理生态。

二 基于大数据视角的档案管理核心内容

自 2008 年提出档案资源体系和档案利用体系"两个体系"以来，我国档案工作内容不断拓展，到 2014 年《关于加强和改进新形势下档案工作的意见》正式提出档案安全体系，再到 2021 年《"十四五"全国档案事业发展规划》在原有"三个体系"的基础之上，提出建设档案治理体系，并将之置于"四个体系"之首。回顾档案管理理论与实践发展的历程可以发现，"四个体系"的建立与发展正体现了我国档案管理从注重规范化、标准化资源建设与促进档案利用，到以总体国家安全观为指引推动档案安全体系建设，再到全球治理浪潮与国家治理现代化背景下，从更加宏观层面关注档案治理体系建设，发挥全局性、关键性地位与作用的发展趋势。大数据的发展推动了对数据价值、信息价值等的再认识，也在一定程度上为档案管理的理论创新与实践提供了新思路。大数据视角下，为了更好地适应电子文件、媒体数据、档案机构管理数据等不同类型的异构数据，亟须以大数据视角重新审视档案管理相关概念、理论，进一步拓展档案治理、档案安全、档案资源与档案利用"四大体系"。

从档案管理到系统治理的档案治理体系。档案管理通常指"对国家或地区档案事业实行有组织有计划的领导或监督、指导，并协调其内部关系和外部关系的工作"①。随着档案工作从单纯针对档案的"收管存用"基础业务逐步拓展到档案行政管理、档案宣传教育、档案外事科研等工作，档案管理的内涵外延也进一步得到拓展。与此同时，制度环境、社会环境与技术环境的深刻调整，以及传统档案管理中普遍存在的社会参与不足、供需难以匹配、资源结构不良以及管理效能不高等困境，构成了从档案管理走向档案治理的动因。档案管理理论发展在宏观层面也应向着档案治理方向发展，进一步推动数字时代，以电子文件、档案数据等为核心的档案治理体系与治理能力建设，以增强档案事业的合法性基础，形塑更具透明性、责任性、回应性的档案服务，推进档案治理对象从传统模拟态档案走向数字档案和档案数据，档案治理逻辑从事后走向事前，档案治理结构从强调专业分工、等级分明的科层制走向网络化、扁平化，档案治理效能从粗放普适走向高效精准。其核心是建立档案治理多元主体间的协同。新中国成立以来，我国档案管理体制机制建设历经韦伯意义上的从上而下、专业分工、运转高效的科层"管理"体系，到现如今"鼓励社会力量参与和支持档案事业的发展"②的"治理"体系。2018年机构改革后，地方局、馆分设，加之档案管理从模拟态逐渐转向数字态与数据态，使得局馆协同问题、社会参与问题成为数字时代档案管理体制机制建设的关注重点，而这也是档案治理体系建设的应有之义。具体而言，大数据环境下的档案管理超越了档案机构单一管理主体，一方面要求档案局馆协同，档案部门与数据部门、城建部门、规划部门等其他政府部门协同，不同层级政府部门协同，这构成了体制内档案管理的纵横交错的多元主体；另一方面大数据时代的档案管理不可避免地需要将信息技术企业、科研院所等纳入，探究多元主体间的权责边界、协同机制、防范协作风险，成为数字时代档案治理体系需

---

① 陈兆祦、和宝荣、王英玮：《档案管理学基础》，中国人民大学出版社2005年版，第38页。
② 中华人民共和国国家档案局：《中华人民共和国档案法》，2020年6月20日，https://www.saac.gov.cn/daj/falv/202006/79ca4f151fde470c996bec0d50601505.shtml。

要关注的关键问题。

从单一到多元的档案资源体系。覆盖广大人民群众的档案资源体系是四个体系良性运转和可持续发展的基础与核心所在。大数据背景下信息技术的飞速变革与日益数据化的档案资源建设趋势相契合,推动档案资源体系从单一的纸质载体向着更加多元化、精细化、智能化方向发展。一方面,海量数据以及人类生产方式、交往方式的数字化转型促使各种结构的数据态档案信息大量形成,既有基于数字化技术对传统纸质档案载体加工后形成的档案数据,也有在数字系统中直接形成的原生态电子档案数据,还有档案部门掌握管理着的数据。无论何种形成方式,其中蕴含着的丰富数据资源,是承载社会记忆的重要载体。因此,档案资源体系从模拟态向数字态、数据态的转型是大势所趋。另一方面,档案资源是国家信息资源的重要组成,也是档案服务的基础性、战略性要素。早在2012年,冯惠玲教授就指出数字时代"'档案资源'的含义大于'档案馆藏'""档案资源建设更加具有可扩展性和创造性"①。大数据背景下,档案资源体系建设既要关注大数据时代对基础性档案资源的影响,也要注重衍生性和拓展性档案资源的发展。随着档案资源数量与种类的时空分布、丰富程度、产生速率等发生极大变化,亟须更新档案资源理论,在档案资源收集方面进一步扩展档案资源收集的来源范围,丰富档案资源内容,以更加契合当前档案形成环境和来源的复杂性、技术性,适应海量结构化、半结构化、非结构化数据交融的档案数据化发展趋势;在档案资源整理保管方面,探索构建基于大数据生命周期的档案数据管理模型,持续完善相关制度标准规范体系,创新档案资源开放共享。

从资源中心到人民中心的档案利用体系。档案利用体系在档案管理理论与实践发展历程中有时也被称为"档案服务体系""档案利用服务体系""档案开放利用体系"等,虽含义各有侧重但本质基本一致。陈兆祦、和宝荣指出"档案利用工作是指档案馆(室)为满足利用需要向利

---

① 冯惠玲:《档案记忆观、资源观与"中国记忆"数字资源建设》,《档案学研究》2012年第3期。

用者提供档案材料，也就是为利用者服务的工作"①，要对档案信息资源进行有意识的组织和加工。我国档案利用工作经历了从主要为党政机关和政治工作服务，到档案利用范围的逐步扩大，再到《档案法》将利用档案作为公民的一项受法律保护的权利的过程。大数据背景下，档案利用体系的建设将更加关注公众需求，《"十四五"全国档案事业发展规划》明确提出"档案利用服务达到新水平"，要求"以人民为中心的档案服务理念深入人心"。② 2023 年 2 月，陆国强在全国档案局长馆长会议上的报告提出要"坚持人民立场，推动各级档案馆馆藏档案有序开放，做到依法应开尽开。认真贯彻实施《国家档案馆档案开放办法》，着力提升各级档案馆档案开放率，畅通档案利用渠道，更好方便人民群众和社会各方面查档用档"③。国家大数据战略下，档案利用体系要从注重传统档案资源的编纂编研、展示传播，向着深层档案数据共享利用发展，注重档案数据的开放性、关联性，强调综合运用知识发现、知识图谱、数字人文等数智技术对更加细粒度的档案数据进行深度挖掘与开发，充分释放档案资源的隐性价值与显性价值，更好发挥档案在"存史、资政、育人"等方面的支撑作用。

从实体安全到总体安全的档案安全体系。档案安全管理是"各级各类立档单位、国家档案馆为实施'以人为本、服务为先、安全第一'的战略，依据相关安全理论、法规政策、规范标准，为保证档案实体安全和档案内容的政治安全，而采取的各项切实维护档案及档案信息系统的安全的活动及相关策略、措施和手段"④，档案安全是档案工作的重点，

---

① 陈兆祦、和宝荣、王英玮：《档案管理学基础》，中国人民大学出版社 2005 年版，第 292 页。

② 国家档案局：《中办国办印发〈"十四五"全国档案事业发展规划〉》，2021 年 6 月 9 日，https://www.saac.gov.cn/daj/toutiao/202106/ecca2de5bce44a0eb55c890762868683.shtml。

③ 陆国强：《全面贯彻落实党的二十大精神 奋力书写档案事业现代化和高质量发展新篇章——在全国档案局长馆长会议上的报告》，2023 年 2 月 16 日，https://www.saac.gov.cn/daj/yaow/202302/edef53f544bb4eea8bfacd87fd8a223e.shtml。

④ 陈兆祦和宝荣、王英玮：《档案管理学基础》（第四版），中国人民大学出版社 2021 年版，第 214 页。

确保档案安全也是档案工作者的职责和使命。自档案工作产生以来，档案的安全保管和安全利用就是其核心，从周代的天府、宋代的架阁库到明清的皇史宬，无不追求库房建筑的坚固耐久、防水防潮和防火防盗。在长期的历史积淀中，发展出一系列先进、实用的纸质档案保护技术和利用保管制度，如档案用纸要求、副本匮藏制度、虫害防治技术、装裱修复工艺、晾晒防潮方法、分库保护体系、库房构建技术等。这些档案保护思想和保护技术无不体现着古代档案人对档案安全的重视，凝结着先贤们的思想智慧，对今天的档案工作仍有重要的指导、借鉴作用。新中国成立后，档案安全更被看作为有效利用档案文件、实现档案工作目标的前提。《中华人民共和国档案法》条款中，直接涉及档案保护与安全的条款就达 16 条之多。[①] 近年来，国家档案局针对档案安全专门颁发的通知、文令就有近 20 条之多，内容涉及汛期档案安全、灾后档案防护、档案防火、馆藏档案和档案目录数据的安全管理、重点档案抢救等。"十四五"时期，档案安全体系建设是我国档案工作的重点内容之一，《规划》明确提出要"深入推进档案安全体系建设，筑牢平安中国的档案安全防线"。档案安全体系是由档案安全保障的各个要素所构成的总体，一般由档案安全基础设施如档案馆库建设、技术支撑、组织管理和法律法规标准等若干部分构成。当前，随着数字技术的不断发展，档案信息化进程加快，档案安全工作的重心由传统的档案实体安全转向档案实体安全和档案信息安全并重。国际标准化组织（ISO）认为"信息安全"是指"为数据处理系统建立和采取的技术和管理的安全保护。保护计算机硬件、软件、数据不因偶然的或恶意的原因遭受破坏、更改、泄露"。档案信息安全是指系统的硬件、软件及其系统中的数据受到保护，不受偶然因素或恶意破坏等情况导致信息破坏、泄露或无法访问等，以确保档案信息内容的真实性、完整性、可用性、保密性。档案信息不同于一般的数据信息，包括大量的政治、经济、科技甚至军事等方面的敏感信息，

---

① 中华人民共和国国家档案局：《中华人民共和国档案法》，2020 年 6 月 20 日，https://www.saac.gov.cn/daj/falv/202006/79ca4f151fde470c996bec0d50601505.shtml。

多涉及政府部门、事业单位、商业机构甚至国家的核心秘密。档案信息系统与其他信息系统相比有更严格、更迫切的安全需求。档案信息安全就是要防止造成"档案信息"不可用的系统辨认、鉴别和控制，以确保档案信息内容的完整性、可用性、保密性。档案信息安全属于非传统安全领域，是一种包括了政治、经济、科技、军事等各个领域，涉及网络安全、信息内容安全、信息基础设施安全和国家信息安全的综合概念，已成为国家安全的基础，需要从国家安全的综合层面，以总体国家安全观为指引系统研究档案信息数据在汇集、共享、伦理、保密等各方面面临的各种风险，从"法治、协同、技术、智力"等多个维度探索档案数据安全保障路径。

三 基于大数据思维的档案管理方式方法

科技革命驱动生产力质的飞跃，由此驱动上层建筑转型。信息技术经历了计算机、互联网等两大浪潮的席卷，迎来了以人工智能、区块链、大数据为代表的智能革命。信息技术凭借其强大的渗透性、辐射性、协同性等特征，与政治经济生活深度融合，并在我国档案管理理论与实践的发展变迁中发挥着重要驱动力量。正如《中华人民共和国国民经济和社会发展第十四个五年规划和2035年远景目标纲要》所提出的"以数字化转型整体驱动生产方式、生活方式和治理方式变革"[1]，以数据驱动和数字化治理为核心特征的数字化转型，成为近年来档案管理变革的核心议题。习近平总书记多次指出"没有信息化就没有现代化""以信息化驱动现代化"等重大论断，为档案管理理论与实践发展指明了方向，即在中国式现代化进程中，档案管理也应持续深化数字化转型，以档案信息化驱动档案管理现代化，并以档案现代化服务推进中国式现代化。[2] 回顾

---

[1] 新华社：《中华人民共和国国民经济和社会发展第十四个五年规划和2035年远景目标纲要》，2021年3月13日，http://www.gov.cn/xinwen/2021-03/13/content_5592681.htm。

[2] 陆国强：《全面贯彻落实党的二十大精神 奋力书写档案事业现代化和高质量发展新篇章——在全国档案局长馆长会议上的报告》，2023年2月16日，https://www.saac.gov.cn/daj/yaow/202302/edef53f544bb4eea8bfacd87fd8a223e.shtml。

信息技术嵌入档案管理的历史可以发现，信息技术自身的不断发展及其与档案管理活动融合程度的逐渐深化，不仅带来了档案管理效率的提升，更驱动档案管理流程再造与结构调整，要求档案管理体制机制的整体性重塑。

数智赋能档案管理效率提升。以大数据为代表的数智技术为解决异构、海量、高速、多元的数据收集、整理、保管、开发、利用等提供了新的方式方法，有助于档案管理活动的提质增效，这也是档案管理采纳信息技术的主要动因。例如，利用档案自动分类技术，可实现对大规模电子文件的分类整理，极大提升档案处理和迁移的效率。① 此外，还可探索将 NoSQL 数据库（如图形数据库、文档数据库）应用于对档案数据的组织分析。借助智能检索管理系统，可对受损电子文件进行状态检测，并实时分析档案"签名"等要素的数量是否达到相关标准。利用人工智能技术，可对声像、图像档案中的人物进行自动识别和特征提取，加快人物检索定位，同时还可对历史档案进行修复，例如中央档案馆在新中国成立 70 周年之际，利用人工智能修复开国大典录像，这是迄今为止关于开国大典内容最为完整、时间最长的彩色录像档案。在此过程中，伴随着数字中国建设进程的持续推进，数字技术在档案管理中发挥着愈发重要的作用，在赋能档案管理实践的同时，也在无形中改变了档案管理角色关系与工作模式。一方面，信息技术的不确定性、复杂性和依存性要求档案机构需要与专业技术企业、政府数据部门、高校科研院所等主动建立联系，以获取智力支撑、资源支持等；另一方面，数智赋能下的档案管理也可能因技术的"自反性"陷入新型风险，单一放大技术效应，则可能使得"为党管档、为国守史、为民服务"的档案工作陷入技术狂热之中，继而引发技术垄断、技术鸿沟、技术歧视等困境。例如，针对谷歌图片算法的实验表明，信息技术如若缺乏必要规制，则会放大人类

---

① NSW Government-State Archives and Records, "Using auto-classification to classify unmanaged rerecord", (2018-4-18), https：//futureproof. records. nsw. gov. au/using-auto-classification-to-classify-unmanaged-records/.

社会的既有偏见、强化社会歧视①，若叠加档案真实可信、存考证据等特征，则可能会带来新的档案（数据）安全、档案伦理等问题。因此，大数据环境在数智赋能档案管理效率提升的同时，也带来了新的问题，亟待探索建立新的档案管理体制机制、进行档案管理理论实践创新以更好地指导实践发展。

数智重构档案管理体制机制。以生成式人工智能、区块链、大数据等为代表的新一代智能技术基于新型技术群落构建了无边界协同的开放性"技术—社会"生态系统，具有联通性、协同性、渗透性、辐射性等特征。技术运行逻辑与制度逻辑的契合性是充分激发技术赋能作用、提高组织效能的前提与基础。为促进档案管理逻辑与技术运行逻辑的相互契合，充分发挥技术应用效用，应持续探索档案管理体制机制的适应性调整策略。"既有的组织因为信息技术的组织刚性而产生结构重组；同时，建构中的技术也会因为组织结构的技术刚性而被修订或改造。由此，形成了技术与组织之间的相互建构。"② 在计算思维、互联网思维等的驱使下，传统档案管理模式已无法有效应对数字时代的档案管理的角色需求与互动机制，范式变革势在必行。大数据环境下，有必要全面审视档案学基本概念、理论、原则、档案管理体制机制等的适用性与局限性，重新认识"档案"的内涵与外延，对诸如全宗理论、价值鉴定方法、连续体理论、档案（数据）治理等进行拓展研究，进一步丰富创新发展以电子文件管理为核心的档案管理知识体系，推动数字时代档案管理理论从国外借鉴到中国特色。例如，为促进数智技术与档案管理实践的深度融合，充分激活技术潜能，首先，应对来源原则进行拓展，研究数据形成来源、目的、形成活动、处理过程与职能范围，并对全宗理论再审视，发展全宗的内涵外延，将实体的立档单位拓展到产生数据的系统（包括

---

① Papakyriakopoulos O., Mboya A. M., "Beyond algorithmic bias: A socio-computational interrogation of the google search by image algorithm", *Social Science Computer Review*, Vol. 41, 2022.

② 邱泽奇：《技术与组织的互构——以信息技术在制造企业的应用为例》，《社会学研究》2005年第2期。

系统对接的逻辑指针），进一步研究全宗的确认、区分以及全宗内数据档案的整理方法。其次，应重新审视档案价值鉴定方法。大数据的低价值密度特性决定了单一数据价值很低，巨量数据集聚一起，经分析后才体现出较大的行政管理、财务、科技等价值，沿用传统鉴定方法既不现实也不科学。分析社会对数据的客观利用需求，以集聚价值为依据对其进行集合鉴定，同时考虑现有电子文件的保管转化为数据保管后的鉴定要求，完善数据档案价值鉴定方法。最后，电子文件的前端控制是为了保障电子文件的真实完整可用。大数据下，除了保障数据的真实完整可用，还应对数据的多源、多模态、全面性以及数据间逻辑关系的正确稳定等进行前端控制，这必然涉及机构数据能力提升体系建立问题。与此同时，数字时代亦对档案安全提出了全新挑战，除了通过智慧档案馆（室）等物理空间的建设保障档案实体安全外，也应进一步探究建立档案数据安全保障体系，进行档案风险的实时预警与应急响应。

第四章

理论拓展：国家大数据战略下档案管理理论发展研究

习近平总书记强调，运用大数据促进、保障和改善民生，推进"互联网+教育""互联网+医疗""互联网+文化"等，让百姓少跑腿、数据多跑路，不断提升公共服务均等化、普惠化、便捷化水平[①]。近几年，以数据为关键要素的全流程一体化政务服务平台，如网上办事服务大厅、网上政务大厅、最多跑一次、一网通办、异网通办等便民措施在各地全面开展。这就要求统筹规划政务数据资源和社会数据资源，数据资源整合和开放共享成为主旋律。

档案工作如何尽快融入国家大数据战略是迫切需要解决的问题。大数据时代，档案与数据是什么样的关系、档案概念是否需要再认识，档案基本理论是否适应大数据战略的要求、是否需要再审视，档案管理活动是否具有数据管理的能力，等等，是本章研究的工作重点。

第一节 相关理论

大数据时代的技术演进成为直接驱动档案管理范式变革的重要因素，

---

① 央广网：《习近平在中共中央政治局第二次集体学习时强调：实施国家大数据战略加快建设数字中国》，2017 年 12 月 10 日，https://china.cnr.cn/news/20171210/t20171210_524056124.shtml。

形成了以大数据为代表的数字技术与档案管理范式之间的强连接。这种强连接推动了档案管理物理空间、社会空间与数字（虚拟）空间的三维融合。因此，理解大数据技术的性质，辨析数据治理的相关理论，是分析国家大数据战略下档案管理创新的重要理论基础。

一 大数据时代的核心特征：数据与数据驱动

自大数据上升为国家战略以来，党和国家高度重视大数据发展，习近平总书记多次就大数据建设发展做出重要论述，提出"谁能把握大数据、人工智能等新经济发展机遇，谁就把握了时代脉搏"[①]。在中央全面深化改革委员会第二十六次会议上，习近平总书记强调"数据基础制度建设事关国家发展和安全大局，要维护国家数据安全，保护个人信息和商业秘密，促进数据高效流通使用、赋能实体经济，统筹推进数据产权、流通交易、收益分配、安全治理，加快构建数据基础制度体系"[②]。在国家大数据战略持续深度实施背景下，以大数据为代表的数智技术掀起技术革新浪潮，推动人类社会迈入第四次工业革命，引发全社会快速信息化、数字化和智慧化。大数据已不仅作为一种技术产品和技术应用，深刻影响人类政治经济社会生产生活，更将技术思维嵌入，实现大数据等信息技术在产业行业间的纵横融合，基于新型技术群落构建了全局优化、无边界协同的开放技术生态系统，激活聚变反应，推动社会整体变革，促进全面持续发展，呈现出鲜明的"技术—社会"特征。"大数据泛指无法在可容忍的时间内用传统信息技术和软硬件工具对其进行获取、管理和处理的巨量数据集合，具有海量性、多样性、时效性及可变性等特征"，其价值本质主要体现为"提供了一种人类认识复杂系统的新思维

---

① 新华网：《习近平在金砖国家领导人第十四次会晤上的讲话》，2022年6月23日，http://www.news.cn/world/2022-06/23/c_1128770800.htm。
② 新华社：《习近平主持召开中央全面深化改革委员会第二十六次会议》，2022年6月22日，https://www.gov.cn/xinwen/2022-06/22/content_5697155.htm。

和新手段"①。梅宏院士对于大数据特征的凝练与 IDC（国际数据公司）提出的大数据"4V"特征（数据量大 Volume、数据种类多 Variety、数据价值密度低 Value 和数据产生处理速度快 Velocity）异曲同工。

需要认识到，以大数据为代表的数字技术的快速发展推动人类社会由工业时代步入数字时代，主要涉及"大智移云"，即大数据、人工智能、移动通信、云计算和物联网等核心技术。第一，大数据的出现实现了海量异构数据的快速汇聚、分析与价值挖掘，有助于构建人类社会运行的全息影像，为优化社会运转提供数据依据。第二，人工智能技术可在大数据的基础上构建智能算法模型，挖掘数据资源的隐性复杂关联，以更好辅助决策。第三，以 5G 为代表的高速通信作为重要基础设施，不仅可以加速信息化应用效能，更能催生新的应用场景，使得物联网、元宇宙等成为可能，打破时空、流程、场景的限制。第四，云计算技术显著降低了对大数据进行存储、运算的成本，为价值链整合创造奠定基础。

上述核心技术共同推动了数据的大规模生产、汇集与应用，使得数据与数据驱动成为大数据时代区别于传统工业时代的关键所在。工业时代尽管已形成了较为系统的数据搜集与分析方法，但因数据规模有限，其统计分析仅能建立在"小数据"的基础上。但数字时代的数据规模、汇集程度、算法算力等均已远远超出工业时代所能处理的最高水平，表现出数据驱动的根本性变革。

第一，数据规模的飞跃式增长。大数据时代，数据采集的主体更加多元、采集途径更加广泛、采集成本显著下降。得益于物联网、工业互联网、移动通信设施等的长足发展，近年来，数据规模呈现出几何级数增长趋势。从数据主体来看，政府、企业等各类组织以及公众个人均成为数据的生产与采集者；从数据采集成本来看，各类传感设备的广泛运用，加速了物联网进程，使得人人互联、物物互联、人物互联的"万物

---

① 梅宏：《大数据：发展现状与未来趋势》，中国人大网，2019 年 10 月 30 日，http：// www.npc.gov.cn/npc/c2/c30834/201910/t20191030_301783.html。

互联"时代数据量激增，远超人类历史时期所累积的数据总量。据国际信息技术咨询企业国际数据公司（IDC）最新发布的 *Global DataSphere 2023* 测算，中国数据量年均增长速度（CAGR）为全球第一，达到了26.3%，数据量规模将从2022年的23.88ZB增长至2027年的76.6ZB，至2030年，全球数据存储量将达到2500ZB。

第二，多模态数据的广泛汇聚。大数据不仅体现为体量上的急剧增长，更表现为数据类型的种类繁多，既包括结构化、半结构化数据，也有非结构化数据。文本、图片、视频等均成为信息资源的重要载体类型，构成资源池的重要基础，有利于满足公众多样化的信息需求，但与此同时也为信息分析挖掘带来挑战。尤其是对半结构化、非结构化信息所蕴含的隐性知识，很难通过传统信息分析方法加以发掘。因此，亟须借助知识图谱、机器学习、深度学习等最新知识工程技术，通过概念模型设计、资源语义描述、实体关系抽取等，以充分发掘大数据的显性与隐性知识。工业时代的数据多呈现碎片化、小规模特征，难以长期保存，导致各类组织每隔一段时间就要对所产生的文书档案进行销毁。而数字时代，数据存储成本的下降与存储容量的增加共同提升了多元主体的数据资源保存能力。海量数据的存储与经由高速通信的传输意味着可以实现对多源、异构、海量数据的快速汇聚融合，推动了物理空间、社会空间与数字空间的孪生。

第三，数据处理能力的显著增强。随着信息技术的快速迭代更新，数据产生与处理的速度也随之增强。美国互联网数据中心指出，互联网数据将每两年翻一番。IBM的研究也表明，整个人类文明所产生的全部数据中，有90%是近两年产生的。数据产生速度的加快对数据处理速度也提出了更高要求。数字时代，能否及时有效地处理规模巨大的数据，将关系到能否将大数据特性优势真正转化为高质量发展的驱动力量，激发治理潜能。与此同时，数据总量的大小与价值密度的高低呈反比。大数据在具备海量性特征的同时，也表明其数据价值密度较低，如何在数字时代充分挖掘数据价值，以服务党和国家工作大局、服务人民群众，成为亟须解决的核心问题。工业时代所形成的数据处理分析能力,难以从大规模、低密度数据中挖掘价值,因而不得不将档案资料销毁以轻装前行。近年来,人工智能算法的革命性突破和计算能力的显著增强,极大增强了企业、院所、政府部门等的数据建模和分析能力,同时也激励各类主体更大规模地投入数据价值挖掘之中。

二 数据治理相关理论:标准与模型

有关数据治理尚未形成统一的概念界定。例如,IS/IEC将数据治理定义为"关于数据采集、存储、利用、分发、销毁过程的活动的集合"。国际数据管理协会(DAMA)提出"数据治理是指对数据资产管理行使权力和控制的活动集合(规划、监督和执行)"。国际数据治理研究所(DGI)则认为数据治理"是一个通过一系列信息相关的过程来实现决策权和职责分工的系统,这些过程按照达成共识的模型来执行,该模型描述了谁能根据什么信息,在什么时间和情况下,用什么方法,采取什么行动"。高德纳公司(Gartner)将数据治理界定为"一种技术支持的学科,其中业务和IT协同工作,以确保企业共享的主数据资产的一致性、准确性、管理性、语义一致性和问责制"。GB/T 34960.5-2018《信息技术服务 治理 第5部分:数据治理规范》将数据治理界定为"数据资源及其应用过程中相关管控活动、绩效和风险管理的集合"。

可见,不同机构对于数据治理具有不同理解。但大体上,我们可从狭义与广义两个层面来理解数据治理。狭义的数据治理指对数据资源及其应用过程中的相关管理活动、绩效及风险管理的集合,以保证数据资产的质量、安全及持续改进。狭义的数据治理旨在满足数据监管和风险管理的需求,但随着数据要素价值的持续显现,如何通过数据治理以充分挖掘数据价值开始备受关注。由此,广义的数据治理则不仅包括狭义数据治理的含义,也包括数据管理和数据价值实现两个维度,推动形成"用数据说话、用数据决策、用数据管理、用数据创新"等数据驱动的治理模式。

（一）数据治理的国际标准及模型

ISO 8000：2022-Data quality。ISO 8000 数据质量国际标准于 2011 年颁布，2022 年修订，包含 21 个标准，涵盖数据治理（ISO 8000-51）、数据质量管理（ISO/TS 8000-60，ISO 8000-61，ISO 8000-62，ISO 8000-63，ISO 8000-64，ISO/TS 8000-65，ISO 8000-66，ISO 8000-150）、数据质量评估（ISO/TS 8000-81，ISO/TS 8000-82）、主数据质量（ISO 8000-100，ISO 8000-110，ISO 8000-115，ISO 8000-116，ISO 8000-120，ISO 8000-130，ISO 8000-140）、工业数据质量（ISO/TS 8000-311）。

《数据质量—第一部分：概述》（ISO 8000-1：2022）中明晰了该标准的范围、信息和数据质量的原则，提出了 ISO 8000 系列标准实现数据质量的路径方法，并对标准体系进行了概述，为数据质量管理提供了国际规范。

ISO/IEC 38505-1：2017-Information technology — Governance of IT — Governance of data—Part 1：Application of ISO/IEC 38500 to the governance of data。ISO 和国际电工委员会（IEC）成立了联合技术委员会 ISO/IEC JTC1，制定了信息技术治理的国际标准 ISO/IEC 38500 系列标准，提出了数据治理的通用模型和方法论。2017 年，该组织发布的 ISO/IEC 38505-1：2017《信息技术—信息技术治理—数据治理—第一部分：在数据治理中应用 ISO/IEC 38500》中，系统阐述了基于原则驱动的数据治理方法论，提出通过评估数据利用情况来指导数据治理的准备与实施，并由此监督数据治理实践。

（二）数据治理的国内标准及模型

GB/T 36073-2018《数据管理能力成熟度评估模型》（DCMM）。GB/T 36073-2018《数据管理能力成熟度评估模型》（Data Management Capability Maturity Model，DCMM）由全国信息技术标准化技术委员会大数据标准工作组组织编写，工信部和国家标准化委员会指导，是我国首个数据管理领域的国家标准。DCMM 广泛借鉴了国内外数据管理的相关理论，并充分结合我国大数据产业行业发展现状与趋势，提出了更为符合我国实际的数据管理框架。DCMM 将数据管理能力界定为"组织和机构对数据进行管理和应用的能力"，而数据管理能力成熟度评估模型则是用于对组织的数据管理能力成熟度进行评估的模型。DCMM 将组织数据管理能力划分为 8 个能力域，即数据战略、数据治理、数据架构、数据应用、数据安全、数据质量、数据标准、数据生存周期，每个能力域又包含若干数据管理能力项，共 29 个。

DCMM 在既有数据管理模型的基础上，创新性新增了数据生存周期管理能力域，考虑了原始数据转化为可用于行动的知识的整个过程，包括数据需求、数据设计和开发、数据运维和数据退役全过程。为推进 DCMM 的应用，工信部组织中国电子信息行业联合会牵头开展试点工作，涵盖金融、互联网、健康、通信、制造等各个行业。

GB/T 34960-2018《数据治理规范》。GB/T 34960-2018《信息技术服务 治理 第 5 部分：数据治理规范》将 GB/T 34960.1-2017《信息技术服务 治理 第 1 部分：通用要求》中的治理理念进行细化，提出了数据治理的总则与框架，明确了数据治理的顶层设计、数据治理环境、数据治理域以及数据治理过程，为数据治理现状评估提供了参考依据，并可对组织数据治理体系的建立与完善进行指导。

《数据治理规范》所提出的数据治理框架包括顶层设计、数据治理环境、数据治理域和数据治理过程四个部分。其中，顶层设计包括战略规划、组织构建、架构设计，是数据治理实施的基础；数据治理环境包括分析业务、市场和利益相关方的需求，适应内外部环境变化，广泛识别数据治理的促成因素，以保障数据治理的实施；数据治理域包括数据管理体系和数据价值体系，是数据治理的对象；数据治理过程则包括统筹和规划、构建和运行、监控和评价、改进和优化四个环节，明确了数据治理的目标任务、机制路径，并提供了数据治理目标实现的保障措施和改进策略。

(三) 数据治理的其他模型

DAMA 的数据管理框架。国际数据管理协会（Data Management Association International，DAMA）成立于 1980 年，致力于数据管理和数字化的研究与实践及相关知识体系的建设。DAMA 目前已在世界范围建立了 52 个分会，拥有全球会员 2 万人，先后发布了《DAMA 数据管理字典》和《DAMA 数据管理知识体系指南》（DAMA-DMBOK）的第 1 版和第 2 版等。该指南已被公认为是数据管理工作的经典参考和实践指南，在全球范围内被广泛应用。在第 2 版中，《DAMA 数据管理知识体系指南》进一步丰富拓展了所提出的 DAMA-DMBOK 框架，包括 DAMA 车轮图、六边形图和语境关系图，系统描述了 DAMA 所定义的数据管理知识领域。

第二节 数据思维与视角下档案概念拓展

一 以数据视角分析现有档案定义

(一) 档案管理的本质功能与交叉熵的引入

1. 档案管理的本质功能

档案是人类在社会实践活动中留下的历史记录，档案管理的本质功能是尊重历史、尊重客观，更好地维护和还原历史记忆的真实。信息技术的迅猛发展、剧烈的社会变革对档案工作、档案专业造成了前所未有的冲击。人们在检索利用信息时更多地依靠信息中心、数据中心等信息化部门。档案专业逐渐消亡或被信息技术专业兼容的声音不断响起。然而，档案的本质属性决定了档案工作的最本质功能是保存和延续人类最真实、最原始的社会记忆，即留存历史。这种功能是信息技术、图书等其他工作所不能取代的。

档案能真实留存历史毋庸置疑，但档案能留存多少历史？保存尽可能多的档案才能更大限度地留存、还原相对完整的历史。在纸质档案管理阶段，限于空间、技术、人力、物力和财力，档案工作必须对原始记录进行鉴定，留下有价值的进行归档保存，于是有了归档范围和保管期限。按照档案工作者保存的档案，如果还原历史的话，应该说，还原出的历史距离历史真实还是有较大差距，没有纳入归档范围进行保存的历史记录，可能就需要考古等工作偶然发现了。

2. 交叉熵的引入

如果从信息源视角看，利用档案信息资源可以构建出一个历史信息模型。归档范围的设定，决定了档案信息构建的历史模型与历史真实之间的差距。这里引入信息论的一个重要概念——交叉熵来标识这种差距。交叉熵又称为库尔贝克-莱伯勒距离（Kullback-Leibler Divergence），反映了两个信息源之间的一致性。两个信息源完全一致时，其交叉熵为零；其相差很大时，交叉熵也很大。档案信息构建的历史模型与历史真实之间的差距比较大，交叉熵值也大。如果研究某个历史事件，相关档案恰恰没有保存或数量极少，交叉熵就是无限大。

交叉熵不是纯理论定性描述的概念，而是一个有着严格的数学推导并有计算公式进行计算的损失函数，可以来表征用档案信息构建历史模型时与真实历史对比损失的信息，如下公式：

$$CE(P, Q) = -\sum_{i=1}^{C} p_i \log(q_i)$$

公式中 CE 为交叉熵，p_i 为真实，q_i 为预测。Python 编程语言的免费软件机器学习库 scikit-learn[①] 中的 log_loss() 可以用来计算交叉熵。

$$L_{\log}(P, Q) = -\log Pr(P|Q) = -\frac{1}{N}\sum_{i=0}^{N-1}\sum_{k=0}^{K-1} p_{i,k} \log q_{i,k}$$

交叉熵应用于整个档案信息构建的历史模型与真实历史的信息损失比较，目前并不现实，但可以用在某一单位、某一行业中。通过对当前某一立档单位保管档案信息与单位真实全量信息的比较，可以看出当前保管范围下的收集、归档管理的信息源相对于现单位全量信息源的信

[①] scikit-learn（以前称为 scikits.learn，也称为 sklearn）是针对 Python 编程语言的免费软件机器学习库。它具有各种分类、回归和聚类算法，包括支持向量机、随机森林、梯度提升、k 均值和 DBSCAN。

损失。交叉熵值越低，说明档案信息源越大，越接近历史现实。如何降低交叉熵，是档案部门需要考虑的问题。

理论上说，档案部门归档范围越大，交叉熵就相应越低。然而不管是纸质档案还是电子文件，以文件形态的档案管理扩大归档范围，相应的管理成本将急剧上升。大数据的出现，让交叉熵的降低成为可能，这是由大数据的完备性决定的。在大数据时代，在某个领域获得数据的完备性还是可能的，比如疫情三年，全国人民的行程码和健康码的处理在过去是不可想象的。如果归档保存某单位、某行业等的全量数据及其关联关系，就相当于是档案归档保存的数据集合与该单位、该行业真实历史的数据集合是同一个集合，或者是高度重合的，它们的交叉熵是零或接近于零。这时，更可以说档案是对历史的真实、相对完整的留存。这也是数据应纳入档案管理对象的重要价值所在。

(二) 档案现有定义

学界对档案的定义仍有争论。这里从法律、行业标准、学界三个视角引用三种定义来做简要分析，分析的目的在于判断数据是否属于档案的范畴。

最具法律权威性的是《档案法》第二条对档案的如下定义："本法所称档案，是指过去和现在的机关、团体、企业事业单位和其他组织以及个人从事经济、政治、文化、社会、生态文明、军事、外事、科技等方面活动直接形成的对国家和社会具有保存价值的各种文字、图表、声像等不同形式的历史记录。"[1]

档案行业标准《档案工作基本术语》（DA/T 1-2000）界定档案为"国家机构、社会组织或个人在社会活动中直接形成的有价值的各种形式的历史记录"[2]。

冯惠玲教授在《档案学概论》（第二版）中将档案定义表述为"档

---

[1] 中华人民共和国国家档案局：《中华人民共和国档案法》，2020年6月20日，https://www.saac.gov.cn/daj/falv/202006/79ca4f151fde470c996bec0d50601505.shtml。

[2] 《档案工作基本术语》（DA/T 1-2000），中国标准出版社2000年版。

案是社会组织和个人在以往的社会实践活动中直接形成的具有清晰、确定的原始记录作用的固化信息",“简单地说,是清晰、确定的原始记录性信息"。①

从《档案法》列举阐述档案的来源、内容、形式看,数据似乎不应列入档案的范畴,因为《档案法》列举的文字、图表、声像等均为非结构化的历史记录。这是因为作为一部法律,《档案法》是对全国档案工作的法律规定,过于抽象易引起不同理解,不太好执行。

《档案工作基本术语》的定义相对抽象,没有采用列举方式,数据似乎又可以列入档案的范畴。冯惠玲教授关于档案的定义更加抽象,适应性更广,下面我们深入探讨一下该定义。

(三) 信息的本质及与数据的关系

信息是一个外延极广的宽泛概念,目前尚未有一个完全准确的定义。维纳认为信息是客观世界的三大基本要素之一,与物质、能量并列。"信息论之父"香农给信息的定义是"信息是用来消除不确定的事物"②,他在《通信的数学原理》一文中对信息、信息熵等进行了深入研究。根据前人对信息的定义与阐述,可以认为,信息是事物的一种普遍属性,描述了物质存在的方式、形式或运动状态等。人们每了解一个信息,就对该信息所描述事务的不确定性减少一些。可以说信息的本质是减少客观世界的不确定性。

数据是指记录客观事物的、可鉴别的符号③。数据和信息是密不可分的一对概念,数据是符号,是信息的表达与载体,信息是对数据进行加工处理之后所得到的并对决策产生影响的数据。所谓数据进行加工处理,实际上就是根据数据间关联关系对数据进行各种运算(广义的运算,包含存储等)。

(四) 对学界档案定义的探讨

《档案学概论》(第二版)的定义将信息作为档案的属概念,同时

---

① 冯惠玲:《档案学概论》(第三版),中国人民大学出版社2023年版,第5页。
② [美]香农:《通信的数学原理》,《贝尔系统技术杂志》1948年第27卷。
③ 王珊、萨师煊:《数据库系统概论》(第5版),高等教育出版社2014年版,第4页。

界定档案为"清晰、确定的原始记录性信息"。如何理解信息以及数据和信息的关系是什么？如何理解"清晰、确定"？

定义中的"清晰、确定"，是真正能减少不确定性的要素，正是信息具有了清晰、确定要素，档案才与"错误的信息、混乱的信息、不可靠的信息"区别开来。"原始记录性"是档案的本质特性之一，将其与其他信息资源区别开来。档案实际上是人来追求信息的确定性、可靠性的产物，是社会实践必须有确定、可靠信息支撑方能有效进行的现实需要的产物。

数据是信息的载体，信息需要依托数据来表达。从这个意义上看，数据的含义只要清晰、确定就是信息，如果是原始记录性信息，就可以归入档案范畴了。当然不是所有数据都能成为档案，数据如何表征为信息，或者说，如何将数据加工为信息这个过程中所涉及的要素以及要素之间的关系识别、确认下来，数据就具备了成为档案的可能性与前提条件。

也就是说，可以将数据作为档案的属概念来认识、把握档案，这既是适应大数据时代的需要，也使档案适当减少理论抽象性，便于理解，便于实践中的操作。

(五) 从电子文件角度看数据的档案属性

《电子文件管理教程》（第二版）在按信息存在形式划分电子文件种类时，提到了数据文件（data）的概念，认为数据库文件是电子文件的一个种类，是在事务处理系统中单独承担文件职责，或者作为文件的重要组成部分出现的数据对象，是以数据库数据形式存在的具有文件属性的记录。数据库文件可以是数据中的一个记录，也可以是若干相关的记录。这些记录中的数据是国家机构、社会组织或个人在社会活动中直接生成或获取的真实记录，应作为电子文件进行管理[①]。《电子文件管理教程》以"大文件观"为基础，涵盖全生命周期，认为具有保存价

---

① 冯惠玲、刘越男：《电子文件管理教程》（第二版），中国人民大学出版社2017年版，第8页。

值的电子文件成为电子档案。这说明学界认为数据库中的记录是可以成为档案的。

数据库中的记录是指由若干个具有关联关系的数据组成的数据组合。以学生成绩数据库为例，由于关系型数据库设计的四个范式要求，学生成绩涉及的诸多数据不会只保存在一张数据库表中，而是保存在多个数据库表中，如图4-1所示。

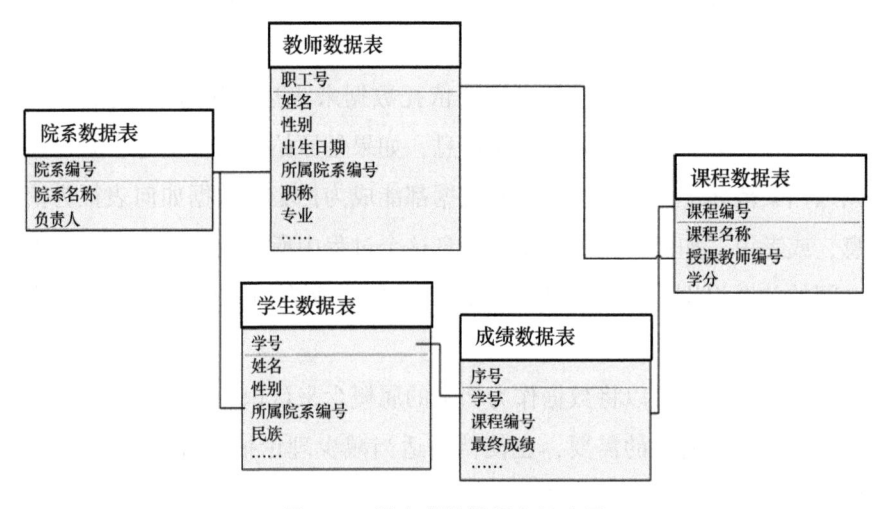

图 4-1 学生成绩数据库示意图

图4-1中各数据表的第一个数据项（线条隔开的上方）是表的主键，连接线表明了各数据表间的主外键约束。如果要查询A学院张三主修的"档案学概论"这门课的成绩，实际上是根据主外键约束，在这五张表中抽取相应的记录，最后形成成绩单。学生成绩数据文件应该是由这五张表中的相关记录（非全部数据项，如院系负责人数据项可不在学生成绩数据文件中）组成。从数据库系统内部看，可以将五张表中相关数据组成一个学生成绩视图①，如图4-2所示。

---

① 视图是一个虚拟表，其数据可以来自当前或其他数据库的一个或多个表，视图一经定义便存储在数据库中，与其相对应的数据并没有像表那样在数据库中再存储一份，通过视图看到的数据只是存放在基本表中的数据。

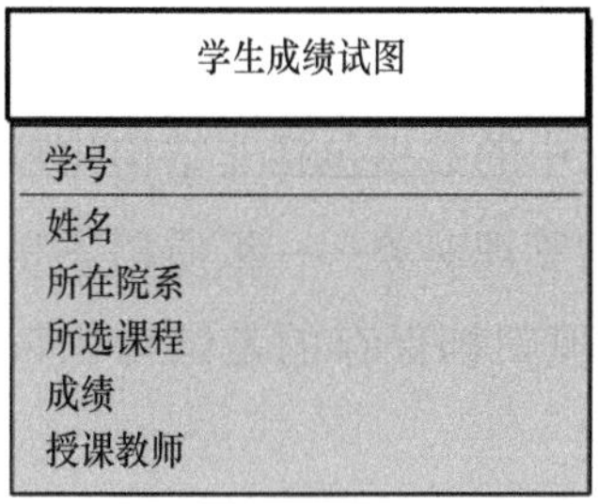

学生成绩试图
学号
姓名
所在院系
所选课程
成绩
授课教师

学号	姓名	所在院系	所选课程	成绩	授课教师
2021001	张三	A	档案学概论	90	李四

图 4-2 学生成绩视图

图中左边为学生成绩视图结构，右边为视图筛选出的数据，这六列数据来自图 4-1 的五张表。可以将视图界定为学生成绩数据文件，比图 4-1 界定的学生成绩数据库文件更易理解和使用。下文在数据归档时还会用到视图的概念。

这样界定数据库文件，一是有条件地体现了数据的档案属性，二是以当前档案管理的概念体系来解释数据库文件的内容、结构、背景，便于理解、归类。但也带来实际管理中的种种问题，如怎样确定数据库文件的归档范围以及如何对其进行鉴定、保存等。

如果将各种相关数据进行提取并根据数据间逻辑关系按照固定格式形成电子文件（如非结构化的成绩单）进行归档保存——实际工作中绝大多数也是这样做的——那么不能叫作数据文件归档。按照这种思路归档电子文件，将来很可能需要档案数据化，再从电子档案中提取数据以进行大数据分析。

如果数据文件直接归档，成为数据档案的话，就需要在概念体系、理论体系、管理体系上进行拓展与重构以适应数据文件直接归档。

（六）数据视角下档案定义探究

可以有两种思路对档案定义再认识。

1. 直接从数据视角给档案定义

综合前面分析，本书将档案定义为"社会组织和个人在以往的社会实践活动中直接形成的、可以进行加工处理且处理结果能使社会实践消除不确定性的数据"。

这个定义将数据作为档案的属概念。定义中的数据包括非结构化数据和结构化数据，非结构化数据即当前档案的管理对象——纸质档案和电子档案，结构化数据可以构成数据文件，但归档保存的是结构化数据。本书中把结构化数据归档后称为数据档案。

这样界定档案的优点是将结构化数据纳入档案管理对象，为数据档案化奠定理论概念体系基础，进一步研究结构化数据鉴定、归档和保存，加快档案工作融入国家大数据战略的进度。这是大数据时代适应信息技术飞速发展的档案再认识，就像电子文件出现后对档案概念体系、理论体系的再认识一样（详见第三章）。

把数据作为档案的属概念，有一定的直观描述性。目前档案界对于数据的认知尚不完备，档案数据、档案数据治理、数据档案化、档案数据化、档案大数据等概念在相关学术研究、甚至在全国档案事业发展规划中频繁出现，这些概念的理解在学界尚未达成一致，造成对数据的理解模糊混淆。从这个意义上说，把数据作为档案的属概念，又具有较强的抽象揭示性。

一直以来，档案管理的对象是非常明确的各种文字、图表、声像等不同形式的非结构化数据，符合需要直接阅读和理解的人类认知。结构化数据和文件是多对多的关系，按照纸质档案、电子档案管理的惯性思维，保存数据很可能会产生以下几个方面的问题：一是无法直接构成一个独立的、符合人类认知的管理对象，如一份文件。二是由于无法构成一个独立的管理对象，档案缺乏生效标志，如归档保存大学生四年学习中各门课的成绩数据，学生成绩单文件逻辑上已经形成，但实体（含纸质和电子）形式的成绩单文件并未形成。三是无法被人类直接阅读和理解。如果没有具体的数据鉴定、归档保存等理论指导，这三方面都会造成档案管理人员的困惑，特别是不知道数据档案到底管理的是什么具体可见的事物。

2. 保持现有的档案定义，对数据文件进行再定义

第二种思路则是在保持现有档案定义［将信息作为档案的属概念，参见《档案学概论》（第二版）］不变的同时，结合电子文件定义与分类，对数据文件进行再定义。

对学界关于数据文件分析可以得知，数据文件本质上是数据按照其关联关系经过运算后形成的逻辑文件（如前文分析的学生成绩单），因此可以将数据文件定义为若干具有关联关系的数据的组合。根据这个定义，我们需要确认数据文件由哪些数据组成、其存在什么样的关联关系、数据间经过了什么运算，即可将逻辑性（或虚拟）的数据文件在管理过程中转化为对数据的管理，对数据进行特定要求的鉴定归档保存。这里，坚决不能认为整个数据库是一个数据文件，如果将整个数据库保存，实际上是 IT 行业的数据备份，不是档案界的归档保存理念。

这种思路最大的优点是保持原有档案概念体系不变，保持档案思维的惯性认识，不至于引起太多争论的同时，通过对数据文件再定义和本质上的认识，将数据文件管理转为数据管理，具有较强的可操作性、可实现性。缺点是这个思路是抱着传统文件档案的惯性认识，对原有概念体系的弥补与完善，难以从根本上改变档案工作对数据的认识，不利于档案工作对信息化飞速发展的适应，不利于尽快拥抱大数据时代。

本书认为大数据时代，档案文件思维的惯性认识应该也必须进行科学扬弃。第一种思路应该是符合档案工作发展规律的。档案管理对象从纸质到电子文件，只是载体发生了变化，依然可以用文件观来阐述解释。从文件到数据，则是信息粒度变小，探究到了不可再分割的数据元素，需要用数据思维来对档案理论进行拓展和发展，这既符合人类认知螺旋式发展的规律，也符合信息技术发展的需要。

3. 数据归入档案范畴的条件

档案定义再认识的两种思路，本质上都是将结构化数据作为对象纳入档案管理的范畴。然而单独的数据是没有意义的，只有存在关联关系的数据经过加工处理后才能反映客观世界。

因此，数据归档的前提是数据之间有关联关系，通过这种关联关系能进行加工处理。如果把数据赋值看作是数据档案内容，关联关系、处理加工则反映了数据档案的结构、背景，可以视作数据档案不可或缺的元数据。

二　数据为关键要素拓展档案管理基本理论

档案管理基本理论，是关于档案管理活动的总体性、宏观性理论问题和档案管理基本方法、原则的理论探讨[①]。本节讨论来源原则、全宗理论、鉴定理论与前端控制思想等。

（一）来源原则

来源原则在第三章有较为详细的阐述，本节简要介绍其发展过程，尝试寻找大数据时代来源原则的再认识。

来源原则（Principle of Provenance）在纸质档案管理阶段产生、形成和成熟，目前仍是世界各国公认的档案整理理论。所谓来源，就是档案的形成者，来源原则就是档案馆按照档案的来源进行整理和分类，要求保持同一来源的档案不可分散、不同来源的档案不得混淆的整理原则[②]。在纸质档案管理阶段，该原则的理论意义和实践价值得到了学界和世界各国的普遍认可。20世纪中叶，由于计算机技术和网络通信技术的发展，这一原则受到了严重冲击。一些学者认为来源原则对于电子文件、电子档案不再适用。学者认为传统的实体来源概念是现实世界中的社会组织或个人，在电子文件管理阶段，档案数据可能来自不同的结构组织体，而非纸质档案那样来源于单一的机构。为解决这个问题，学界又提出"新来源观"来发展来源原则。新来源观认为来源不仅指档案的形成者，还包括其形成目的、形成活动、过程、处理程序和职能范围等。

纸质档案和电子档案是一种实实在在、看得见的档案，在以数据为

[①] 冯惠玲：《档案学概论》（第三版），中国人民大学出版社2023年版，第236页。
[②] 冯惠玲：《档案学概论》（第三版），中国人民大学出版社2023年版，第239页。

对象的档案管理阶段，数据档案以离散的非结构化数据形式进行保存和管理，只在需要利用时才以人类可以理解的方式显示。这些数据来源更为繁杂，可能来自同一机构的不同部门，甚至来自不同的立档单位（如"最多跑一次""一网通办""异网通办"等场景中数据的流动、处理与利用，笔者曾作为专家评审过某省八家省直机关联合建设的一网通办方案，数据共享共用是这些场景的基础）。这种情况下，新来源观考察数据的形成目的、形成活动、过程、处理程序和职能范围等存在较大困难。

但这并不表示来源原则不适用于数据档案的管理，数据档案的来源概念需要重新考虑和界定。这种来源，除了新来源观原有的定义，更应该考虑伴随业务流的数据流，关注数据的起源、路径、数据之间的关联关系、加工处理等，同时保持对于数据的形成者、形成目的、处理程序和职能范围等的关注度，从而为数据的真实完整与长期可用提供保障。

如同电子文件管理采用元数据来表征电子文件生成的来源信息，数据档案也可以利用数据字典、ER 图、数据血缘关系图谱等来表征其来源信息、数据间关系、加工处理和最终流向。

（二）全宗理论探究

我国在 20 世纪 80 年代形成了成熟的全宗理论，全宗理论的五个方面内容至今仍是我国纸质档案、电子档案整理的准则，这是对来源原则的丰富和发展。在电子文件时代，全宗理论同样受到了冲击，我国有学者提出电子文件在计算机中进行虚拟整理，结果将使全宗由实体形态转变为由计算机程序的逻辑连接的虚拟状态[①]。实际上，电子档案和纸质档案本质上是一样的，都是实实在在的文件形态，只是载体形态不同而已，电子文件在计算机中的整理并不是虚拟整理，依然且必须遵循全宗原则。

进入大数据时代，数据档案由于其来源的庞杂性和离散性，不再是

[①] 冯惠玲：《档案学概论》（第三版），中国人民大学出版社 2023 年版，第 255 页。

传统意义上的文件形态，虽仍遵循来源原则，但全宗理论是否还完全适合数据档案的管理、应当做哪些修正和完善，需要再审视。

1. 全宗的边界问题

全宗是以一定的社会单位来界定特定档案整理的来源和界限，这样的界限在纸质、电子等形态档案管理时有效地保持了档案与其所属全宗之间的有机联系，比较完善地反映了机关或个人的活动面貌。

信息化时代，各社会单位通过建设不同目标应用的信息系统，在有效完成其主营业务的同时，生成了大量数据。这些数据以单位为边界存放在各自的服务器中。这是电子档案管理时代的典型特征。随着大数据时代的来临，各单位在数据的生成和使用方面出现了一个重大变化，即各单位有意识地将互联网作为一个工具、平台，将信息系统从不同的层次和角度与互联网对接，逐渐在淡化单位内部数据和单位外界数据的界限，传统意义上的外部数据（如互联网数据）逐步被纳入单位内部数据进行管理。

进入大数据时代这个信息化发展的新阶段，打通信息壁垒，形成覆盖全国、统筹利用、统一接入的数据共享大平台，构建全国信息资源共享体系，实现跨层级、跨地域、跨系统、跨部门、跨业务的协同管理和服务，是国家大数据战略实施的重中之重。实现跨层级、跨地域、跨系统、跨部门、跨业务的协同管理和服务，形式上是一个统一业务系统或统一管理平台的应用，核心是数据的共建共享共用，如网上政务大厅、一网通办等的数据存在统一平台的数据库里。统一平台更常见的做法是保存办理业务时的各项数据，许多电子文件只是在平台和数据库中逻辑存在，需要时才将相应数据从数据库中提取，并根据业务处理以一定结构显示出来。

如何从平台中生成各单位的电子文件并进行归档是一个问题，而打印出纸质档案归档来保证各单位全宗的完整性是不可取的。这说明全宗以特定的社会单位作为界限遇到了冲击。全宗的界限不仅仅是一定的社会单位，还要看该单位是否具有跨层级、跨地域、跨系统、跨部门、跨业务的协同管理和服务，是否具有跨单位的数据共享关系，是否具有跨单位的统一业务平台。

2. 全宗的组成问题

全宗理论认为，全宗是一个独立的社会组织或个人、家庭在社会活动中形成的档案有机体。同一全宗的档案不能分散、不同全宗的档案不能混淆，这是由纸质档案的孤本特性所决定的。任何一个有机体都存在于社会生态中，具有扩展开放共享性，在数据时代尤为明显。全宗不是一个孤立静止的有机体，而是与其他有机体有着数据交换、数据共享的共生体。

这里的数据共享不同于传统档案的利用。数据共享是一个单位生成数据、多家单位无须再次生成而直接利用，即把一家单位生成的相关数据作为自己单位全量数据的一个有机组成部分，而不需自己重复建设。从这个意义上说，共享意味着自己保存的缺失，跨业务平台就是一个最好的例子。再如单位在处理业务时可能需要企业提供证照、信用凭证，以往是证照、凭证的复印件用于业务处理，资源共享体系的建立使得该单位利用相关单位线上共享电子证照、电子信用凭证即可。

例如，对一个企业来说，企业数据不仅包括自己在社会实践活动中生成的数据，也包括该企业与其单位合作时可以获取的数据。一是企业内部各业务流程产生了大量数据并被存储于数据中心。这些数据一般由不同的信息系统产生并以不同的数据结构存储在各系统的不同数据库，也会生成一定的非结构化数据，如交易日志、音视频等。二是企业合作伙伴通过数据推送提供给企业相关数据，或通过数据接口访问方式提供数据，或通过合作伙伴直接提供数据库访问权限方式提供数据。通过不同的方式可以看出，外部数据可以是企业获取后成为自己数据的一部分，也可以是直接访问利用而无须自己保存这些数据。

因此，大数据时代，全宗的组成应该包括必需的共享数据，这些数据可能是有业务关系（数据驱动）的另一单位生成。如果不包括，至少指向共享数据的链接指针应该纳入全宗的范畴。

另外，未进入当前归档范围的信息资源，如过程数据、细节信息等，其更能全面反映机构的历史面貌与细节，但受限于档案机构的技术、空间、人力等因素，档案机构设定归档范围后不再纳入管理范围，而目前大数据技术使有效管理成为可能，即可以将未纳入当前归档范围的数据，经鉴定后作为数据档案进入单位全宗。

3. "最多跑一次""一网通办"档案管理问题——事务全宗

档案难以突破机构的边界，数据却可以比较容易地突破全宗的边界，实现信息的在线共享。那么，多家机构为办理一个业务而产生的档案应该如何管理？是否能建立一个全宗？如果能建立一个全宗，和参与该业务的单位全宗又是怎样的关系？

跨层级、跨地域、跨系统、跨部门、跨业务的协同管理和服务，如"最多跑一次""一网通办"等，本质上是数据驱动下的业务关系。通过数据驱动将多个单位的相关业务进行整合，统一在一个平台下，完成一个完整的业务流。这个业务流产生的档案，是一个完整的有机整体，反映了该业务的整体办理情况，将其分拆到各个业务参与的单位全宗中，反而割裂了档案间的有机联系。可以考虑以来源原则为基础，按照业务（事由）组成一个事务全宗。

从形态上看，业务流生成的都是原生态电子文件，事务全宗应该是由数字形态的档案组成的，可以是电子档案形态的有机体，也可以是以数据驱动的数据档案的有机体。因为和单位全宗的档案形态来源（单位内不同的系统、不同的档案格式等）的多样化不同，事务全宗来源于统一平台的统一数据库，数据标准一致，数据格式一致，数据间关系清晰，数据加工处理都是为了完成一个完整的业务（事务），更有条件、更有可能建立起由数据档案组成的事务全宗。

该事务全宗必然和参与事务的单位全宗有着千丝万缕的联系，比如互补关系。理论上，事务全宗涉及一个单位的档案应该是该单位全宗的有机组成部分，但实际中，把事务全宗中的相关档案纳入单位全宗并不是一件容易的事。应该建立起事务全宗与单位全宗之间数据驱动下的数据档案间的关联关系。

4. 全宗内档案的分类问题

全宗内档案分类是综合运用组织机构、年度、问题分类方法进行，从而保持文件之间的历史联系，这对于传统文件形态的档案（包括纸质档案、电子档案）是切实可行的最佳实践。数据时代，数据档案管理是从管理文件到管理文件的最基本组成单元——数据演变，管理粒度更小，数据档案保存在关系型数据库中，继续采用组织机构、年度、问题分类出现了困难。

全宗内原纸质档案一维的组织方式，一旦分类方法确定，全宗内纸质档案就按照固定的分类方式进行整理。数据则是多维的，可以运用多种方式对其进行整理。

5. 全宗的含义理解

来源原则在档案管理的历史长河中不断演化成熟，全宗理论也不应该绝对化，而忽视全宗理论不断发展的规律，尤其是在信息技术飞速发展对档案工作的影响越来越大时，更应该按照档案管理对象的变化，研究全宗理论的发展演化。

纸质档案管理中，全宗具有三个基本含义：一个立档单位形成的档案整体；以一定的社会单位为基础构成的；一定历史活动中形成的。这三方面的含义决定了维护全宗的完整性和全宗内档案价值的挖掘潜力。这里主要分析前两个含义。

首先看档案有机体的构成。目前一个立档单位形成的档案整体，主要包括纸质档案、电子档案。从国内外发展看，未来全宗内档案将主要以数字形态为主。电子档案从其形成看，可以认为是从数据库中提取数据，根据数据间逻辑关系按照固定格式形成的电子文件，加以鉴定归档。因此，数据档案将成为全宗档案有机体的重要组成部分。

其次是以一定的社会单位为基础构成全宗。不仅应该考虑一定的社会单位，还应拓展到对外有业务数据交换、处理和共享的业务系统。

(三) 宏观鉴定法

档案鉴定直接决定着档案的处置，是档案管理中最重要也是最难把握的一个环节。从鉴定理论的发展史看，从最初的年龄鉴定论、职能鉴定论、文件双重价值论、利用鉴定论到宏观鉴定论，显示了鉴定标准从微观到宏观、具体到抽象的规律性，这种变化与时代特征密切相关。比如宏观鉴定论的出现，就是适应信息时代电子文件急剧增加的冲击和挑战而产生的。本节主要讨论宏观鉴定法对数据档案的适应性，同时探讨大型互联网公司流式大数据的集聚价值鉴定方法。

学界关于数据纳入档案管理范畴、成为档案管理对象之一，已达成一定共识。企业数据分散于各业务系统中，数量庞大、种类繁多。数据的离散性，造成档案工作者难以做到对每条数据进行鉴定，如何应用档案价值鉴定基本理论完善数据的鉴定与归档是迫切需要解决的问题。

档案价值鉴定方法有多种类型。本节选用宏观鉴定法作为基本鉴定理论。所谓宏观鉴定法，是指档案工作者不再对具体每份文件进行鉴定，而是鉴定这些文件的各种形成背景及其在当下被利用的情况，即对文件的职能来源进行鉴定。经典教材《档案管理学》（第五版）认为宏观鉴定法是信息时代档案鉴定工作的必然选择，是对各种业务信息系统中生成、存储、归档的记录，进行批处理鉴别的重要理论方法和实践工具[1]。

宏观鉴定法为数据鉴定提供了一个很好的思路。一是企业数据的分类，正是建立在数据形成背景以及利用情况的基础上，与宏观鉴定法有较好的适应性。二是主数据治理，需要考虑组织机构的背景、文化、内部职能、政策标准等，尤其是主数据管理要求根据业务工作内容（不是机构部门）划分职能域，通过对各个职能域进行业务分析。这与宏观鉴定法基于职能来源建构的思想理念是一致的。三是考察事务数据和分析数据来源，应用宏观鉴定法是合适的。机构内各部门为了履行其职责，

---

[1] 王英玮、陈智为、刘越男编著：《档案管理学》（第五版），中国人民大学出版社2021年版，第107页。

会制定和开展各项持续性或一次性的工作项目和活动，这些活动又引发具体的行动和事务处理；为有效处理这些事务，建立了信息系统。由此相应生成了事务数据以及分析数据。

（四）集聚价值鉴定法

大数据时代，数据的时效性特征日益凸显，数据的流式特征更加明显。这一点在大型互联网公司，如字节跳动、京东、美团、阿里巴巴、腾讯等尤为明显。例如字节跳动每天都会有大量用户访问其网站与抖音App，这些用户每天点击、浏览网页、App，购买商品，形成实时的数据流，持续的时间内形成流式大数据。字节跳动通过算法对流式大数据进行分析，了解用户的偏好，从而精准推送用户感兴趣的视频内容与商品。

这些大型互联网公司产生庞大的流式大数据，然而大数据的低价值密度特性决定了单一数据价值很低，巨量数据集聚在一起，经分析后才体现出较大的行政管理、财务、科技、商业等价值，即大数据能够将低价值密度的数据集聚整合为高价值、作用巨大的信息资产，这时沿用传统鉴定方法既不现实也不科学。可以考虑公司对数据的客观利用需求，以集聚价值为依据对其进行集合鉴定。

互联网公司的这些流式大数据时效性较短，如果用传统档案保管期限10年、30年等，必然会产生巨大的保管成本，严重违背鉴定的效益标准。这里可以借鉴美国的做法。美国国家档案与文件管理署在《通用文件保管期限表》中将文件保管期限分为1个月、3个月、6个月、1年、2年、3年、4年、5年、6年、7年6个月、15年、20年6个月、56年等。这种档次多、区分细致的精细型保管期限非常适合数据档案，尤其是对数据体量大，增长速度快，数据价值密度低的大型互联网公司。

比如，通过庞大的商品销售数据，阿里巴巴分析出某类商品中的A商品在某区域销售量远远大于其他同类商品，可以进一步用大数据技术分析年龄、性别等的影响，进而进行精准广告投放、物流仓储备货等

(即产生了集聚价值)，这些商品销售数据可以成为阿里巴巴的数据档案，将 A 商品的销售数据档案保管期限定为三年。三年后，市场上的 A 商品被淘汰或升级为 B 商品，那么关于 A 商品的销售数据档案就可以进入期满处置程序，予以销毁，如果 A 商品是一个影响力较大的销售品，其数据可以进入分级存储的离线存储。如果三年期满后，A 商品依然销量平稳，其档案期满处置为续存，期限三年。

(五) 前端控制

前端控制是电子文件管理理念的重要内容。电子文件前端控制主要目的是保障电子文件的真实完整与长期可用，同时通过对电子文件流的全程管理达到业务流的优化、高效。

大数据下，除了保障数据的真实可用，还应对数据的多源、多模态、全量以及数据间关联关系的正确稳定进行前端控制。数据档案管理最好是在机构数据治理后展开进行，档案工作应该也必须参与到数据治理中，作为保障数据治理质量的措施之一，可以参与以下工作：参与数据标准的制定和管理，发布数据标准，对标准版本进行管理，将已发布的主数据、业务数据、指标数据等标准规范维护至标准管理工具，比如分类规范、编码结构、主数据模型、描述模板、属性取值等。进行 ER 图、数据字典的收集，在参与数据血缘关系采集与建立过程中，收集数据血缘关系图谱；参与主数据生命周期管理。一般说来，主数据一旦确定，就相对稳定，不易变化，或变化缓慢。档案部门应密切跟踪主数据关联关系的调整与优化，对于主数据的补充应及时记录归档，等等。

电子文件前端控制理念，从提出到现在经过二十多年的发展，已得到学界和档案部门的认可，并有了一系列的标准规范和最佳实践。数据档案的前端控制不完全等同于电子文件，还需要进行深入研究，在实践中探索，但核心是数据的真实、完整、可用，以及数据间关联关系的确定。

数据档案前端控制的实现可以依据 2018 年颁布的国家标准《数据管理能力成熟度评估模型》（GB/T 36073-2018）来进行。该标准对机构数据管理能力进行评估①。标准包含数据战略、数据治理、数据架构、数据应用、数据安全、数据质量、数据标准、数据生命周期8个能力域，每个能力域又包含若干能力项。通过对每一个能力项进行过程描述、过程目标的评定，确定能力等级，综合后评估出机构数据管理能力成熟度的等级标准。档案部门可以依据该标准研究数据管理中前端控制的关键问题与关键要素。例如数据生存周期能力域中，对于"数据退役"能力项提出"确保组织对历史数据的管理符合外部监管机构和内部业务客户的需求，而非仅满足信息技术需求"，并对其过程进行了详细描述。档案部门应在数据生成时提出国家档案行政管理部门的要求，提出不同数据的保管期限、保管方式，要求数据生成者根据数据标准生成数据、迁移归档数据。

第三节　数据鉴定、归档与保存研究

随着信息技术的飞速发展，各类计算机系统在办公、生产、管理等工作中得到了广泛应用，各类数据也海量生成。最初，这些数据沉淀到各自的生成系统中，彼此隔离。为解决这些所谓的信息孤岛，实践中又形成了公共数据库、数据仓库等，将各信息孤岛中的数据建立联系。最近几年，又产生了数据湖、数据湖仓等容纳组织机构所有形式的数据集中式存储的方法。

这些海量数据包含结构化数据和非结构化数据。最初，档案将数据按照其关联关系加以组织形成可视化的、便于理解的非结构化数据，如各类表单等，经过鉴定，以纸质载体或电子载体进行归档保存。进入大数据时代，为充分利用大数据技术挖掘档案信息内容，需要从以非结构化形态保存的档案信息中提取关键业务数据，即档案数据化。这个过程涉及数据抽取、语法语义分析等，并非易事。学界进一步提出数据档案

---

① 国家标准管理委员会：《数据管理能力成熟度评估模型》（GB/T 36073-2018），中国标准出版社2018年版。

化概念，即将沉淀在业务系统的业务数据直接以结构化数据形态作为档案进行管理保存。这两个概念，本质上都是将档案内容转化为计算机可以处理的数据，以解决当前大数据技术难以直接处理非结构化数据的难题。

学界在相关理论研究层面做出了非常有益的探索和研究。刘越男等[①]提出确保数据资源满足档案管理要求（真实、完整、可用、安全）的相关管控活动，使其具备作为证据使用和作为档案保存的能力，将档案管理的经验贡献于数据治理，从而提升数据管理质量。赵生辉等[②]将数据与档案的演化分为"档案到档案""档案到数据""数据到数据""数据到档案"四种路径，认为记录因子在"隐含态""黏着态""离散态""集合态""聚合态"之间动态变化，提出档案管理机构应当建立数据和档案双轮驱动工作机制，开展记录因子抽取技术攻关，进行档案数据本体建设试点，推动国家层面档案数据资源中心协作网络的规划建设。赵跃等[③]认为传统归档模式存在局限性，难以适应数据时代数据资源保存的需要，数据资源档案化模式弱化了数据与档案的边界，强调了档案化模式在数据时代的核心影响力，数据资源档案化模式变"控制"为"干预"，突出档案科学在数据时代的理论贡献力。还有一些学者相继发表了相关研究成果。学界对于大数据时代档案工作应将数据纳入管理范畴达成共识，在理念、管理模式等方面取得了一定成果。目前，对于数据的鉴定、归档范围、归档方法等实操层面涉及较少。

本书引入主数据概念，运用档案学基本理论，尝试构建基于主数据的数据档案鉴定、归档的路径与可操作性方法。为论述方便，本书将数据档案界定为以结构化形态归档整理的档案，传统意义上的档案称为非

---

① 刘越男、何思源、王强、李雪彤、杨建梁、祁天娇等：《企业档案与数据资产的协同管理：问题与对策》，《档案学研究》2022年第6期。
② 赵生辉、胡莹、黄依涵：《数据、档案及其共生演化的微观机理解析》，《档案学通讯》2022年第2期。
③ 赵跃、孙晶琼、段先娥：《档案化：档案科学介入数据资源管理的理性思考》，《档案学研究》2020年第5期。

结构化档案。

一 基于主数据的机构数据分析

(一) 机构数据关系分析

机构数据是指所有与机构生产、管理、经营等活动相关的数据信息。考察现代企业运营、政府管理过程,从来源上可以将机构数据分为内部数据与外部数据两类。内部数据是指机构在经营活动或管理过程中直接形成的历史数据,如员工数据、生产数据、财务数据、客户数据、产品数据等。这些数据主要是以结构化数据形式在机构各种系统(如HR、SCM、ERP、CRM 等)中生成、保存,利用时可转化为非结构化数据。外部数据是机构为保障正常运营需要从机构外部获取的数据,如市场数据、竞争对手数据、国家相关法规标准、行业数据等。外部数据以结构化数据和非结构化数据两种形式进行采集、保存。

随着国家大数据战略的深入推进,大数据技术在机构应用中越来越广泛,数据成为机构资产重要的组成部分,基于主数据管理的数据资产科学管理是目前较为成熟、应用较广的方法之一。主数据管理从机构数据资产以及治理角度将数据分为主数据、事务数据、分析数据三类。

(二) 主数据

国家标准《数据管理能力成熟度评估模型》(GB/T 36073-2018)[①]认为"主数据是组织中需要跨系统、跨部门进行共享的核心业务实体数据"。国际数据管理协会(Data Management Association International,DAMA)定义主数据是"关于关键业务实体权威的、最准确的数据,这些实体为业务交易提供关联环境"[②]。定义尽管不尽相同,但主数据反

---

① 国家标准管理委员会:《数据管理能力成熟度评估模型》(GB/T 36073-2018),中国标准出版社 2018 年版。

② DAMA International, *The DAMA Guide to the Data Management Body of Knowledge*, New York: Technics Publications, 2010.

映了一个组织机构核心业务实体状态属性的基础信息是学界的共识，如机构的人员、产品、客户、物料、项目等数据。

主数据具有全局性、共享性等特征。所谓全局性是指组织机构内各职能部门、各业务流程都需要主数据，共享性指主数据被机构多个业务系统所共用共享。正是因为具有全局与共享特性，在定义数据项时不允许对已经定义的主数据数据项再次修改，只可以在稳定期后扩展。同时要求主数据必须能够为各类异构的业务系统所兼容。这对于异构、多源、多模态的机构数据档案化至关重要，为机构数据档案化奠定了主数据路径基础。

（三）事务数据

事务数据，是机构内各部门按照业务流程利用各种业务应用程序处理本部门业务事务时产生的数据，是部门完成自己职责过程中产生的数据，其完整记录了机构运营过程中的所有业务数据。

事务数据主要以结构化形式生成、存储于机构内各类业务系统中，如人事、销售、采购、财务等数据。通过事务数据间的聚类、关联关系，形成各种文件、表单、凭证等非结构化数据。在传统机构档案工作中，这些文件、表单、凭证等非结构化数据经过鉴定、整理等，成为机构档案的有机组成部分。

需要注意的是，事务数据包含条件型数据，即在特殊情况或场景下的事务数据，如价格政策、环保要求、信用等级等。这些条件来自外部数据，在外部数据的约束下，机构生成事务数据，外部数据发生变化，事务数据也相应变化。

（四）分析数据

分析数据是对前两类数据按照需要运用数据分析技术进行深入分析，经整合后形成的结构化或非结构化数据，如BI分析、各种报表、审计数据等。这类数据较多出现在机构当前归档范围中。

考虑到当前机构档案管理对象，图4-3显示了三类数据间的关系以及与机构档案之间的关系。图中箭头所示方向为机构数据支撑档案生成过程，箭头反方向是档案数据化，虚线指向则是数据档案化。

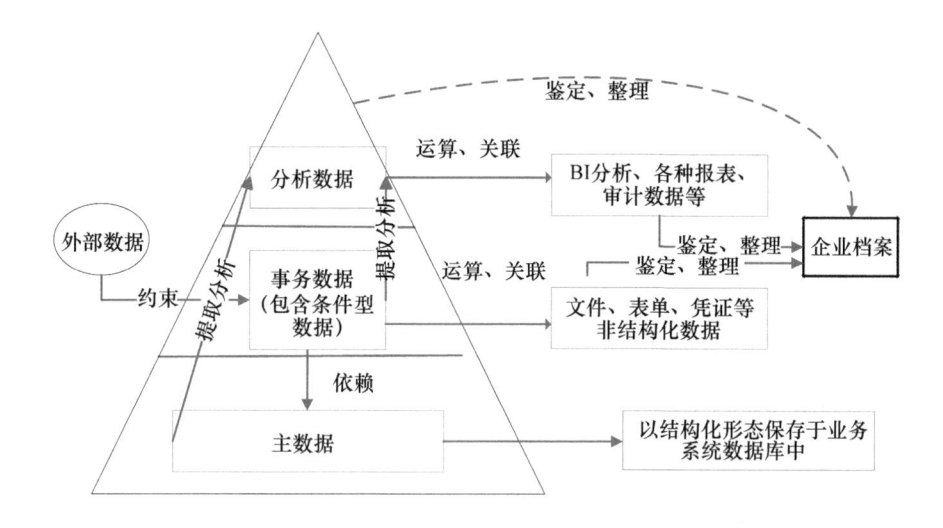

图 4-3 机构三类数据与机构档案关系示意

二 数据鉴定方法

宏观鉴定法认为鉴定工作的重点在分析、鉴别那些数量可控的职能、项目、活动及互动的重要性方面，而不是放在数量庞大的文件上。从数据鉴定看，可以将职能、活动及互动等方面与生成数据的相应信息系统结合起来分析、鉴别。

（一）确认数据的职能来源

梳理确认机构内各部门的职能，以及各部门为有效处理部门事务建立的各类信息系统。通过建立机构各部门职能与业务系统之间的关系，进一步确认数据的职能来源。与业务人员、系统开发人员等共同分析软件的业务流程、数据流程以及数据处理，确认核心业务、核心基础信息等。这个过程应包含纵向和横向两个维度，纵向包括集团与下属单位的系统，横向包括机构内的不同业务系统。

单一业务应用系统分析数据的职能来源相对比较容易。跨整个机构甚至整个集团公司的分析则很难。在分析中，应关注三个方面的问题：

一是机构、部门的哪些职能和活动应该被记录，体现在哪个业务信息系统以及系统的哪个功能模块；二是哪些部门、岗位在制定和执行关键性的职能，在部门业务处理中形成了哪些数据和文档；三是哪些职能最重要。由于软件研发是按照软件工程方法开展，业务系统的研发文档如业务流程图、数据流程图将是重要的分析工具和依据。

不同于文件生成的单一性，数据生成可能有多个源头。例如招生系统、教务系统、学工系统等都有学生数据，三个系统中的学生数据很可能不一致。按照上文三个问题进行分析就显得尤为重要。如果实际工作中教务系统管理学生学籍并向教育行政管理部门进行数据上报，可将其视为制定和执行关键性的职能。

（二）确认数据的血缘关系

数据血缘是数据治理领域经常用到的一个概念，是指在数据全生命周期的各阶段，从生成、处理、存储、利用到废弃，数据与数据之间会形成多种多样的关系，这些关系与人类的血缘关系类似，称为数据的血缘关系[1]。它记录了数据的起源、路径。通过血缘关系，可以比较容易确定数据的起源、中间的源数据库、文件、应用，以及创造和维护这些数据的部门、岗位，从而建立与数据职能来源的深层次关系。图4-4是数据血缘关系的示意图（非数据血缘关系可视化标准图），表X数据是该业务最终的数据，表A、B、C、D是原始数据，表E、F、G是计算出来的中间表数据，表H是可能用到的其他业务流程处理过的数据。从图中可以清楚看到数据关系链路。在大数据管理中常用桑基图来可视化数据关系链路。

（三）确认数据标准化

确认是否标准化，是否有大量标准化的、互通互联的业务数据，是数据归档的前提。没有标准化、仍是信息孤岛的数据很难进行鉴别，对所有数据不加以鉴别全部保存，既不符合档案管理的原则，也使管理成

---

[1] 李春梅、张星、耿慧拯、杨亭亭、张鑫月、郭斯栩等：《基于数据血缘构建数据分析方法》，《中国新通信》2020年第22卷第20期。

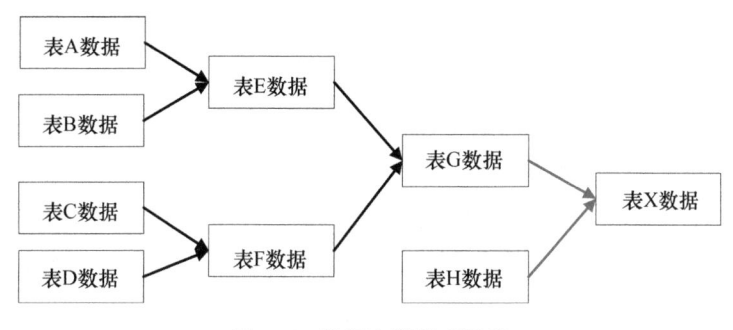

图 4-4　数据血缘关系示意

本急剧上升。更重要的是，随着时间的延伸、数据量的增加，没有标准化的数据存储必将成为数据沼泽，难以检索查询，难以利用。前面介绍的主数据等都是数据治理、标准化的成果之一。

（四）运用宏观鉴定法基于职能来源的理念进行鉴定

依据上述分析，档案工作者可以清晰理解机构各部门职能、业务活动的重要性，能够锁定鉴别出机构内重要职能部门形成的、记录最简明、最准确、最重要的数据，并将它们作为档案进行归档保存。

数据的多源、异构、离散等特性造成上述鉴定方法的实际运用，对于档案工作者来说有一定困难。即使在业务人员、数据管理人员、IT人员的帮助下，去追踪数据的血缘关系、确认生成数据者职能的重要性，也并非易事。幸运的是，数据管理理念与技术的飞速发展，数据治理、主数据管理、数据血缘图谱、数据湖、数据湖仓等的出现与应用，给数据鉴定工作带来了转机。上述的鉴定方法结合机构数据治理过程或运用数据治理的结果，会极大降低档案工作者的工作量，尤其是极大减轻了档案工作者对数据鉴定归档的技术恐惧感。

三　数据归档范围与保管期限

机构数据治理解决的是数据在全生命周期管理中的质量、可用性和安全性。按照主数据管理的理念和实践，可以围绕组织机构的三类数据分别讨论其归档范围。

（一）数据归档范围

1. 主数据全部归档

作为反映一个机构核心业务实体状态属性的基础信息，在各个部门、各个业务系统间一致共享，主数据满足了各个部门以及部门间业务协同需要，应该全部归档。如机构通用的业务标准类型主数据（组织机构、客户供应商等）必须全部归档，如果机构根据自身需要建设有项目主数据、产品主数据、物料主数据、设备主数据等，也应该归档。

2. 事务数据选择性归档

按照数据血缘关系，事务数据又可分为原始实时数据、结果数据、中间数据、条件数据。原始实时数据记录机构的实时业务，描述机构在某一个时点发生的业务行为；结果数据是表征各部门完成职责后生成的事务数据；中间数据是为了生成结果数据，在对实时数据进行统计、关联计算等中产生的数据。如图4-4所示。

事务数据归档有两种逻辑思路。

其一是归档原始实时数据，其他数据可以不归档，如图4-4中A、B、C、D表中数据。因为，从数据血缘关系看，其他数据都源自原始实时数据。这样的归档范围操作简单，即按照宏观鉴定法，确定各部门的职责和重要性，然后将其生成的原始实时数据归档即可。这样归档的好处是数据全、量大、粒度细，便于运用大数据技术分析。其缺点也是非常明显的，归档数据量庞大、信息粒度过细，如果归档后管理不善，可能在档案部门会产生数据沼泽。

其二是对结果数据归档，原始实时数据、中间数据在形成部门保存。如图4-4中，对表X数据归档。条件数据多数情况下也归属于结果数据，如果作为结果数据归档，应将条件连同数据一起归档，以保证数据归档的完整性。这种方法，可以比较容易根据部门最重要职能确定其核心的关键数据作为归档内容，各部门关键数据累加起来依然是机构的全量数据,数据量较为庞大,归档后比较容易进行管理。

3. 分析数据可不归档

对于机构当前归档范围而言,非结构化的分析数据往往是归档对象。然而,从数据管理角度看,非结构化分析数据一般情况下都是通过结果数据归纳、统计、关联、聚类等得到的,在保存企业全量结果数据的情况下,可以不对其进行归档。

例如,某企业把人员(员工、客户、合作伙伴等)、财务、产品等相关数据作为主数据。以人力资源部门为例,其一个核心业务是人员考核。可能人力资源部门建立了复杂的考核体系、考核指标,并为此需要从其他部门收集大量基础数据,然后按照指标体系进行权重分析等运算,最后给出最终量化评价结果。按照第二种归档思路,主数据需要全部归档,人员考核业务归档的是最终量化评价数据,其大量基础数据、中间运算数据不需要归档。

4. 利用数据血缘分析工具辅助鉴别事务数据价值

由于数据归档的相关法规、标准尚未建立,上述方法依赖于档案工作人员对业务的熟悉程度和原有档案工作业务经验,对档案工作人员要求较高。可以利用数据血缘分析作为辅助工具协同业务人员、数据管理人员一起对事务数据价值进行鉴别,这种鉴别是基于数据实际应用价值为基础,可以作为数据鉴定较好的辅助工具。

数据血缘是指在其全生命周期各阶段,数据之间形成的产生、处理、融合等关系。它记录了数据产生的链路关系,可以用数据血缘关系图谱直观展示数据的流入节点、流出节点、使用量等。本节不对数据血缘进行详细说明,只简单说明如何鉴别数据价值。

数据血缘分析认为,数据使用者越多、使用量级越大、更新越频繁,数据越有价值。考察数据血缘关系图谱,右边的数据流出节点表示数据使用者,数据使用者越多表示数据价值越大;数据流转线路的线条越粗,表示数据更新的量级越大,一定程度上反映了数据价值的大小;数据流转线路的线段越短,表明更新越频繁,数据越鲜活,价值越高。

这是一种基于数据实际应用的价值评估方法,是对数据当前价值的鉴别,应结合数据链所涉及的职能重要性等综合分析鉴别。

5. 归档的单位或单元

纸质文件、电子文件通常以件(卷)为单位进行鉴定归档。数据归档可以以数据表为单位进行归档,或以数据表中的某些字段(即数据列)为单位进行归档。后者应根据数据间的关系,将不同数据表中的字段建立数据视图,通过视图进行归档。

(二) 元数据归档范围

国家标准《信息技术 大数据 术语》(GB/T 35295-2017)定义2.2.7 界定元数据定义为"关于数据或数据元素的数据(可能包括其数据描述),以及关于数据拥有权、存取路径、访问权和数据易变性的数据"。信息技术行业对数据的元数据定义可以为数据归档提供较好的借鉴。由于结构化数据的离散性特征,数据归档除了数据本身归档外,最重要的是怎么保持数据间的关联关系,并将这种关联关系作为数据归档的元数据加以保存。限于篇幅,本节重点讨论表征数据关联关系的元数据问题,对于可能与电子文件归档一致的元数据不做深入研究。

我国国家标准化管理委员会于 2009 年发布了元数据注册系统的系列标准,如 GB/T 18391 系列、GB/T 23824 系列、GB/T 30881 等,对于机构开展数据治理时,理解数据的元数据以及以标准和统一的方式对元数据进行定义有重要的指导作用。对于档案部门,则是将机构按照标准进行元数据管理的结果纳入数据的归档范围。

在档案治理过程中,会生成数据治理标准、主数据管理、数据质量管理、数据安全管理等一系列相关数据和文档,这些文档应该是数据的元数据元素。如图 4-5 所示。

1. ER 图

ER (Entity Relationship) 图,又称实体联系图,描述了现实世界实体、属性和联系①。图 4-6 是一个企业的部分实体关系示意图。

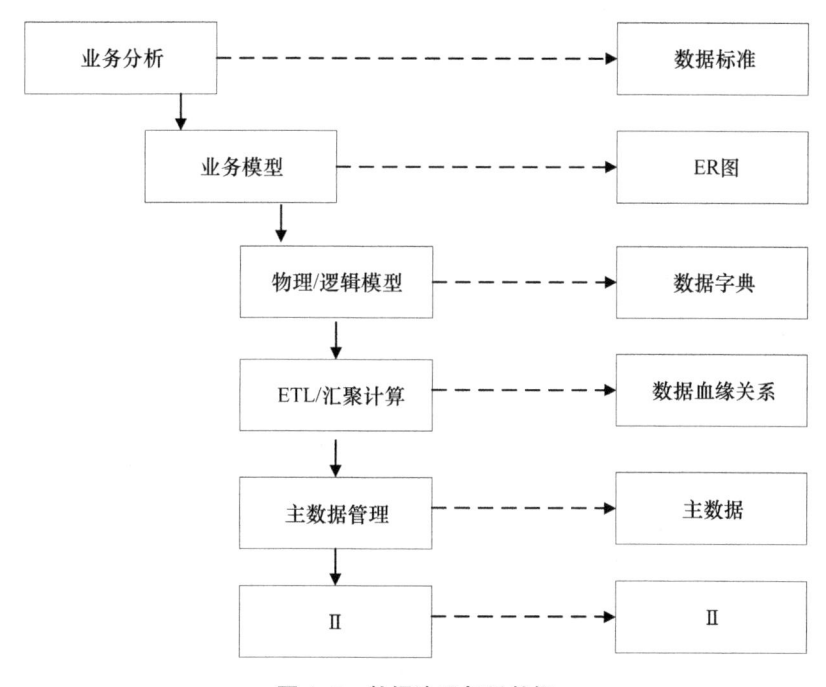

```
业务分析 ----------→ 数据标准
    ↓
业务模型 ----------→ ER图
    ↓
物理/逻辑模型 ------→ 数据字典
    ↓
ETL/汇聚计算 ------→ 数据血缘关系
    ↓
主数据管理 --------→ 主数据
    ↓
   Ⅱ   ----------→    Ⅱ
```

图 4-5　数据治理与元数据

实际上，ER 图是一个可用于数据库设计的结构图，关系型数据库设计时，通常一个关系对应数据库的一张表，属性值是表中的数据。通过 ER 图创建数据表之间的主外键约束（如员工和采购清单实体中的员工编号属性），建立了数据之间的逻辑联系。图 4-6 可以清晰地看到员工、供应商、采购商品之间的逻辑关系。

ER 图可以在各业务系统研发时收集，最佳实践是在数据治理时进行收集，因为数据治理时建立的 ER 图标识了机构全部实体及其关系，各业务系统的 ER 图只是局部实体关系图。

---

① 王珊、萨师煊：《数据库系统概论》（第 5 版），高等教育出版社 2014 年版，第 215 页。

图 4-6　ER 图实例

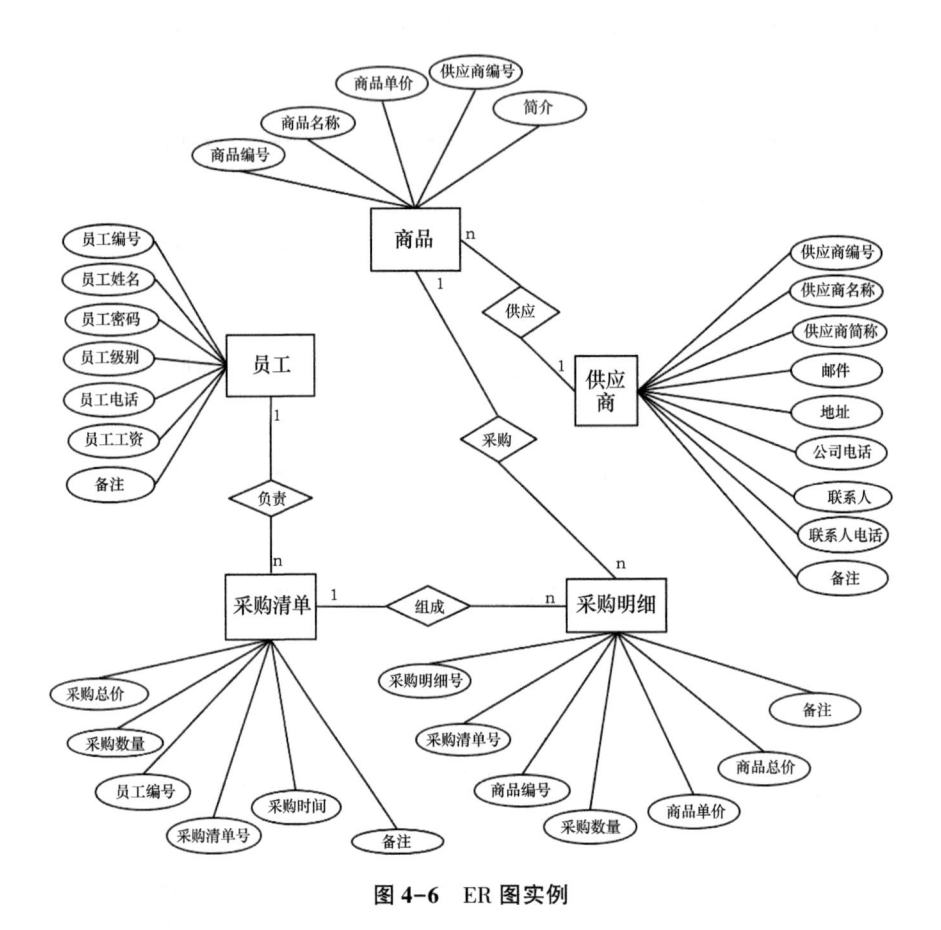

2. 数据字典

数据字典是描述数据的信息集合，通过对数据的数据项、数据结构、数据流、数据存储、处理逻辑等进行定义和描述，从而对机构所有业务系统使用的所有数据元素进行定义。数据字典通常包括数据项、数据结构、数据流、数据存储和数据处理过程五个方面的内容。下面以数据项、数据存储、处理过程为例说明数据字典作为数据元数据的必要性。

数据项包括数据项名、数据项含义说明、别名、数据类型、长度、取值范围、取值含义、与其他数据项的逻辑关系等，是对 ER 图中实体属性的准确描述。数据处理描述了原始数据经过运算等处理后产生结果数据的过程。数据存储则是对原始数据、中间数据、结果数据等事务数据存储的描述与说明。

数据字典是在对机构各部门职能与业务所使用的数据进行详细分析后建立的，体现了数据自身以及数据间的关系。以图4-5为例建立的数据字典，可以知晓某员工在某时刻通过某一个供应商采购了特定数量的某商品。

同ER图一样，数据字典最好在数据治理完成时收集。

3. 数据血缘图谱

数据血缘关系是元数据分析的重要方法。数据血缘图谱是用可视化方法展示数据怎么来的，经过了哪些过程、阶段及运算逻辑，实际上是对数据字典中数据流、处理过程等的可视化展示。

数据血缘图谱应用可以使数据字典专注于数据项的描述与说明。如果数据血缘关系图谱作为元数据进行了归档，数据字典可以只归档数据项部分。

数据血缘图谱应该在数据治理结束后借助大数据治理工具生成并收集。

4. 指针链接

分析到目前，出现了一个有意思的现象，就是电子文件（非结构化数据）的元数据为结构化数据，结构化数据的元数据则可能为非结构化元数据。可以应用指针链接方法建立结构化数据与非结构化元数据之间的关系，从而将相应的指针链接也作为元数据之一加以保存。

（三）确定保管期限

机构数据可按照职能与业务链的重要性，确定其不同的保管期限。目前一个比较可操作的方法是在机构数据与国家档案局10号令保管期限表之间的映射，利用企业现有档案保管期限表来指导归档数据的保管期限。比如10号令企业管理类保管期限表13.10客户信息按照重要性分为重要客户的信息永久保存，一般客户信息保存30年。将客户信息映射到数据，客户信息属于主数据范畴，可以将相应主数据按永久和30年划分保管期限。

企业生产运营生成诸多报表，这些报表大部分是从业务系统/跨系统数据库提取数据建立数据间关联关系（如各种运算等）形成的。如果在企业的归档范围并划分了保管期限，同样可建立其与相应数据之间的映射关系，确定报表涉及的数据，按照数据血缘关系图谱追寻其数据链，按照本章第一节事务数据归档的思路，确定相应数据的保管期限。

在本章第二节第二部分第四点中，提到美国国家档案与文件管理署在《通用文件保管期限表》的档次多、区分细致的精细型保管期限，是制定数据档案保管期限时值得借鉴的。

四　数据归档方式与过程

数据档案主要是本单位自己在社会实践活动中产生的数据，但有时也包括与其他单位合作时可以获得的数据。如何对鉴定过的数据按照归档范围进行归档是需要解决的一个问题。这种归档不同于纸质档案、电子文件归档。可以说，能否对数据进行有效归档是数据档案管理的关键。本节尝试借用 ETL 技术来进行数据归档。

ETL 是数据抽取（extract）、转换（transform）、装载（load）的简称，它将单位内各种形式、来源的数据进行抽取、清洗（除常规清洗外，可以增加鉴定的行为）、转换，从而将机构内分散、零乱、标准不一的数据进行鉴定归档，固化保存。

假设数据已经过治理进入统一数据湖或数据湖仓，那么可以利用 ETL 工具（主要是 E，即数据抽取）将数据抽取归档到统一数据湖下的数据档案子湖。抽取的过程可以采用时间戳或 MD5 码比对方式实现一定期限内（比如每年）数据的归档。

（一）时间戳方式

所谓时间戳方式，就是在数据库表中增加一个时间戳字段，记录当前数据保存入数据库表中的时间，当数据更新或发生变化时，时间戳值自动更新。当进行数据抽取归档时，通过比对系统时间和时间戳时间，确定要归档的数据。这种方式相对简单清晰，缺陷是无法对时间戳以前数据的变化进行捕获。这种方式对数据的准确性要求非常高，比较适用于数据治理效果较好的单位。

（二）MD5 码方式

这种方式是在归档数据表每次归档时，根据表的主键和所有数据计算出一个 MD5 码，并将其保存在一个与归档数据表结构类似的 MD5 码表中。每次进行归档时，对欲归档数据表再生成一个 MD5 码，与 MD5 码表进行比对，从而决定欲归档数据表是否变化以及抽取归档的数据，同时更新 MD5 码，并将其保存到 MD5 码表中。归档时应将 MD5 码表一并归档。这种方式的好处是实施简单，同时通过 MD5 码，可以验证数据的真实性，有点类似于电子文件归档时的 MD5 码真实性验证。缺点是对数据库构建要求较高，关系型数据库必须严格遵循四个范式构建。

常见的抽取工具有 DataStage、Kettle、Informatica PowerCenter 等，收取前应该先进行数据鉴定，确定抽取归档的数据表或数据视图。

五 基于数据湖的数据归档保存方法

目前档案管理系统主要是为非结构化形态档案管理而设计开发的，基本没有数据档案管理的能力，结构化形态的数据档案需要重构保存环境。数据湖是目前数据存储平台的较好实践，可以集中存储机构内海量、多源、异构、多种类的数据，同时支持对数据进行快速检索、加工和分析。

（一）基于数据湖的数据保存

数据湖尚未有统一的概念，考察各种定义，有以下共同特性：数据湖是一个集中式数据存储库，机构可以将其全量数据存储在所搭建的数据湖中[1]。因此，数据湖有足够的数据存储能力和完备的数据管理能

---

[1] 陈氢、张治：《融合多源异构数据治理的数据湖架构研究》，《情报杂志》2022 年第 5 期。

力，以保存一个机构的全量数据，包括结构化、半结构化和非结构化数据，同时可以管理这些信息的关键要素，如数据源、格式、权限等。

一般说来，数据湖中的数据是机构业务数据的完整原始副本，和业务系统中的数据保持原貌的一致性。因此，数据湖还具备数据生命周期管理能力，也就是说，数据湖不仅存储原始数据，还能保存各类分析处理的中间数据、结果数据，并能完整记录数据的分析处理过程，以便用户能详细追溯任意一个数据的产生过程。

作为一个机构全量数据的集散地，数据湖基本具备了归档数据来源的条件，从而避免了档案部门从一个个业务系统收集数据的麻烦与困难。同时数据湖还具备完善的数据获取和发布能力，即能定期不定期地从相关业务系统中获取全量或增量数据，进行规范存储。这也为增量数据的归档提供了条件。

现有档案管理系统不能对数据进行有效收集、存储与管理，数据湖强大的数据收集、存储与管理能力弥补了档案管理系统的缺陷。可以考虑在数据湖中留下特定的存储区域，建立档案数据子湖，用于归档数据的保存，如图4-7所示。

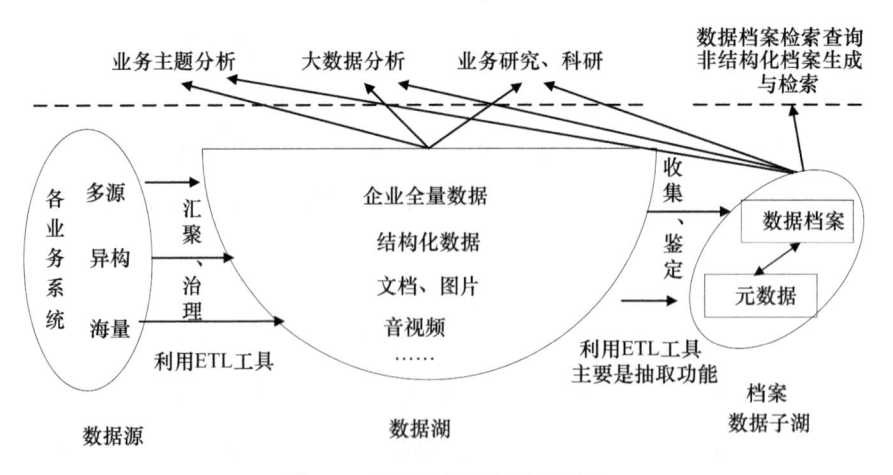

图4-7 机构数据湖与档案子湖

图 4-7 中,档案数据子湖可以是机构数据湖的一部分,也可以是一个单独的集中存储数据档案的存储平台。机构数据湖主要用于当前粒度较细的数据管理与业务,档案湖则是粒度较大的、既支撑当前机构利用又保存机构历史数据的存储平台。

(二) 某大型国企数据湖建设与数据归档

当前,许多大型国企如中国石化、中国石油、中海油、南方电网、中国移动等在产业数字化转型中,均已开展数据湖建设。其中,中海油正在进行全集团的数据湖二期项目建设。笔者作为咨询专家参与了中海油天津某子公司数据子湖建设。

1. 某国企数据湖建设规划

该国企集团总部提出数据湖是集团数字化转型的支撑,是数据治理的支撑,是核心业务的支撑。设计规划统一数据湖如图 4-8 所示,以实现数据的高效采集、全面汇聚、统一共享、多维服务以及数据资产高质量管控。

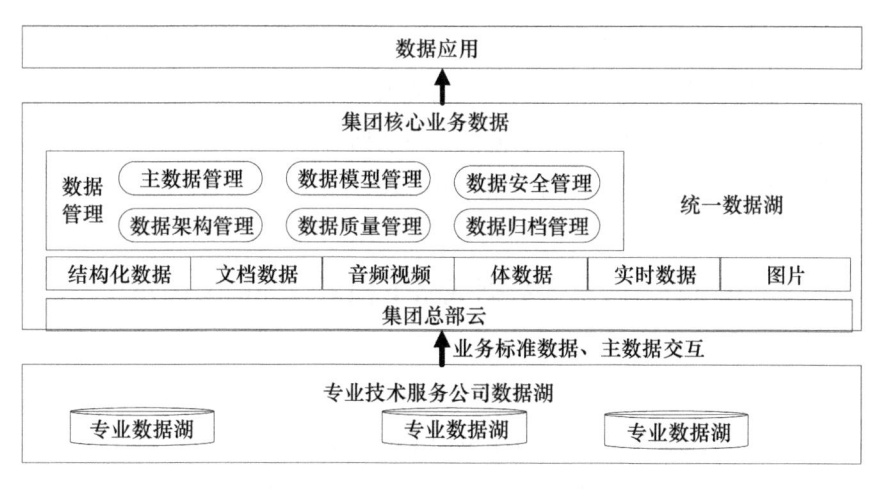

图 4-8　集团统一数据湖示意

图 4-8 中,各专业技术服务公司依据统一的技术架构,建设本单位的数据湖平台,支撑本单位内部数据应用,数据标准与总部统一,并实

现数据向集团统一数据湖汇聚。数据管理功能实现对上游生产数据目录、架构、标准、安全、质量以及元数据、主数据等治理成果进行集中管理，同时支持上游生产数据运营工作。集团总部数据湖对各分子公司、专业公司数据湖标准数据进行汇聚、融合，统一构建上游数据湖，基于数据湖进行数据分析，为各类应用提供统一数据服务。

2. 数据归档管理

集团总部数据湖、各公司数据子湖作为一种集约式基础设施，明确提出数据归档以实现数据的全生命周期管理，如图4-8所示。这里的归档包括两层含义：其一是IT视角下，根据数据冷热分析，制定数据的存储策略，实现在线、近线、离线三级存储；其二是档案视角下，对数据进行鉴定，保存在特定的档案存储区域。

档案部门在数据治理过程中，提出内外双循环理念，即档案管理规则嵌入数据治理过程、保障数据档案合规管控高效运转的内循环，档案价值嵌入核心业务场景（如设备运维）数据的外循环。基于双循环理念，档案部门积极参与数据治理过程，基于档案业务的真实数据保管、权威数据分发、业务证据锁定、数据资产管控等核心价值，将档案管理规则与价值合理嵌入产业链、数据链的主线，主动积极参与到数据治理过程中，完成关键业务系统数据归档与数据智慧监管服务，其实操则是依据文中提出的鉴定、归档存储思路。

第四节　国家大数据战略下档案管理框架构建

通过对大数据时代档案管理理论与数据管理理论的融合发展研究，可以发现，既有研究尚缺乏对相关理论的系统整合。为此，本书基于系统视角，构建国家大数据战略下档案管理创新框架，以期为后续研究提供理论参考。

一 国家大数据战略下档案管理的系统分析

系统作为一项科学分析方法最早由贝塔朗菲提出,并由此形成了不同学科视野下的相应认知。整体而言,系统通常是由相关要素所组成的具有一定结构和功能的有机整体。整体性是系统的本质特征,正如贝塔朗菲提出的"一个要素在系统内部的行为不同于它在孤立状态中的行为。你不能从各个孤立部分概括出整体的行为;为了理解各个部分的行为,你必须把各个从属系统和它们的上级系统之间的关系考虑进去"①。也就是说,系统并非各个要素的简单叠加,而是由要素形成的彼此关联、影响的一定结构,从而使得系统具备单个要素所不具备的特性与功能。1951 年,帕森斯《社会系统》(The Social System)一书的出版将产生于自然科学领域的系统理论引入社会科学研究,并掀起了应用系统理论研究社会科学问题的研究热潮②。此后,戴维·伊斯顿首次将一般系统理论应用到对政治活动的分析之中,为本书提供了重要借鉴。他将政治生活"看作一个行为系统,它处于一个环境之中,本身受到这种环境的影响,又对这种环境产生反作用"③。政治系统理论认为任何一个系统始终与其所处环境发生互动,体现为系统与环境间的输入、输出与反馈。政治系统正是通过反馈环节,建立起输入与输出间的动态调整,以使政治系统在不断的输入、输出、反馈、再输入、输出中优化发展。

基于系统论,国家大数据战略下的档案管理创新同样是一种复杂系统,是由相互联系和作用的要素按照一定结构所组成的,影响信息资源管理实践的有机整体。借鉴政治系统理论分析思路,本书构建了"需求响应—业务模式—应用场景"分析框架,如图 4-9 所示。

---

① [美] 冯·贝塔朗菲:《一般系统论:基础、发展和应用》,林康义、魏宏森译,清华大学出版社 1987 年版,第 63 页。
② Talcott P., *The Social System*, Routledge, 1951.
③ [美] 戴维·伊斯顿:《政治生活的系统分析》,王浦劬主译,人民出版社 2012 年版,第 16 页。

```
              大数据环境                            大数据环境
              
        需求
   输  ────────→  ┌──────┐   应用        输
              ┌─→│业务模式│────────→     
   入         │  └──────┘             出
        支持  │
       ────────┘
              
              大数据环境                            大数据环境
```

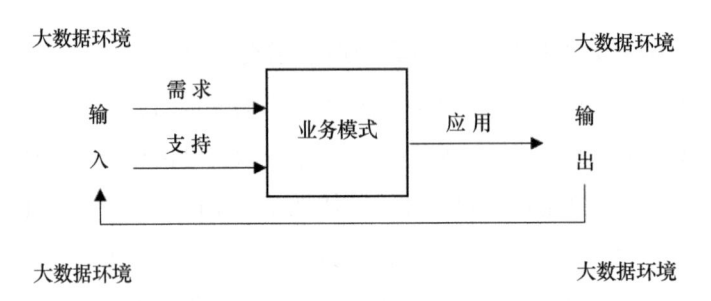

图 4-9 国家大数据战略下档案管理理论创新框架

其中，各方需求与支持的输入是档案管理理论创新与实践的原动力，包括宏观层面的各类政治经济社会需求与支持，中观层面的面向大数据战略的各类组织发展需求与支持，以及微观层面的档案用户需求与支持等要素。业务重构是档案管理理论系统对于环境中需求输入的响应，其核心是将档案管理逻辑与大数据管理逻辑嵌套融合。应用场景则是档案管理理论创新的输出与反馈，将业务模型与具体应用场景相融合，对档案管理理论创新产生动态影响。

二　国家大数据战略下档案管理理论框架建构

（一）需求响应：国家大数据战略下档案管理理论创新的环境输入

全面系统地分析国家大数据战略下的档案需求，明确档案数据化与数据档案化的必要性及目标指向，是档案管理理论创新研究需要关注的首要问题。为此，首先，从政治经济社会宏观层面，围绕国家大数据战略及相关战略、政策、制度等，基于系统研究、政策文本分析等方法，将宏观的复杂外部环境，与具体的档案与数据管理需求建立关联。其次，从组织发展中观层面，围绕政府、企业、社会等主体在国家数字化转型、提升数据要素活力的宏观背景下，对于数据管理、档案管理等供需双视角，分析组织层面数据与档案管理实践，掌握现状、挖掘问题、明晰方向。最后，从用户微观层面，聚焦大数据时代的公众个性化、多元化、精准化的信息需求、档案需求。以需求响应为输入，激活档案管理理论创新动力，明晰国家大数据战略下档案管理理论创新在微观个体、中观组织、宏观发展等不同维度的价值导向与目标原则。

（二）业务模式：国家大数据战略下档案管理理论创新的核心内容

聚焦档案管理与数据管理的互嵌融合，业务模式重构作为对需求输入的系统响应，是国家大数据战略下档案管理理论创新的核心所在。为此，一方面，从应然角度回答"国家大数据战略下档案管理理论"应当秉持何种基本原则与要求，旨在建立国家大数据战略下档案管理的理论体系，为促进数据档案化与档案数据化的双向融合提供方法论指导，关注如何在大数据采集、处理、分析、保存、利用等全生命周期中嵌入档案管理内容，以保障数据的真实、完整、可用、安全，真正发挥数据在业务证据锁定、资产管理、组织发展和记忆建构等方面的核心价值。另一方面，从实然角度回答"国家大数据战略下档案管理"是什么，具体应当如何操作，旨在呈现国家大数据战略下档案管理嵌入大数据管理的相关实践探索与进展。为此，将着重选择国内外在数据治理、档案治理等方面开展先期探索的政府部门、大型企业等，挖掘有助于实施大数据环境下档案管理的战略规划、组织结构与治理机制，嵌入业务流程的档案业务框架，数据管理全流程等。

（三）应用场景：国家大数据战略下档案管理理论创新的输出反馈

将研究所构建的国家大数据战略下档案管理理论创新置于具体应用场景之中，是对于理论创新的系统性输出反馈，旨在以实践检验理论创新成果，并通过反馈循环不断修正与完善理论，从而为国家大数据战略下档案管理实践提供更具操作性的参考指南。这一过程中，需要尤为关注国家大数据战略下档案管理的通用框架与面向不同场景的差异化方案间的关系。为此，一方面应从技术应用生态视角，结合前期成果，营造大数据背景下档案管理应用生态。另一方面可选择不同类型数据、档案管理场景，着重探究面向政务大数据的档案管理场景和面向企业数字化转型的档案管理场景，研究将档案管理理论创新落地的实施方案。

第五章

价值重塑：国家大数据战略下档案管理发展需求研究

2021年11月30日，工业和信息化部发布了《"十四五"大数据产业发展规划》，作为未来五年大数据产业发展工作的行动纲领，国家大数据战略再一次成为各行各业关注的热点。大数据的发展改变了传统信息资源管理领域对数据的认识和理解，对档案工作产生了新的需求。厘清大数据实践下的需求变化，揭示档案大数据实践的现实需求，分析大数据时代的档案用户需求是重构国家大数据战略下档案管理业务模式的基本内容。本章将研究档案管理发展的深入需求，以求国家大数据战略下的档案价值重塑。

第一节 大数据实践需求变化分析

大数据是数据的集合，具有容量大、数据全、类型多样、关系复杂、低密度价值的特征。大数据技术正悄然改变着人类社会的发展进程，给诸多领域带来了革命性的变化，如人工智能、元宇宙、生物工程等。作为信息资源管理学科的重要对象之一，大数据给信息资源管理领域带来了全新的机遇和挑战。探究明确大数据实践的总体需求，对于厘清大数据环境下档案管理的需求变化有着宏观上的指导作用。

一 大数据与新技术的融合

大数据技术的突破，带动了一批革命性技术的发展，甚至引发了颠覆性技术的出现，主要表现在大数据与人工智能、区块链、云计算和元宇宙等新技术的融合发展，大数据与它们之间具有紧密的相辅相成的发展关系。

（一）大数据与人工智能

人工智能是研究使用计算机来模拟人的某些思维过程和智能行为（如学习、推理、思考、规划等）的学科。在经历了萌芽和技术沉淀阶段后，21世纪随着大数据技术的不断发展，迎来了突破。人工智能在智能鉴定、智能著录标引、智能标签等方面初步被应用到了档案管理领域。

大数据对人工智能发展的支持作用主要表现在以下方面：一是提供训练数据。人工智能技术需要海量的数据支持，用于对模型和算法进行持续的训练、迭代完善，以提升人工智能在不同应用场景下的准确性和效率，大数据技术的出现直接促进了机器学习、深度学习技术的发展，促进了人工智能的发展。二是优化算法性能。大数据可帮助优化人工智能算法的性能，通过分析大量的数据，可以发现规律和模式，从而改进和优化算法。三是提高准确性和效率。大数据提供了大量、多样和真实的数据，可以帮助人工智能算法学习和适应各种情境。四是提高计算能力。大数据处理需要大量的计算资源，包括处理器、内存和存储等，人工智能需要类似的计算能力，以便在处理大量数据时提高效率和准确性。五是支持决策和预测。大数据可以提供历史和当前的数据，从而帮助人工智能系统更好地进行决策和预测。

当前，内容生成式人工智能（Artificial Intelligence Generated Content，AIGC）作为技术变革，展现了强大的创造力，生成式预训练模型（Generative Pre-trained Transformer，GPT）作为大语言模型有效地支持了 AIGC 的迭代发展，而 GPT 的升级依赖于海量数据的加持。截至2023年7月，OpenAI 训练的 GPT-4 大模型已拥有 1.8 万亿参数、13 万亿训练数据。可见，大数据技术是人工智能发展的基石。

档案界有着应用人工智能的初步案例，在后面章节有着较为详细的分析。

(二) 大数据与区块链

区块链技术起源于 2008 年，是一种去中心化的分布式账本技术，具有不可篡改、安全可靠、去中心化等特点。区块链是利用块链式数据结构来验证与存储数据、利用分布式节点共识算法来生成和更新数据、利用密码学的技术保证数据传输和访问控制的安全、利用自动化脚本代码组成的智能合约机制对数据进行编程和操作的一种全新的分布式基础架构与计算范式。当前，大数据和区块链技术的结合正在为各行各业带来深远的影响，区块链被许多组织机构视为彻底改变业务乃至机构运作模式的重大突破性技术。

大数据与区块链技术之间具有相辅相成的发展关系。首先，数据的安全性方面，大数据分析需要处理海量数据，但数据的安全性，以及相关隐私数据的保护一直是学术领域和实践领域关注的话题，而区块链技术可以通过加密和分布式存储来保证数据的安全，通过将数据记录在区块链中，可以避免数据被篡改或删除，从而提高数据的安全性和可信度。其次，数据开放和透明度方面，透明性是区块链技术的另一重要特点，所有交易日志和数据变更都会被记录在区块链中，可以被任何参与者查看和验证，这种透明性可以增加数据的公开度和可信度，从而促进数据共享和交换。最后，数据的流通性，保障数据相关方的权益。区块链可以将数据分布式存储在多个节点上，从而实现数据的去中心化和流通性，在区块链上，数据可以自由流动和交换，从而提高数据的价值和可用性。个人或机构用户可以利用区块链机制进行注册，完成交易，相关的数据记录在共识机制监督下，可以实现全网认可、透明、可追溯，明确大数据资产的来源、所有权、使用权和流通路径，进而保障数据相关方的权益。

档案界已有成功应用区块链来保障电子文件真实性的案例，项目在干部人事档案大数据案例中也应用区块链技术来保证数据档案的真实完整与可用，详见第七章第二节第二部分。

（三）大数据与云计算

云计算在大数据存储、处理等方面具有举足轻重的地位，二者之间存在很强的技术关联，其结合能够高速、高效地处理各种类型的海量数据，云计算服务已成为大数据存储的首选解决方案。

云计算是一种基于互联网的计算方式，通过该方式，共享的软硬件资源和信息可以按需求提供给计算机各个终端和其他设备。云计算的核心理念就是以互联网为中心，在网站上提供快速且安全的云计算服务与数据存储，让每一个使用互联网的用户都可以使用网络上的庞大计算资源与数据中心。

云计算是大数据存储和计算的基础，没有大数据，云计算便缺少了其应有价值。从应用角度来讲，大数据离不开云计算，云计算是大数据的基础之一，可以为大规模数据的存储提供空间，且可以保障存储的安全和快速、便捷地读取；大规模数据的运算也需要云计算提供算力支持。可以说，大数据是云计算的应用案例之一，云计算是大数据的实现工具之一。大数据是互联网、物联网背景下的应用场景，时时刻刻产生着巨量数据，需要处理和分析挖掘有价值的信息；云计算则是处理分析数据，挖掘数据价值的一种技术解决方案，利用这种技术可以解决计算、存储、数据库等一系列的大数据需求。

（四）大数据与元宇宙

元宇宙是大数据、人工智能背景下又一新型互联网产物。在技术上，元宇宙可被视为一个广阔的虚拟空间，用户可以在其中以模仿现实世界的方式与彼此的3D数字对象和3D虚拟人物进行交互，并提供游戏、社交等一系列功能和服务，是一个虚拟的数字世界，由人工智能、物联网、虚拟现实等技术构建而成。元宇宙与人工智能技术结合是元宇宙技术近些年重点的发展方向，大数据在元宇宙的发展进程中起到了数据支撑作用，元宇宙也可理解为一个复杂的数据空间。

元宇宙发展离不开大数据的支撑，主要体现在以下方面：①数据存储与管理。元宇宙服务需依赖并存储海量数据，包括用户数据、虚拟物品、地图信息等，大数据技术可通过分布式存储技术实现大规模数据存储，并通过数据管理技术保障元宇宙数据的安全性与可靠性。②数据分析与挖掘。元宇宙需要通过对海量数据的分析、挖掘，实现智能化、个性化的服务，大数据技术可提供数据清洗、整合、分析、挖掘等解决方案，为元宇宙提供数据智慧支持。③数据可视化与交互。元宇宙需要将数据以直观、生动的方式呈现给用户，实现人机交互。大数据技术可通过数据可视化技术，将数据转化为图形、图像等形式，提高用户参与感和体验感。

大数据在元宇宙发展应用中也面临着挑战。首先，技术演进需要不断适应新的应用创新。随着元宇宙不断发展，大数据技术需要不断演进与创新，以适应新的需求。例如，随着物联网、5G 等技术的普及，大数据采集、存储、处理能力需不断提升。同时，需要鼓励创新思维，推动大数据技术在元宇宙中的应用创新。其次，数据安全与隐私保护问题。在元宇宙中，数据安全和隐私保护是用户非常关注的问题，大数据技术应加强数据加密、访问控制、隐私保护等安全措施，确保用户数据安全和隐私不受侵犯。最后，数据流通与合规性问题。在元宇宙中，数据的流通和共享是必要的。大数据技术应加强数据共享和流通的合规性，确保数据在合法、合规的范围内使用。同时，应加强相关法规和标准的制定，确保数据流通的合法性和规范性。

大数据技术是元宇宙实现数字化、智能化的基础支撑之一。在应用过程中，需要不断推动技术演进和创新，加强数据安全和隐私保护，规范数据流通和共享，以确保数据的合法、合规使用。同时，应鼓励企业、研究机构、用户等各方共同参与，推动大数据技术在元宇宙中的应用和创新。

二 信息资源管理领域的需求变化

大数据对传统信息资源管理的数据采集、组织加工、处理分析、开发利用在一定程度上都产生了影响,出现了新的需求和变化,主要表现在以下方面。

(一) 对提升异构数据源兼容性的需求

互联网技术和大数据技术的迅猛发展,极大地拓宽了可用数据的来源,数据的来源渠道更加多样,数据形式也由传统的结构化数据向非结构化数据转变,且不同数据源的结构存在多种差异。因此,提升异构数据源的兼容性是当前大数据实践领域面临的重要议题和变化。

与信息资源管理领域传统的数据源相比,大数据实践领域的数据源具有多源异构的特点,即同时可供利用的数据来源多,包括不同数据库系统和不同设备在工作中采集的数据集等。不同的数据源所在的操作系统、管理系统不同,数据的存储模式和逻辑结构不同,数据的产生时间、使用场所、代码协议等也不同,造成了数据"多源"的特征。不同类型的数据在形成过程中没有统一的标准,因此造成了数据"异构"的特征。进而在结构化数据基础上,出现了半结构化数据和非结构化数据,且非结构化数据成为大数据实践领域主流的数量类型;相应的数据存储方法也从关系型数据存储发展为非关系型数据存储。

异构数据源是指来自不同领域、格式或结构的数据,如关系数据库、NoSQL 数据库或半结构化文件数据库等。异构数据源的兼容性问题是指不同数据源之间的数据格式、结构、语义等存在差异,导致数据无法直接进行集成、分析或应用的问题。兼容性整合是指把这些数据统一格式和语义,以便进行高效的分析和应用,可分为物理统一和语义统一:物理统一是指将不同格式的数据转换为同一种格式,如属性图、资源描述框架(Resource Description Framework,RDF)等;语义统一则是指将不同数据源中具有相同含义的数据进行对齐和消歧。异构数据源的兼容问题是大数据实践领域面临的重要议题,解决兼容性的目标在于实现不同结构数据源之间和不同类型数据之间的数据资源、硬件设备资源和人力资源的合并和共享。

解决兼容性的关键点在于把局部的分散数据通过各种工具和处理逻辑建立全局的统一的数据或视图。目前，常见的解决方案包括：①数据转换，将不同格式的数据转换为统一的格式，以便进行后续的处理。②数据集成，将不同数据源中的数据逻辑或物理地址集中在一个数据集合中，进行数据对齐和实体消歧等操作，以消除语义歧义和冗余。③数据融合，将不同数据源中的数据进行综合分析，以得出比单一数据源更准确、完整、一致的信息。但以上方法需要根据具体的应用场景和需求进行选择或组合，也可以借助成熟的开源工具或系统来实现，如 DataX2、Apache Flink 等。

第四章第二节第一条中的学生成绩视图就是数据集成的最简单的例子，全局统一的数据或视图给数据档案鉴定归档提供了简洁、直观、更易理解的方法。

（二）对提升大规模数据集的采集与加工效率的需求

规模大是大数据的重要特征，大规模数据采集是大数据分析和应用的基础，也是大数据价值的源泉；对大规模数据的加工效率也直接影响着大数据的利用和价值挖掘。大数据背景下，数据采集和加工环节的需求变化主要表现为采集与加工效率的提升。

1. 数据采集

大规模数据采集是指使用多种技术手段，从不同的数据源获取海量、多样、快速变化数据的过程。在新技术环境下，大规模数据采集面临着多种挑战，如数据质量、数据安全、数据隐私、数据共享等，需要采用合适的技术方法和管理策略，保证数据的有效性、可靠性和合法性。在大数据时代，数据采集具有三个特点：一是数据采集以自动化手段为主，尽量摆脱人工录入的方式。二是采集内容以全量采集为主，摆脱对数据进行采样的方式。三是采集方式多样化、内容丰富化，摆脱以往只采集基本数据的方式。从采集数据的类型看，不仅要涵盖基础的结构化数据，还将逐步包括半结构化数据，如用户行为数据，网状的社交关系数据，文本或音频类型的用户意见和反馈数据，设备和传感器采集的周期性数据，网络爬虫获取的互联网数据，以及未来越来越多的具有潜在意义的数据。

目前，主流的大规模数据集采集的方法主要包括以下几种：①网络爬虫。网络爬虫是一种自动化程序，可以按照指定的规则和路径遍历互联网并收集数据。网络爬虫可以应用于多个领域，如搜索引擎、竞争情报等。常见的技术工具包括 Scrapy、Apache Nutch 等。②利用 API 接口高效进行数据传输。可以通过不同平台提供的数据开放 API 接口获取数据，API 接口通常用于企业数据集成和应用程序之间数据共享。③数据抓取。数据抓取是一种从网站或数据库中获取数据的技术，其可以通过编程语言或工具实现，如 Python、PHP 等。④传感器采集。传感器可以采集各种物理量数据，如温度、湿度、压力等。传感器采集技术的应用范围广泛，如工业自动化、智能家居等。

大数据技术为档案管理带来了新的环境，对档案数据的采集产生了一定影响。首先，档案数据采集的规模和速度要求更高。由于大数据具有数据量大、产生速度快、种类繁多等特点，因此档案数据采集必须具备高效、实时、自动化处理的能力，以适应大数据的处理和分析需求。其次，档案数据采集的质量和多样性也需要提高。在大数据背景下，档案数据不仅是结构化数据，还包括大量非结构化数据，如图片、视频、音频等。这些数据具有多样性和复杂性，因此档案数据采集必须具备全面、准确、真实的能力，以便更好地支持数据分析和应用。最后，档案数据采集还需要注重数据安全和隐私保护。在大数据背景下，数据泄露和隐私侵犯的风险更高，因此档案数据采集必须具备安全、可靠、保密的能力，以保障个人和组织的合法权益。

2. 数据加工

面对复杂多样的大数据环境，在提升大规模数据采集的质量和效率基础上，如何高效地对大数据进行加工也是新的需求变化和挑战。大数据加工环节主要面临的挑战包括：数据清洗工作量的增大，异构数据的转化，数据的存储。出现上述挑战的主要原因是数据规模的增大，传统技术无法在短时间内进行高效的加工处理。但随着技术的发展，相应的解决方案和保障体系也在逐渐被提出和检验。

第一，数据清洗。目的在于删除重复信息、纠正存在的错误，提升数据一致性，是对数据进行重新审查和校验的过程，过滤那些不符合要求的数据。传统的数据清洗工作可利用计算机软件、数据库软件根据指令批量化处理。但大数据背景下的数据类型多样，出现冗余数据、无效数据的概率增大，存在合并管理数据的需求，传统的清洗方式无法满足新的需要。目前，针对大数据的清洗工作多采用多轮次、深度化的清洗模式，使用 Python、Smartbi 等工具。

第二，选择合适的数据格式和存储方式。对数据存储结构进行优化，是提升大数据加工效率的基础。常见的方式是使用压缩格式、分区表、列式存储等，以减少数据的读写时间和空间占用；数据存储结构的优化是提升大数据加工效率的基础，可以采用分布式存储方式，将数据分散到多个节点上，减少数据读取的延迟，如存储在云服务器平台上。

第三，优化数据处理的算法和逻辑。可采用的处理方式是使用并行计算、缓存中间结果、避免重复计算、减少数据倾斜等，以提高数据处理的效率和准确性，调整数据处理的参数和配置，根据数据量和硬件资源合理分配内存、CPU、磁盘等资源，选择合适的分区数、批次大小、缓冲区大小等，以达到平衡数据处理的速度和稳定性。

大数据的采集与加工实际上给数据的收集、归档提供了思路与方法。第四章第三节的第四部分中，提到采用 ETL 技术的时间戳、MD5 码方式就是数据采集的具体体现。

（三）对高性能存算系统、专用硬软件解决方案的需求

在大数据服务信息资源管理和开发的实践领域，对存算系统的稳定性、容错性提出了要求，同时也依赖于专门的硬软件来保障信息服务的开展，如档案管理领域，对数据的采集、加工、分析、预测和可视化呈

现等依赖于专门的硬软件以及高性能的存算系统。

高性能存算系统是现代计算领域中的重要组成部分，对于需要处理大量数据和进行复杂计算的应用场景，尤其在大数据分析、机器学习等领域具有重要的意义。大数据背景下，信息资源管理对高性能存算系统、专用硬软件解决方案的需求，常见的方案如下：

第一，提供可靠的算力。目前，学术领域和实践领域公认的算力解决方案是尽可能多地将数据的处理集中在云服务器上而不是本地服务器设备上进行，即云端处理、客户端展示的方式；另一种方案是采用边缘计算解决算力问题，边缘计算的本质是为开发者和服务供应商的边缘侧提供IT服务环境，主要用于解决大数据处理过程中的高延迟、网络不稳定和低带宽问题。

第二，提供海量存储容量和稳定性能。高性能存算系统需要具备大容量、高带宽、低延迟的存储系统，用以满足海量数据的存储和访问需求。HDFS（Hadoop Distributed File System）是解决海量存储的首选方案，HDFS是一个易扩展的分布式文件系统，可以高效稳定地解决大数据的存储，具有很高的容错处理能力，能够应对高吞吐量的访问，解决诸如TB级甚至PB级的大数据文件存储需要。此外，HDFS具有满足大数据分析的可用性和稳定性，能够确保系统持续运行，并提供不间断的数据访问服务。

第三，实现并行计算（Parallel Computing），即数据并行计算，大数据领域众多的应用场景需要同时处理大量数据。并行计算是实现高性能计算的关键，也是高性能存算系统的基本要求。并行计算是指同时使用多种计算资源解决计算问题的过程。当前实现并行计算的主要方案是遵循Single Program Multiple Data原则，即在数据并行的模型训练中，训练任务被切分到多个设备上，每个进程维护相同的模型参数和相同的计算任务，但是处理不同的数据。通过这种方式，同一全局数据下的数据和计算被切分到了不同的进程，从而减轻了单个设备上的计算和存储压力，进而提升了计算效率。

第四，提供定制的硬软件解决方案。与传统信息资源管理服务不同，大数据背景下的服务需要进行专业的架构设计，以往通用的硬软件设计只能满足一定的服务需要。当前大数据背景下主要的应用场景可分为人工智能、云计算、区块链、元宇宙等，结合用户需求，根据算力要求、存储空间、可视化效果需求，有针对性地搭建硬软件平台，如搭建人工智能平台场景。基础的硬软件包括：GPU/TPU，用于处理图像；与GPU处理能力相匹配的RAM，如GPU为24G，RAM则也需24G；能够满足算力的CPU；具有快速读写能力的SSD；保证系统正常运行的电源供应器（Power Supply Unit，PSU）。

综上可知，与传统信息服务相比，大数据情境下，高性能存算系统和专用硬软件解决方案是重要的改变，也是基本的需求。高性能存算系统和专用硬软件解决方案能够提高大数据应用场景的计算效率和处理能力，满足各种复杂计算需求。本书在研究干部人事档案大数据的处理上，就是采用了云平台模式。

三　大数据实践的需求框架

综合大数据实践下信息资源管理的需求变化和大数据实践与新技术的融合，本书提出了大数据实践的需求框架，如图5-1所示。

图5-1中的内圈是大数据，外圈是大数据的生命周期活动，再向外扩展为信息资源管理领域的需求变化，虚线是其边界。四个箭头指向的是大数据技术为满足信息资源管理领域的需求变化与相关技术的融合。

大数据的发展改变了信息资源管理领域对数据的认识，新环境下，数据的采集、组织、存储、传输、加工、分析、预测和可视化等产生了新的需求和变化，大数据思维成为信息资源管理和开发应用的重要思维模式。随着大数据和相关技术的持续发展和演变，新的需求和变化主要表现在提升异构数据源的兼容性，提升大规模数据集的采集与加工效率，对高性能存算系统、专用硬软件解决方案的需求，大数据背景下的数据治理，上述需求和变化也是大数据推动信息资源管理发展的表现。

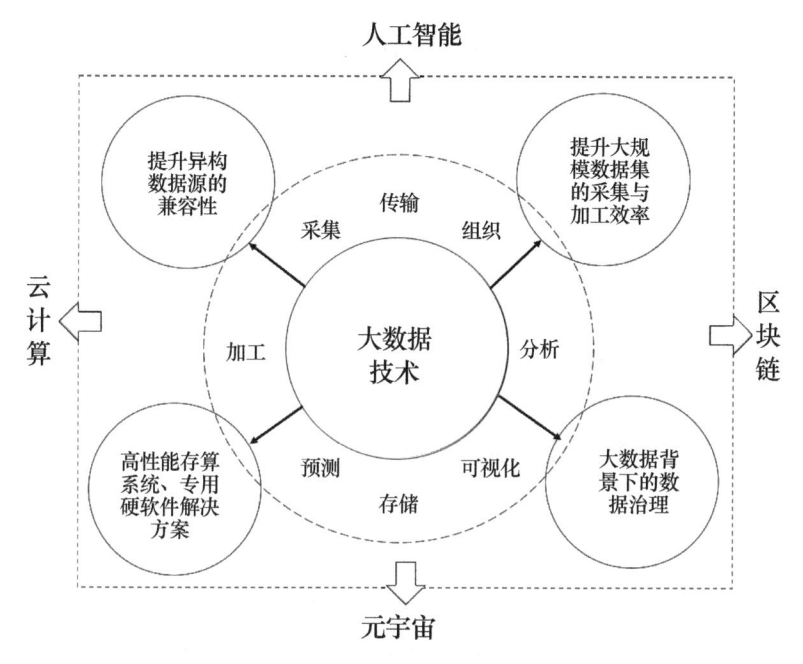

图 5-1 大数据实践的需求框架

同时，新的需求和变化在一定程度上也在促进大数据技术与相关技术的融合发展，对海量大规模数据的高效采集、加工分析和高性能存算系统推动了人工智能技术的突破，也充分挖掘了大数据技术在社会发展进程中的价值；云计算和区块链解决了大数据的存储问题，也推动它们自身在社会众多行业中发挥出举足轻重的作用；大数据与人工智能的结合催生了元宇宙这一具有颠覆性意义的互联网新事物，而元宇宙本身就是一个海量数据集合。

综上，大数据改变了人类对数据的认识和理解，产生了新的变化和需求，同时，在各行各业的共同努力下，大数据技术进一步推动和融合了新的技术，改变了互联网和人类社会的发展，也为档案管理的理论与实践变革带来了深远的影响。

第二节 大数据时代的档案管理需求

《"十四五"全国档案事业发展规划》指出："完善档案信息化发展保障机制，主动融入数字经济、数字社会、数字政府建设，推动档案全面纳入国家大数据战略。加强大数据、人工智能等新一代信息技术在数字档案馆（室）建设中的应用。"① 档案机构作为社会信息资源最重要的保存场所，必须参与到国家大数据战略中。

一 国家大数据战略的实践推进

2015年，党的十八届五中全会首次提出"国家大数据战略"，旨在全面推进我国大数据发展和应用，加快建设数据强国，推动数据资源开放共享，至此，大数据战略上升为国家战略。目前，我国在文化大数据、工业大数据、教育大数据等方面制定了发展规划，且进行了有益实践。

（一）文化大数据发展战略

2020年，中央文化体制改革和发展工作领导小组办公室下发《关于做好国家文化大数据体系建设工作的通知》，为国家文化大数据体系建设提供了政策依据、建设路径和主要思路。此外，2022年5月23日，中共中央办公厅、国务院办公厅印发《关于推进实施国家文化数字化战略的意见》②，聚焦战略目标和战略重点，对战略路径和步骤做出重点部署，是推动实施国家文化数字化战略、建设国家文化大数据体系的框架性、指导性文件。目前，国内对"大数据技术在文化资源管理中的应用"进行了深入研究，集聚于大数据技术和模式识别、中文信息处理、

---

① 国家档案局：《中办国办印发〈"十四五"全国档案事业发展规划〉》，2021年6月9日，https://www.saac.gov.cn/daj/toutiao/202106/ecca2de5bce44a0eb55c890762868683.shtml。

② 中国政府网：《让中华文化更"活"更火——透视〈关于推进实施国家文化数字化战略的意见〉》，2022年5月23日，https://www.gov.cn/zhengce/2022-05/23/content_5691982.htm。

知识挖掘等先进信息技术展开深入研究①。

（二）工业大数据发展战略

2020年4月，工业和信息化部发布《关于工业大数据发展的指导意见》②，明确将促进工业数据汇聚共享、深化数据融合创新、提升数据治理能力、加强数据安全管理，着力打造资源富集、应用繁荣、产业进步、治理有序的工业大数据生态体系，对我国工业大数据发展进行了全面部署，进一步促进大数据与工业深度融合发展。

习近平总书记指出，要"加快建设制造强国，加快发展先进制造业，推动互联网、大数据、人工智能和实体经济深度融合"。在中国制造业升级的关键时期，应持续推进大数据等信息技术与制造业融合发展，加快制造业供给侧结构性改革，努力实现由制造大国向制造强国的历史性转变。因此，应从以下方面进行深入研究：一是深化对大数据和实体经济融合的认识；二是要充分认识我国大数据和实体经济融合发展的进展和挑战；三是要加强国际交流，积极吸取美德等发达国家在工业大数据领域的先进经验③。

（三）教育大数据发展战略

早在2012年，教育部在《教育信息化十年发展规划（2011—2020年）》中指出，要通过加深大数据与教育的融合，提高优质教育资源利用率，扩大教育资源共享范围④；2017年，国务院印发《国家教育事业发展"十三五"规划》，又特别提到要加快教育大数据建设与开放共享⑤。

---

① 科技教育司：《用大数据技术促文化资源管理》，2014年3月6日，中华人民共和国文化和旅游部门户网站，https：//www.mct.gov.cn/whzx/bnsj/whkjs/201403/t20140306_750671.html。
② 中国政府网：《工业和信息化部关于工业大数据发展的指导意见》，2020年4月28日，https：//www.gov.cn/zhengce/zhengceku/2020-05/15/content_5511867.htm。
③ 中华人民共和国工业和信息化部：《深化互联网、大数据、人工智能与实体经济融合推动工业大数据创新发展》，2018年7月20日，https：//www.miit.gov.cn/jgsj/xxjsfzs/gzdt/art/2020/art_8df93f3b766a4c62afa90c8288d4d56d.html。
④ 中华人民共和国教育部：《教育信息化十年发展规划（2011—2020年）》，2012年3月13日，http：//www.moe.gov.cn/srcsite/A16/s3342/201203/t20120313_133322.html。
⑤ 中华人民共和国教育部：《国务院关于印发国家教育事业发展"十三五"规划的通知》，2017年1月10日，http：//www.gov.cn/zhengce/content/2017-01/19/content_5161341.html。

通过对教育数据进行有选择地采集、存储与分析，可以在提升教育质量、促进教育公平、实现个性化学习、优化教育资源共享、辅助教育科学决策等方面发挥有效作用。

教育大数据有助于实现高度集成的资源共享，实现多样化的教学工具与方式，实现无地域、时间限制的在线学习、互动体验，也可以有助于实现学生个性化的学习与发展，实现"家校合一"。教育大数据可以收集海量信息，且覆盖面广泛，帮助我们以新的视角判断什么可行、什么不可行；展示传统途径难以观察到的学习层面，实现学生学业表现的提升；基于学生的个性化需求而不是完全统一的标准来定制课程，促进理解和提高成绩。教育大数据可以进行学习的"概论预测"。所谓概论预测，就是通过大数据对整体学习状况和个体知识掌握情况进行挖掘分析，为提高个体学业成绩，对其所需采取行为和实施效果进行预测分析，比如选择最有效的课程教材、教学风格和反馈机制。

（四）档案大数据战略

从国外发展看，美国国家档案与文件管理署在2018年发布《战略计划2018—2022》，英国国家档案馆于2017年发布《数字战略2017—2019》和《国家档案馆数字能力建设战略2019—2022》等，均包含了数据管理方面的要求。

我国尚未制定档案大数据或类似战略。但学界对此已在进行思考和研究。冯惠玲教授在2022年7月浙江召开的"大数据治理环境下档案机构的愿景和使命"学术会上提出"持续深化档案数字化转型，参与国家大数据治理"，提到档案机构缺席了大数据管理的协调机构，会影响档案机构在整个大数据治理中的参与度。

二　档案大数据建设存在的问题

当前，我国档案大数据建设已取得一定成绩，在理论与实践层面取得了一定的成就，但相较于文化大数据发展战略、工业大数据发展战略以及教育大数据发展战略等，档案大数据发展仍然存在一些短板。

(一) 档案数据资源开放共享程度亟待提高

目前,档案数据资源由于权属、保密、数字化发展水平等诸多因素限制,其数字化档案资源开放共享程度较低,主要体现在以下方面。

(1) 档案数据化的相关政策标准缺失。一是国家层面专门立法缺位。在现有的政策法规制度中,虽然有《中华人民共和国档案法》《国家档案馆档案开放办法》《"十三五"规划》《"十四五"规划》等法规政策,涉及档案数据开放共享内容,体现国家对档案数据开放共享的重视,但在大数据环境下,没有提出档案数据开放共享的行动纲领。二是地方层面政策文件缺失。一些省份没有提出档案数据开放共享的标准和规划,也没有将其融入本省大数据发展战略和政府数据开放政策规范中。部分省份虽提及"档案数据开放共享",但缺乏对档案数据开放共享的整体全面阐释,尤其在具体实操方面,其指导作用有限。

(2) 档案部门数据意识缺乏。一是数据开放意识不强。档案工作人员文化程度和专业程度整体不高,使得其自身档案工作能力受限,影响其档案数据管理能力的发挥,也影响档案数据开放共享在实际工作中的具体实践。二是档案数据意识不足。虽然档案大数据战略已在社会层面进行广泛宣传和实施,但档案部门的数据素养能力不高,档案数据利用和获取的意识不强,致使档案机构对档案数据开放的动力不足,影响了档案数据开放共享程度。

(3) 档案数据风险问题日趋显现。一是档案数据质量参差不齐。档案部门提供开放共享的档案数据包含大量的半结构化、非结构化、异构化数据,且存在数据格式单一、数据标准不一等数据质量问题,难以有效共享利用。另外,在具体实际工作中,档案数据标准不统一、格式不规范。例如,在31个省级档案馆中有24个档案馆提供开放共享的档案数据未能实现标准格式统一,档案数据格式较为单一,仅为图片或文本形式,且更新不及时。二是档案数据安全隐患凸显。在档案数据开放共享过程中,档案数据极易面临系统平台泄露、黑客病毒侵袭、知识产权纠纷、隐私侵犯等各种安全隐患,造成档案数据"不可用、不可控、不可联"的问题，进而破坏档案数据开放共享局面①。

（二）管理平台建设亟待完善

档案部门缺乏对大数据管理模式的优势和带来的巨大便利的认识，严重影响了管理平台的建设进程。主要体现在当前档案管理系统针对的是纸质档案和电子文件开发，系统管理的是文件形态的档案，对于数据态的档案没有管理能力。

（三）档案大数据应用水平亟待提升

目前，档案利用更多的还是传统的检索借阅、编研、展览等。对于档案大数据的应用方法与模式，更多是在学界的研究中，相较于文化产业大数据、教育产业大数据、工业产业大数据，存在较大差距。实际上，这也是档案机构缺席大数据管理协调机构的重要原因。如2022年中办、国办发布《关于推进实施国家文化数字化战略的意见》②，提出利用在建或已建数字化工程和数据库，关联形成中华文化数据库。文件提到了推动公共图书馆、文化馆、博物馆、美术馆、非遗馆等加强公共数字文化资源建设，统筹推进国家文化大数据体系，唯独没有提到档案馆。

（四）档案大数据产业体系亟须完善

目前，相较于文化大数据战略、工业大数据战略、教育大数据战略而言，档案大数据产业体系尚待完善和优化。文化大数据已形成较为完善的产业体系，并且在文化大数据战略实施过程中持续优化产业体系结构，完善产业体系相关配置。工业大数据战略在促进国民经济发展、优化工业体系结构、调整工业发展方向等方面，可为档案大数据发展战略提供经验参考。

（五）档案大数据人才建设亟须加强

在档案资源共享平台建设过程中，工作经验丰富、管理水平高、对

---

① 周林兴、黄星：《大数据时代档案数据开放共享机制探析》，《档案与建设》2023年第3期。
② 中共中央办公厅、国务院办公厅：《关于推进实施国家文化数字化战略的意见》，2022年5月23日，https://www.gov.cn/zhengce/2022-05/22/content_5691759.htm。

计算机操作熟练的复合型人才较为缺乏，档案部门工作人员多为工作多年的档案管理人员，纸质档案的管理工作经验较为丰富，库房档案管理水平很高。但由于年龄问题、知识储备问题，其对新兴技术的接受能力不强。新进年轻职工，学历水平高，能够熟练操作计算机，却没有丰富的档案管理经验。人才建设问题具体表现在以下方面：缺乏宏观统筹、顶端设计人才，缺乏档案数据处理人才，缺乏档案大数据建设的复合型人才等。

三 档案大数据建设的发展需求

档案大数据建设可理解为大数据、人工智能、区块链、云计算、物联网、数字孪生、元宇宙等新一代技术思维、技术产品和技术应用。其核心要素是数据赋能和技术赋能，推动档案信息资源实现"小数据→大数据→智慧数据"的转型发展。如何在"大数据"环境中提升档案治理能力、实现档案治理现代化成为时代赋予的新命题，这就必须认识档案大数据建设的发展需求。

（一）档案信息资源数字化数据化

随着电子政务、电子商务、电子业务等广泛普及，电子文件、社交媒体、智能终端、地理空间等数据信息海量生成、急剧增长、来源广泛、数量庞大、类型多样，这为档案信息资源数字化数据化提供了资源条件。当前，随着网络办公的普及，国家机构、社会组织及个人形成了大量的电子文件，面对海量数据，如何利用这些电子信息？如何让这些电子信息增值？如何让这些电子信息进行重新组合，产生新的信息？如何开展档案资源数据化？这些问题是未来学界和业界研究需要重点关注的问题。

（二）档案管理手段智能化智慧化

各类现代信息技术是驱动经济社会发展的重要引擎，亦是推进档案管理智能化的重要支撑。档案部门应充分利用大数据、人工智能、区块链等前沿科技创新信息管理服务模式、管理方式，实现档案数据资源要素全面化连接、馆际馆室多渠道互融互通、档案场馆设备智能化运维，以此提升档案信息管理自动化、智能化、便捷化水平。

（三）档案管理模式协同化综合化

在大数据时代，通过技术赋能和数据赋能，将有力推动档案服务平台联通化、系统一体化、功能集成化，建立集中统一的国家档案数据资源仓储，打造覆盖全国、统筹利用、统一接入的"一站式"档案信息共享利用服务平台，推动跨区域跨部门跨层级协同管理，弥合档案数据鸿沟，释放档案数据红利。届时，档案馆、图书馆、文化馆、博物馆、纪念馆等众多文化机构数据资源将互联互通、数据资源共建共享，不但涉及区域性合作，而且涉及跨区域合作。通过上述文化机构管理模式协同化综合化，将为社会公众提供优质的档案信息服务，为实现中国式现代化发展提供强有力的支撑。

（四）档案服务方式高效化精准化

档案信息服务要以用户需求为导向，要充分考虑用户需求，考虑用户近期工作内容，工作过程中遇到的问题，以及档案该如何赋能工作等问题。在大数据时代，档案工作借助现代信息技术精准预测掌握用户需求，分析用户需求，分析用户利用档案信息的心理活动，进而为用户提供针对性、专属性、高品质、即时化的主动档案信息服务，以满足用户对档案信息"广、快、精、准、全"的需求，进而构建精细、精简、精准、智慧的公共文化服务体系，把"档案库""数据库""信息库"变成"思想库""知识库""智囊库"。

第三节 大数据时代的档案用户需求

数据要素市场化配置改革推动档案数据价值转化提上日程，给档案工作带来新的挑战和机遇。一方面，档案工作的重点从档案实体转向信息内容本身，用户对档案信息资源的需求已经不再局限于简单的查询、复制等，利用档案的方式也越发多样化，用户需求呈现出新的特点；另一方面，用户需求已成为档案利用服务工作的原动力，用户对档案服务的参与度与满意度更加得到重视，面向用户需求的档案知识服务亟待进一步改善和提升。

一 大数据环境下档案用户需求研究的理论基础

（一）用户体验理论

20世纪90年代中期，用户体验（User Experience）首次被唐纳德·诺曼所提出并广泛宣传推广，他认为好的产品会令使用者或拥有者心情愉悦。学者们普遍认为，用户体验是用户在体验服务或者使用产品的过程中产生的情绪、行为等感受的总称，可以作为反馈来反映用户的需求，提高服务或产品的质量。

ISO 9241-210标准将用户体验定义为"人们对于针对使用或期望使用的产品、系统或者服务的认知印象和回应"。ISO定义的补充说明是：用户体验，即用户在使用一个产品或系统之前、使用期间和使用之后的全部感受，包括情感、信仰、喜好、认知印象、生理和心理反应、行为和成就等各个方面[①]。

在 The Elements of User Experience 中 Garrett J. J. 将用户体验分成了五个不同的层次，分别是战略层、范围层、结构层、框架层和表面层。战略层，作为产品或服务设计的基础部分，位于五个层次的最底层，主要包括产品或服务目标和用户需求两个方面；范围层，包括产品或服务特征和内容需要两个方面；结构层，包括信息架构和交互设计两个方面，主要是信息结构布局的设计；框架层，包括信息设计、界面设计、导航设计等方面；表面层，主要涉及视觉设计，它是对用户体验感影响最大的一个方面。如图5-2所示。

（二）用户满意度理论

20世纪70年代以来，用户满意度便已成为影响用户关系管理的主

[①] 丁美元：《基于用户体验的浏览器产品定位与分析》，《中国证券期货》2011年第4期。

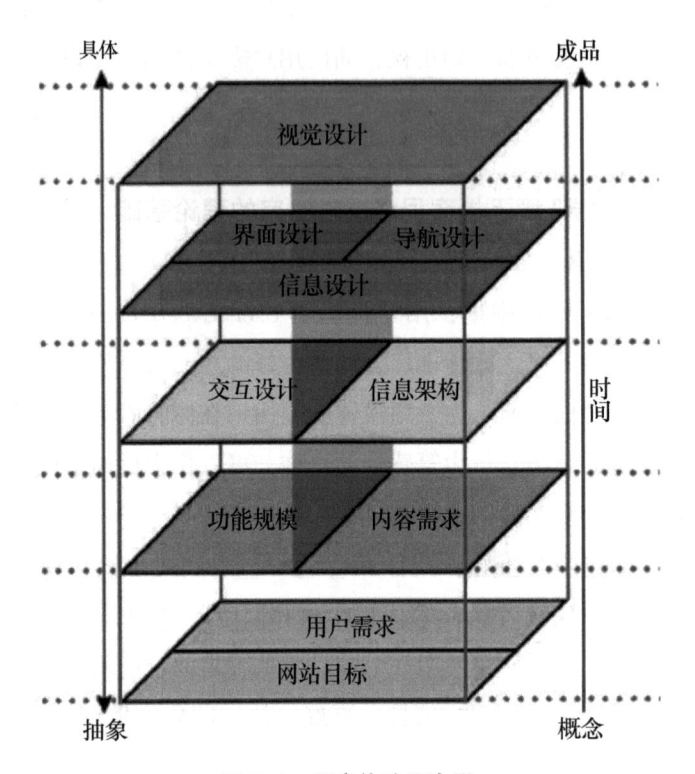

图 5-2　用户体验层次图

要因素之一。如今，顾客满意度模型也逐渐被更多的业界所接受并应用到日常的用户关系管理工作中。最早的顾客满意度模型是在 1989 年由美国密歇根大学 Claces Fornell 教授主持构建的瑞典顾客满意度指数模型（SCSB）。瑞典顾客满意度指数模型包含了五个潜在变量，分别是表现感知、顾客期望、顾客满意、顾客投诉、顾客忠诚。

1998 年，Fornell 带领其团队对瑞典顾客指数模型进行了改进。改进之后的满意度指数模型被称为美国顾客满意度指数模型（ACSI），其潜在变量数和形成的关系数量发生改变。随着瑞典、美国的顾客满意度指数模型的不断推广，其他国家也在美国的顾客满意度指数模型的基础上建立了各国的顾客满意度指数模型。例如，2000 年欧洲建立的 ECSI（European Customer Satisfaction Index），我国的学者也根据我国的国情设计出了我国的顾客满意度指数模型 CCST（Chinese Customer Satisfaction Index）。

以上模型均基于商业考量，基本都是从用户角度考察感知质量、预期质量、顾客满意、顾客忠诚等因素。信息产品的特殊性决定信息服务用户满意度与商业领域的顾客满意度存在差异，信息服务的用户满意度会受到信息内容、信息质量、信息价值等因素的影响。因此，传统的顾客满意度指数模型虽然具有一定的参考性，但是不能直接应用于档案领域。

（三）数据智能需求层次理论

美国心理学家亚伯拉罕·马斯洛在《人类激励理论》中提出，人类的需求从低到高分为五个层级：生理需求、安全需求、社交需求、尊重需求和自我实现需求。在数据已成为企业的核心资产、数据价值亟待激活的前提之下，数据智能需求层次理论以马斯洛需求模型为基础，将企业的数据管理和应用分为五个层次：基础架构、数据安全、数字化决策支持、数据激活与应用以及智慧商业[①]。基础架构和数据安全主要为数据智能的实现提供存储和安全保障支持，而需求层面主要涉及数据化决策支持、数据激活与应用以及智慧商业。

（1）数据化决策支持。基于大数据的数据分析与决策支持是企业数字化转型的核心。数据分析可以帮助企业了解市场发展状况和用户喜好，哪些产品口碑如何，哪些服务需要提升等。大数据可以通过提供关键数据、模拟场景，不断检测和分析数据，通过数据分析的结果做出判断和决策并实施，实时优化企业业务，更好地为客户提供服务。

（2）数据激活与应用。数据只有与业务融合才能激活其价值，面向企业具体业务场景，可构建面向企业研发、生产、销售、供应链管理、客户服务等多个业务环节的数据应用，实现数据价值。大数据自身

---

① 钱玉娟：《nEqual 为企业提供智能化矩阵服务赋能智慧商业》，《中国经济信息》2018年第3期。

的海量数据规模、大规模算力等特点使企业能够更全面地把握数据，促进数据价值的进一步发挥。

（3）赋能智慧商业。以大数据、人工智能、物联网等技术为支撑，开展智能化管理，创新商业模式。整合线上线下销售、供应链等多渠道数据，降低成本、提高管理效率；开展数字化营销，改善用户体验；通过大数据定制化产品和服务满足用户需求；等等。

二 大数据环境下档案用户需求的影响因素

（一）外部环境：数据要素市场逐步形成，档案数据商业价值亟待转化

2022年，国务院颁布"数据二十条"，提出二十条政策举措以建立"三权分置"的数据产权制度框架与多层次数据交易市场体系[①]。在数据要素市场化政策出台、大数据技术大范围应用等动力推动之下，档案数据价值转化已提上日程。不同类型的档案数据有不同的商业化价值，在数据要素市场中进行分级分类和科学定价。未来，档案数据将成为更为重要的资产，并引领政府和企业进入更为紧密和复杂的数据要素市场。

对政府机构和事业单位而言，权责不清、多头管理、谨慎开放等原因造成了大量具有重要价值的政务数据，如司法机构的档案数据、公共安全相关档案数据、科学研究机构的档案数据等使用率较低，无法发挥其应有价值。对企业而言，出于自身权益考虑，加之现行法律对企业数据的合理性保护不足，也往往采取更为封闭和保守的档案数据开放利用制度，使得大量企业数据不能够合理地流通扩散，产生新的价值。在大数据背景下，随着数据分析技术、人工智能以及最新的ChatGPT类大语言模型的应用与发展，尤其是大数据分析逐渐成为常规手段，档案数据

---

① 中华人民共和国中央政府：《中共中央国务院关于构建数据基础制度更好发挥数据要素作用的意见》，2022年12月2日，https：//www.gov.cn/zhengce/2022-12/19/content_5732695.htm。

的商业价值将得到更大程度的发挥。

(二)档案资源：倡导档案资源深层次组织与加工，构建档案领域本体

近年来，全国档案部门在"存量数字化"方面，馆（室）藏档案数字化规模不断扩大、成果质量不断提升，数字化比例大幅度提高。与此同时，人们对档案资源的主要需求不再局限于浏览档案原件，而是更多地关注档案信息内容，语义的相关和聚合变得更为重要。因此，以知识服务为导向的档案资源深层次组织与加工已逐步开展实施。在实践领域，正在尝试通过人机协同的方式方法，进行档案资源元数据语义转换、档案数据语义分析与表述、语义组织与存储等操作，实现数据化时代的档案资源深层次组织与加工、管理，建构档案资源语义知识库体系。

国际档案理事会发布的 RiC-O（Records in Contexts-Ontology）是《背景中的文件》（Records in Contexts，RiC）系列标准中的本体部分，用于描述档案资源及其背景实体。RiC 系列标准是由国际档案委员会档案著录专家组（EGAD）负责领导和实施的一项工作，它主要包括四个部分：档案著录标准简介（RiC-IAD）、概念模型（RiC-CM）、本体（RiC-O）、应用指南（RiC-AG）。概念模型（RiC-CM）提取文件著录的共性实体对象，分析其特征属性及其相互关联，从而建构文件概念体系[1]。RiC-O 运用 OWL 本体语言对文件实体及其关系进行语义描述，是 RiC-CM 的具体实现。RiC-O 对实体进行建模，为创建 RDF 数据集定义了受控词汇表以及能够描述任何类型档案资源及其背景实体的规则，还可使用 SPARQL 查询并使用本体逻辑进行推理。因此，RiC-O 可以视为面向语义组织的档案著录参考模型。2005 年 4 月，Europeana 由欧洲 19 个国家联合创建。Europeana 数据模型（EDM）是一种构建和表示由各种文化遗产机构提供给 Europeana 的数据资源的规则，力图实现

---

[1] 段荣婷、马寅源、李真：《国际文件/档案著录标准化前沿与趋势展望——基于国际最新著录标准 ICA RiC 的研究》，《档案管理》2018 年第 1 期。

对跨领域异构文化遗产元数据的集成与关联。该模型本身建立在 RDF (S)、OAI-ORE、SKOS 和 Dublin Core 等既定标准之上。此外，EDM 充当通用的顶层本体，保留原始数据模型，同时实现互操作性。

（三）用户角色：用户话语权提升，主动参与信息生产

档案机构在相对封闭的空间自行运作的方式早已落伍，用户可以随时对档案机构的信息和服务进行评价、传播、批评或者赞扬。尤其 Web 2.0 时代，用户会借助自媒体平台和工具发表自己的看法，分享自己的喜好，撰写微博或者朋友圈，给信息留言或者评论。此外，还有一种参与方式即用户作为档案机构的传播对象，用户的行为、喜好会影响档案信息的内容制作乃至传播策略。在大数据时代激烈竞争的环境下，谁赢得了用户，谁就能够占据主导地位。而赢得用户的关键，就是清晰地知道用户是如何参与的。例如在传媒领域，新媒体产品设计的过程中，能够记录使用者行为的眼动仪就常常被用来进行网页或者应用的可用性分析。这种仪器不仅可以记录被测试者在使用这些产品时眼球运动的轨迹，而且还能实时记录眼跳时间、单一注视时间、瞳孔直径等信息。这样设计者就能够测试用户的浏览、使用习惯，以此来找出设计中的问题。通过使用者行为数据汇集和分析，用户的特征就被精确地描述出来。而以档案社交媒体为例，档案机构要根据点击量、下载量、活跃度，不断调整以适应用户的需求。尤其是在大数据环境下，档案机构要进行更为细致的、基于大数据的用户行为和喜好分析，才能够更准确地为用户准备他们喜爱和需要的内容。

用户作为档案信息的生产者，可以理解为用户参与档案信息内容的生产，这一点正是大数据时代用户最为鲜明的特质。大数据时代允许用户为大众传媒提供内容，也允许用户作为自媒体进行传播，用户是真正的内容生产主体。普通用户可以作为媒体内容的生产者、信息和内容的输出者。在传统环境下，档案工作人员作为管理者处于档案信息服务的主导地位，社会群众的档案意识和信息素养并不高，因此，档案信息资源主要用于档案行业部门的研究与开发，而服务的目标人群也主要是政

府部门和相关研究人员。在大数据浪潮的推动下，互联网愈加普及，社会群众的档案意识得以开化，档案用户的信息获取能力和利用能力大幅度提升，这为档案用户成为信息生产者打下了技术基础。此外，在"开放共享"等大数据思维影响下，各级各类档案机构也开始宣传共享档案知识的必要性与重要性，同时也对机构与用户的交流互动更加重视，这使得档案用户逐步拥有了话语权。再者，随着互联网普及与发展，各种新媒体和社交软件更加成熟与完善。档案经过用户的理解、诠释后在各大平台上发布，而开放的大数据环境使得群众所发布的想法、意见甚至讨论更易于存储和传播，且其涉及内容多、范围广。因此，档案用户已经从被动的信息接收者转变为主动的信息生产者。

国外一些档案网站或者档案社交媒体上设置"档案标注"（Tagging）、"档案转录"（Transcribing）、"编辑档案"（Edit）等项目，用户可以对档案进行注释或者转录等，甚至直接设立用户上传平台，允许用户将原始素材直接发布到其网站上。例如，美国 NARA 提供有"公民档案管理员"（Citizen Archivist）入口，对历史档案感兴趣的民众可以登录注册，完成他们目录中的标注和转录任务。例如，NARA 提供了 1920 年的美国宪法修正案相关的民众向国会请愿，支持或反对妇女选举权的一些信件、电报等记录，用户可以给这些记录标注背景信息，如时间、地点、主题、人名等。转录任务则是由感兴趣的用户抄录一些文件的手写稿或者打印件，使其更易于阅读和理解。例如，网页上提供有美国从 1907 年到 1973 年部分民事和刑事的判例档案，这些案件都是被律师认为具有历史意义或者开创先例的案件。公民档案员所转录的这些判例档案将被纳入美国司法部长的年度报告。他们还提供一些奖牌的照片，包括紫心勋章、航空勋章、奖章、杰出服务十字勋章和杰出飞行十字勋章等，由用户抄写制作这些奖章的索引卡。他们需要抄录的信息包括：姓名、服务编号、职级、一般订单号、订单日期和颁发机构、奖励类型、授予日期等。

（四）服务方式：个性化、精细化特征凸显，提供定制化档案信息服务

大数据时代，用户都需要个性化的信息内容和服务。美国著名未来学家阿尔文·托夫勒在《第三次浪潮》中指出：信息时代的一大趋势是非群体化，过去一致性的需求被多样化的需求所替代[①]。千篇一律的内容只能满足大众传播时代的档案用户需求，根据用户差异化的需求提供特定的信息和服务才能给用户提供更深层次、更有效的服务。

例如，北京市经开区档案数据中心为充分了解非公企业档案管理服务需求，档案数据中心以分级分类模式，提升精细化服务水平。摸清服务对象，做实做细基础信息，深入非公企业走访调研，对档案管理模式、人员管理、库房建设、数字档案馆（室）建设等内容进行深入分析，挖掘非公企业档案管理的共性需求和个性需要。与京东、北京奔驰等档案管理示范企业，共商政企档案开放利用新途径，共享数字档案新成果[②]。在图书馆领域，为适应用户个性化的信息需求，图书馆提供嵌入式馆员和"定题式"的信息产品。嵌入式馆员会结合用户的工作、学习过程，为用户提供定制的信息产品和服务。例如在哈佛商学院图书馆，图书馆员参与教师的教学计划、课程选择、教案编排、教学案例设计等，为教师提供专属的教学参考文件、案例和其他辅助材料。他们还可以为教师的学术研究提供帮助，教师通过预约图书馆员，获取某专业研究领域的相关科研成果和数据以及该领域的科研影响评估、专著出版等帮助。"定题式"的信息产品借助 Web 2.0 推送工具，如 RSS、SNS 或者移动图书馆的 App 等，自由选择自己所需要的某专业领域的最新资源和信息，推送到用户的邮箱或者手机，完成定制式的信息服务。在大数据的新环境下，只有坚持个性化服务思维，细分用户需求，才能提高档案信息的终端服务的有效度和用户满意度。

---

① ［美］阿尔文·托夫勒：《第三次浪潮》，黄明坚译，中信出版社 2006 年版。
② 京报网：《"6·9"国际档案日｜一"本"档案，讲好亦庄新城建设故事》，2023 年 6 月 9 日，https://news.bjd.com.cn/2023/06/09/10459359.shtml。

三 大数据环境下档案用户需求分析

（一）内容描述与组织需求：细粒度+语义化

大数据时代，档案数据价值的发挥需要解决档案信息内容粗粒度、碎片化的问题，从语义层面对档案内容进行深层次的组织与加工，改变以档案文献作为管理对象的陈旧模式，将档案内容进行细粒度、语义化的知识描述与组织，才能满足用户对档案内容的利用需求。

依照"知识元"理论，对档案领域知识体系进行不断细分，最终分解为不可分割的独立知识单位，是粒子化的知识概念，也是知识结构的基本组成要素[①]。档案内容描述与组织方面，传统档案著录一般用主题词、分类号或摘要等项目描述档案的内容特征，最低层级的著录以文件为单位，总体仍是粗粒度的语义构建形态。档案界现有的《档案著录规则》《文书类电子文件元数据方案》等均较少涉及语义层面。一方面，档案数据内部蕴含着丰富的细粒度信息，数据模型利用主谓宾 RDF 三元组构成语义关联最小的结构单元，通过不同类型的属性关系连接在一起，利用丰富的链接种类和数量使得语义关系表达更精细明确。如 EDM 关系揭示了包括情境、衍生等较为复杂的对象间关系。另一方面，档案描述本质上是多层次和关系性的，且档案描述通常包含隐含信息。例如，面向关联数据的标准和模型所反映的著录内容不仅包括了针对实体本身的纵向多级著录，还包括了与实体相关的责任者、职能业务等诸多实体及其属性、关系等，能够描述出资源本身的丰富层级和资源之间的关联关系。如构建新的高层次文件/档案著录本体，在本体模型设计过程中，可参考《中国档案主题词表》《中国档案分类法》对概念的描述，梳理概念之间的关系。在建模过程中，可借鉴国际标准 ISO 21127：2014（E）中所规定的推理性、最小化、简便性、动态扩展性等系列建模原则。

---

① 赵生辉、胡莹：《"档案数据化"底层逻辑的解析与启示》，《档案学通讯》2021 年第 4 期。

（二）内容呈现需求：场景化+可视化

档案内容呈现可以用图形化的方式来展示数据、模拟场景。档案内容可视化呈现不仅可以更直观、多维地展示信息，还能够使档案内容更易于理解。从感官驱动来看，视觉叙述主要依赖视觉驱动，强调受众的视觉感知和体验，以简明直观的可视化来提高利用效果。

例如，王阮、邓君将《张学良口述历史》数据源进行预处理之后，应用 LDA 主题识别模型获取主题分布，进行 t-SNE 数据降维并呈现主题模块，同时借助 Python 类下 SnowNLP 情感词典逐行对文本数据进行情感挖掘，将情感演化过程予以可视化呈现①。美国 Enigma Labs 公司近期发布了世界上第一个制裁数据跟踪器项目，它利用地图和其他可视化媒介将美国近 20 年的对外制裁数据信息联系起来，讲述了一个复杂的关于美国对外制裁的"历史故事"。②

（三）服务方式需求：精准化+智能化

大数据采集到档案用户相关的数据，借助数据分析，可更好地掌握和预测档案用户信息需求。例如，用户画像可以通过抽取用户多维度的数据，利用数据挖掘技术、标签技术和建模技术等精准描述不同用户群体差异化的用户需求。目前，借助大数据技术和数据挖掘模型开展用户画像构建的研究较多，本质上就是多维标签组合的建模。在相关实践领域，档案机构可以采用用户画像技术分析用户行为，为不同档案用户群体提供个性化精准服务。档案界可以通过搜集用户的查阅、检索、浏览、收藏等信息，构建用户画像，推荐与其匹配的精细化档案资源服务。

具体而言，档案机构应将精准服务理念嵌入知识服务，在实现用户个性化知识服务的基础上更加强调档案信息投递的精准性。一是优化档

---

① 王阮、邓君：《故事线构建及可视化、情感化、场景化应用探索——以〈张学良口述历史〉为例》，《图书情报工作》2022 年第 66 卷第 7 期。

② 《Enigma Labs 企业公布全世界第一个经济制裁数据信息跟踪器新项目》，https://www.dtstack.com/news/4102，2020 年 2 月 21 日。

案知识检索系统，提升档案知识检索准确率使档案知识真正契合用户知识需求，提升档案知识发现效率和有效推进档案馆精准知识服务。二是帮助档案馆员树立数据思维，精准洞察用户知识需求领域。通过用户画像技术更好地掌握用户的行为习惯与兴趣偏好，然后从海量显性和隐性档案信息资源中依据不同用户的知识服务需求及其所处特定情景、时间节点等提供相应的问题解决方案，实现档案知识资源的最优配置。三是发现精准档案信息内容，主动向用户推荐档案精准知识资源。档案馆要充分利用用户画像技术深入了解用户知识需求，高效关联用户数据与档案数据，真正实现面向用户的"一对一""点对点"的档案精准知识服务。

此外，随着自然语言处理、深度学习、计算机视觉等技术不断取得新突破，人工智能正在给社会各个行业和领域带来深刻变革。《"十四五"全国档案事业发展规划》提出要积极探索知识管理、人工智能、数字人文等技术在档案信息深层加工和利用中的应用。由此，新一代人工智能技术的突飞猛进无疑给档案信息内容生产、知识组织与服务诸多方面带来新的机遇和挑战，也必将成为促进档案信息服务智能化的重要推动力之一。例如：智能分析档案用户历史行为和偏好，改善档案个性化信息服务；辅助生成大事记、机构沿革、统计数据汇集等传统编研产品；对大量的档案文献和相关数据进行学习和提取知识，建立档案知识库[①]；实现面向档案用户的智能问答，创建虚拟客服，通过多轮对话的形式为档案用户提供高质量的交互服务。

（四）业务融入需求：协同化+知识性

档案作为政府、企业等机构的重要数据资产，在服务机构中心工作、核心业务、维护机构和员工权益等方面发挥着重要作用。通过加强档案机构与业务活动的协同与融合，将有形的档案实体转化为无形的档案知识，才能加速档案数据从"资源"到"资产"的蜕变，凸显其

---

① 周文欢：《ChatGPT 在档案领域应用和意义》，《中国档案》2023 年第 3 期。

价值。

以政府档案数据的业务融入为例，通过政务云，联通区域大数据中心，向大数据中心归集开放档案数据，查档服务平台接入地区政务服务网和 App；对馆藏婚姻、契税、工伤认定等民生档案进行数据化整理，将档案电子证明事项接入政府自助服务终端，实现档案数据服务电子化出证；对馆藏红色档案资源进行数字化采集，构建知识图谱，实现在线虚拟展示；加强历史档案数字化资源整合，开展记忆工程建设，促进地区文化传承。

以企业档案数据的业务融入为例，以企业需求为导向，围绕科学决策、合规运营、产品创新、业务流程优化、风险管理等需求，提供精准服务；强化档案资源对业务流的支撑，建设企业重点工作、重大活动、重大建设项目、重大科研项目等相关主题档案知识库，实现档案知识定制、智能化推送等高质量档案知识服务形式，提升档案服务效益；以大事记、专业史、组织机构沿革为典型案例逐步推进档案智能化编研工作；促进档案部门与企业数据部门、业务部门合作，构建档案利用服务跨部门合作协同机制。

（五）用户参与需求：主动性+多样化

用户主动参与的本质是出于信息共享的意愿。大数据环境超越了传统信息共享的组织界限，强调以公众用户为主导来进行集体的知识创造与协同合作，这一过程更强调主动性与多样化。以众包为例，档案机构可以从迫切需要保护和开发的特色历史档案资源入手，以文本、图片、音频、视频多层次呈现档案资源，平台集完成任务、学习知识、浏览成果、交流反馈、参与活动等功能为一身，最大限度地吸引公众的注意力[①]。

档案知识服务的过程中也需要有与用户互动的环节，不仅能收集用户的意见和建议，用于改进服务，还能够拉近档案人员与用户之间的距

---

① 夏佳静、陈建：《探索与蜕变：中国档案众包实践探析》，《山西档案》2022 年第 2 期。

离，使用户参与到档案工作中来，增强用户对档案工作的参与感、使命感，提升用户对档案知识服务的满意度，培养用户主动参与和评价的行为习惯。档案部门在开展档案知识服务的过程中应主动拓宽评价渠道，创新与用户互动交流的方式。在档案知识服务平台上，用户能够通过评分、留言、在线交流等方式对所获得的服务进行评价或意见反馈。各省、市级档案部门都在档案门户网站为用户评价和反馈提供了途径。此外，随着人工智能逐渐进入社会生活，档案部门也可以利用智能机器人创造档案馆"智能馆员"，或者利用智能回复设置在档案知识服务平台上开设"智能在线助手"，进行用户互动模式的多样化探索，让档案知识服务"活"起来。

第六章

业务重构：国家大数据战略下档案管理业务模式研究

重构国家大数据战略下档案管理业务模式既依赖需求导向下的价值重塑，以便在发展牵引上揭示档案管理有效供给的新方向，也离不开彰显大数据综合治理规律的底层逻辑驱动，在数据、技术等基础要素上体现档案管理业务框架的新内容。因此，辨明国家大数据战略下档案管理业务模式应加强大数据综合治理的底层逻辑探析，并在此基础上，研究大数据背景下档案资源建设与开发利用核心业务的模式重构问题。

第一节　基于全生命周期的数据综合治理模式构建

国家大数据战略的提出对我国大数据产业发展产生了深远影响，大数据成为国家基础战略资源，如何管理、用好大数据成为社会各领域研究的热点问题。研究者提出了基于全生命周期的大数据管理模式，并且在大数据架构设计、大数据内容采集、大数据组织融合、大数据存储管理、大数据智慧分析和大数据综合应用等方面取得了关键性的技术突破。然而，大数据管理并非单纯的数据、技术问题，为了最大限度地发展大数据管理效能，还需要从组织管理的视角探索大数据治理问题，也只有如此才能为档案资源建设与开发利用核心业务的模式重构研究提供更好的借鉴。

一 国家大数据战略与数据治理

信息技术的发展推动了数据资源的快速增长,数据已经成为推动社会各领域发展的重要战略资源,大数据技术在推动社会各领域发展方面的作用更加凸显。为了适应这一趋势,国家制定了一系列大数据发展战略,推动了大数据治理技术的快速发展。

大数据治理是解决大数据管理问题、提高大数据利用质量的关键手段,学者们围绕大数据治理的概念、要素、治理模式等展开了深入研究。在概念界定方面,研究者从大数据治理的目的、内容和路径等方面进行了详细阐释。大数据治理指对大数据管理、大数据利用等活动进行的有目的、成体系的评价和监督活动,其目的是实现数据管理、数据利用的安全合规,要能够创造价值和提升管理绩效。梁芷铭认为大数据治理是为了应对大数据时代挑战,采用最新技术对大数据进行集中管理和价值挖掘的行为[1]。郑大庆等从目的、权利、对象和价值四个方面对大数据治理的内涵进行了系统阐释。首先,研究认为大数据治理的目的包括两个方面,一是创造价值,二是管控风险。其次,研究强调大数据治理需要同时整合企业内外部数据,要扩大数据流通范围,以提升数据价值。再次,大数据治理强调权责一体,要求权利与责任相匹配。最后,大数据治理可以解决与决策相关的一系列问题[2]。

在构成要素方面,安小米[3]等认为大数据治理是一个多维度的概念体系,可以从宏观、中观和微观多个层次进行阐释。在宏观层面,研究

---

[1] 梁芷铭:《大数据治理:国家治理能力现代化的应有之义》,《吉首大学学报》(社会科学版) 2015 年第 36 卷第 2 期。

[2] 郑大庆、范颖捷、潘蓉、蔡会明:《大数据治理的概念与要素探析》,《科技管理研究》2017 年第 37 卷第 15 期。

[3] 安小米、郭明军、魏玮、陈慧:《大数据治理体系:核心概念、动议及其实现路径分析》,《情报资料工作》2018 年第 1 期。

认为大数据治理包括概念体系和体系框架，其中概念体系包括目标、权利、对象和问题四个方面，体系框架则是指实现大数据管理、利用、评估、指导和监督的一揽子解决方案。在中观层面，研究强调大数据治理包括业务驱动和数据驱动两种视角，面对全生命周期大数据治理活动，需要在安全、隐私和成本之间进行权衡，需要从完成性、可及性、可用性等多个方面进行全面质量管理。在微观层面，研究认为大数据治理需要从组织层面和操作层面明确数据全生命周期的管理策略，需要继承现有数据质量评价维度，以人为中心、政府为主体、数据为对象，善用计算机、法律等技术工具解决大数据治理问题。

在大数据治理模式方面，郑大庆等指出大数据的应用需要经历从低价值原数据向高价值信息转化的过程，在不同处理阶段数据要素的状态不断发生变化，治理的重点也随之发生变化，因此大数据治理需要充分考虑大数据的生命周期特征。同时，研究指出大数据生命周期包括大数据扫描与价值发现、大数据采集与预处理、大数据存储、大数据整合、大数据分析和挖掘、大数据呈现与应用、大数据归档与销毁七个阶段，大数据生命周期是一个数据产品化程度不断提升、数据价值不断增值的过程[1]。基于全生命周期的大数据治理是一种结合大数据处理阶段特征进行的有目的、有计划、主动的数据干预策略，其目的是在管控风险的同时，最大限度地发挥大数据的价值。基于全生命周期的大数据治理框架具有典型的层次特征，可以分为多个阶段：一是在计划阶段，重点需要关注的是场景适配问题；二是在实施阶段，重点是解决治理体系的构建问题；三是在评估和改进阶段，重点是解决体系运转的可持续性问题[2]。同时，基于全生命周期的大数据治理框架具有明确的操作流程，针对全生命周期的大数据价值发掘，需要充分利用体制机制、组织结

---

[1] 郑大庆、黄丽华、张成洪、张绍华：《大数据治理的概念及其参考架构》，《研究与发展管理》2017 年第 29 卷第 4 期。

[2] 安小米、王丽丽：《大数据治理体系构建方法论框架研究》，《图书情报工作》2019 年第 63 卷第 24 期。

构、法律法规、技术工具等手段，从大数据采集、大数据整理、大数据存储、大数据分析、大数据应用五个生命周期环节进行全方位的价值优化。

二　基于全生命周期的数据综合治理框架

大数据综合治理蕴含了大数据背景下档案管理的底层逻辑，除两者在数据/文件生命周期运行规律上存在一定共通性外，大数据综合治理为档案管理相关业务提供了思维理念和技术方法上的革新，档案管理只有不断改造其自身才能融入国家及各类主体的大数据实践体系。实际上，也只有主动融合，才能将档案管理自身的价值诉求与业务规则嵌入大数据实践体系，在大数据服务各类业务实践探索中实现对数据的档案化治理，发挥档案独特的价值和作用。

（一）大数据治理框架模型

许多研究者提出了大数据治理的框架模型，国际数据管理协会（DAMA 国际）提出了 DAMA-DMBOK 框架用于指导数据治理实践。与此同时，许多大数据企业面向政务大数据、企业大数据和工业大数据等场景推出了类型丰富的数据治理产品。基于上述研究成果，以及现有大数据治理产品，本书提出了基于全生命周期的数据综合治理框架（如图 6-1 所示），用于揭示目前数据治理的制度、策略、方法和技术。

本框架在纵向上可以分为概念层、策略层和实施层三个层次，分别从宏观规划、中观决策、微观实践三个层次提出了大数据治理框架体系，详细阐释了大数据治理的构成要素，以及治理方法和路径。在详细介绍三个层次之前，首先需要说明的是本书所提框架是从数据全生命周期的视角整合了大数据管理和大数据治理两项活动，实现了二者在概念层、策略层和实施层的统一，反映了当前大数据管理与大数据治理彼此融合的平台开发策略。大数据管理指围绕大数据采集、整理、存储、分析和利用等数据全生命周期开展的一系列数据管理活动，在实际执行过程中可能面临数据被窃取滥用、数据价值难以评估、数据质量无法把控、

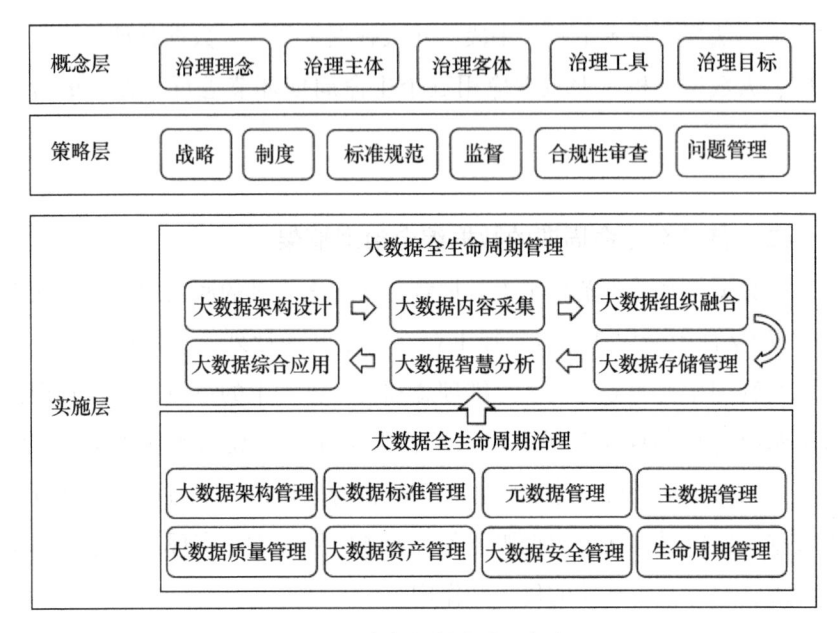

```
概念层    治理理念  治理主体  治理客体  治理工具  治理目标

策略层    战略  制度  标准规范  监督  合规性审查  问题管理

                     大数据全生命周期管理
         大数据架构设计 → 大数据内容采集 → 大数据组织融合
实施层    大数据综合应用 ← 大数据智慧分析 ← 大数据存储管理
                     大数据全生命周期治理
         大数据架构管理  大数据标准管理  元数据管理  主数据管理
         大数据质量管理  大数据资产管理  大数据安全管理  生命周期管理
```

图 6-1 大数据综合治理框架

元数据管理缺失等一系列问题，为此需要融入大数据治理技术实现对大数据管理的全过程监督，以确保数据能够按照既定目标进行管理，大数据治理与大数据管理之间是一种监督与执行的关系（如图 6-2 所示）。在具体实践中，企业通常会选择构建兼具大数据管理与大数据治理功能的一体化平台或在现有大数据管理平台基础上整合大数据治理平台，以实现大数据管理与大数据治理的深度融合。

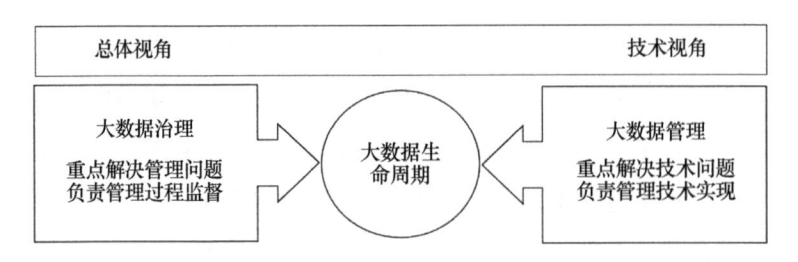

```
总体视角                                     技术视角

大数据治理                                   大数据管理
重点解决管理问题    →  大数据生命周期  ←    重点解决技术问题
负责管理过程监督                             负责管理技术实现
```

图 6-2 大数据治理与大数据管理的关系

(二) 概念层

概念层揭示了大数据治理的概念模型，用于反映不同业务场景下大数据治理涉及的核心概念、重点问题和参与对象，包括治理理念、治理主体、治理客体、治理工具和治理目标五个维度。在治理理念方面，以人为中心的治理反映了大数据治理最顶层、最核心的指导原则，是后续制定治理策略、开展治理实践、监督规范数据管理行动的基础指引。实现以人为中心的治理需要保障多元主体的数据主权和数据安全，需要保证业务需求与治理理念的一致，保证对大数据管理的全面监控。在治理主体和治理客体方面，强调要以政府、企业等大数据管理核心机构为主体开展大数据治理，以多种类型、多种来源的数据资源为客体，需要充分考虑机构目前采取或计划采取的数据管理模式，结合不同业务场景进行有目的、有针对性的大数据治理。在治理工具方面，大数据治理涉及复杂的组织行为，不同于大数据管理偏重于技术方案的设计，大数据治理更强调通过多种手段解决问题，因此选择恰当的工具对于解决大数据治理问题至关重要。大数据治理工具可以分为社会性工具和技术性工具两种类型，其中社会性工具包括政策工具、法律工具、契约工具、网络宣传工具等，技术性工具包括大数据系统设计工具、大数据基础设施、大数据分析技术和大数据监控技术等信息技术工具。在治理目标方面，大数据管理与大数据治理的共同目标是保障数据安全、提升数据价值，然而由于大数据治理承担着对大数据管理的监督职责，因此其还需要保障大数据的可信决策、合规运营、风险管控和价值创新，具有更高的价值和使命。

(三) 策略层

策略层主要从中观层面制定用于指导大数据治理实践的战略、制度、标准和质量要求，明确大数据管理监督、合规性审查、问题管理等工作的实施策略，以实现对大数据全生命周期管理过程的有效监控，确保按照制度规定和最佳实践要求进行大数据管理。大数据治理战略定义了治理的范围和方法，其在综合机构业务战略、数据管理战略和IT技术战略的基础上，明确了大数据管理的目标、使命和原则，定义了大数据治理的组织结构、权力责任、实施计划和可持续策略，是大数据治理框架的重要组成部分。制度指在特定组织结构约束下，由各类型治理主体共同参与起草的，用于规范数据、元数据管理、访问与使用，保障其安全和质量的制度，其规则涵盖了大数据采集、整理、存储、分析和利用的全过程。标准与质量要求指大数据治理主体共同制定的用于规范大数据各环节管理活动，强化大数据管理架构设计和管理质量的标准与规范。相较于制度强调对可以进行的治理活动事项进行约定，其更加侧重于说明治理活动应当如何规范开展，在内容上更加具体。监督指在制度、标准和规范等的指导下，对大数据管理关键环节进行的观察、审计和纠偏等活动，是规范大数据管理行为、提高大数据管理质量、发挥大数据潜在价值的重要保障。由大数据治理管理者主动发起的，施加于大数据全生命周期管理活动的合规性审查，是保障大数据管理规范性的重要手段。问题管理指针对大数据管理过程中出现的数据安全、数据质量、越权使用等问题进行的一系列治理活动，包括问题识别、定义、预警和处理等多个环节。

（四）实施层

实施层主要从微观层面描述了大数据管理和大数据治理的具体过程，其中大数据管理负责从技术层面解决数据全生命周期管理过程中存在的复杂问题，包括大数据架构设计、大数据采集、大数据组织、大数据存储、大数据分析和大数据利用等一系列活动。大数据治理负责对大数据管理进行全过程监督，以确保数据的完整性、精确性、一致性、时效性、价值性，其内容包括大数据架构管理、大数据标准管理、元数据管理、主数据管理、大数据质量管理、大数据资产管理、大数据安全管理和大数据生命周期管理。大数据全生命周期管理的所有活动可以划分为规划设计、实施维护和性能增强三个阶段，每个阶段之间具有明显的先后承接顺序。大数据治理是对大数据管理全过程的监督，其内嵌于数据管理的各个环节，在数据全生命周期的任何阶段都是可以被访问和使用的。为此,大数据治理需要面向所有数据管理活动进行有针对性的设计,以解决各环节可能出现的数据质量、数据安全等问题。下面两个小节,本书将详细论述数据处理的不同环节中大数据管理与大数据治理的核心内容。

三 数据综合治理的基本逻辑

(一) 大数据架构设计

大数据架构设计是基于全生命周期管理的大数据综合治理首要环节,其对后续管理活动的开展发挥着重要的指导作用。架构反映了特定系统的组成结构,能够从整体上揭示系统包含的关键组件,以及组件之间的形成关系,既可以用于对已有系统的描述,也可以用于对新建系统的规划。厘清大数据架构设计对理解大数据背景下的档案管理业务实现具有重要价值。一般而言,架构包括业务架构、应用架构、技术架构和数据架构等多种类型,其中,数据架构的作用是指导数据和数据管理系统的建设与实施,是大数据架构设计的核心,也是更为细致地理解大数据背景下档案管理数据化转型要求,并理解业务模式底层逻辑的关键。

1. 大数据架构含义

大数据架构中包含了数据生命周期各环节需要的数据管理文件,根据不同的抽象层次,这些文件能够被用于描述当前的数据管理状态,揭示组织真实的数据需求,指导多源数据的组织与融合,明确数据管控的标准与要求。具体来说,对数据架构有以下理解:

首先,数据架构包含对组织数据需求、系统需求和功能需求的详细描述,它们是设计、实施、维护数据管理平台的重要依据,其设计应当与组织发展战略保持一致。其次,数据架构包括与大数据采集、组织、存储、分析和利用相关的数据处理标准,这些文件对各环节数据管理的范围和方式进行了详细规定,是保证数据真实性、完整性、一致性、可靠性的重要依据。再次,数据架构文件包括对数据模型的描述,一方面它们详细记录了与数据相关的信息,如数据的名称、类型、属性特征等；另一方面它们也记录了与数据相关的元数据信息，如元数据的定义、解释、相关实体、实体关系和著录规则等。最后，数据架构文件包括对物理数据模型（Physical Data Model，PDM）的描述，该模型建立在逻辑数据模型（Logical Data Model，LDM）基础上，能够从数据库物理实现的角度对数据模型进行描述，更准确地反映数据在数据库管理系统中的存储方式。

大数据背景下档案管理业务模式也应明确其数据架构。一是档案数据资源规划，即明确档案数据资源的来源、特点、规模等情况，清晰档案数据资源建设的技术路径与方式方法；二是档案数据资源库建设计划，如预归档库、归档接收库、档案管理库、档案长期保存库、档案利用库以及档案资源库与外部资源湖仓等的关系；三是档案业务流程细则，如归档范围、归档要求、保管期限、命名标识、元数据方案、鉴定标准、数据交互、存储备份与鉴定处置规则、利用权限等。

2. 大数据架构设计方法

大数据架构设计的关键是厘清数据模型。数据模型是用于反映机构数据结构的概念或逻辑模型，包括对数据实体、实体关系、业务规则、关键特征的抽象化描述，能够为数据的全生命周期管理提供统一视图。

数据模型由主题域模型、概念模型、逻辑模型和物理模型构成，其中，概念模型是对数据实体和实体关系的总体描述，用于提供统一的数据视图；主题域模型是由主题概念和概念关系构成的模型，主要用于对特定主题的数据分析；逻辑模型是在概念模型的基础上增加了对数据内容的细节描述；物理模型是依据逻辑模型提出的，面向特定数据库管理系统的技术解决方案。

数据架构设计的重要任务是按照上述结构完成数据模型设计，设计过程可以采取自上而下和自下而上两种方式：自上而下的设计强调先完成主题模型设计，再进行更为详细的下层逻辑模型设计。自下而上的设计是先完成下层逻辑模型设计，然后再归纳、抽象出上层主题模式。

在实现上，数据模型设计可以采用图形化的方式揭示数据与数据关系，反映不同处理阶段数据的流动方式。同时，可以采用专门的数据建模工具，它们能够通过图像化的方式完成各种类型数据模型的设计，并自动实现概念模型、逻辑模型和物理模型之间的转换。此外，为了监控数据模型的动态变化，可以采用专门的数据血缘分析和元数据资料库等工具作为服务大数据治理的重要手段，这些工具将放在后面的章节进行专门介绍。

上述设计原则与实现重点，一方面体现了档案管理的业务驱动、流程优化、可信管控、全程管理等理念，是设计档案管理数据架构应予遵循的基础原则；另一方面对数据模型的设计，也要求档案管理实践中应以更细粒度的数据思维，在融合归档范围、归档要求、保管期限、命名标识、元数据方案等业务与数据要求的基础上，厘清大数据环境下潜在归档数据的实然状态与收集归档后的应然状态，为业务流程建设提供基础。

（二）大数据内容采集

大数据内容采集负责对接各种类型的数据源，按照数据架构中事先制订的采集计划从多个数据源中抽取数据。大数据内容采集是大数据综合治理的基础，为后续数据组织、存储、分析和利用过程等提供了资源支撑，采集数据的质量也直接决定了后续大数据的组织融合和智慧分析。清晰大数据内容采集的含义、原则与方法，对理解档案数据的形成、收集与归档等工作具有重要意义。

1. 大数据内容采集的含义

大数据内容采集需要制订详细的数据采集计划，明确数据的采集源、采集范围、采集标准、采集方式和采集过程并有序实施。

不同于一般数据的采集，大数据内容采集通常包含多种类型的数据源，它们可能是存储在数据库当中的结构化数据，也可能是散落在网络中或是纸质载体、磁性载体等数字化之后的图像、视频、音频等非结构化数据。针对结构化数据的采集，通常可以直接在系统内导出，或是依靠中间件产品实现跨系统的数据传递，然而针对系统外的非结构化数据，通常需要结合网络爬虫、OCR、手写体识别等技术进行专门采集，数据采集难度大、采集质量难以把握，因此需要制定较为详细的采集标准，并对采集到的数据质量进行专门评估。

对于大数据内容的采集范围，通常需要针对不同数据源制定详细的数据采集标准，明确数据采集范围、采集方法、采集流程、数据结构和质量评估方法等。为了最大限度地发挥大数据价值，在进行采集时应重点关注数据采集的全面性和高价值，需要根据业务管理和档案管理需要提前制订采集计划。为了准确制定大数据内容的采集范围，通常需要结合业务处理需要、数据生命周期管理需要和大数据治理需要进行设计。在数据来源上，采集对象既包括组织内部产生的业务数据，也包括因组织管理、决策需要从组织外部收集的数据。在数据类型上，采集的数据需要包括大数据管理系统中的主数据、参考数据，这些数据是大数据全生命周期管理的核心对象。此外，为了满足大数据治理需要，还需要采集与大数据管理相关的数据架构文件、数据标准、元数据等。

2. 大数据内容采集方法

在面向多种数据来源上，大数据内容采集与收集归档具有共通性，即两者都需要识别数据源，并进行有针对性的采集形式、采集技术和采集标准设计。有别于档案管理对形成单位/部门、业务活动等的关注，大数据内容采集更为关注底层数据与技术特征，亦即关注各类型 SQL 和 NoSQL 数据库、独立文件、物联网数据、接口调用、文件传输代理和前置交换等数据源及复杂的技术类型。

针对不同类型的数据库产品，可以采用专门的中间件对接数据库系统，通过定义采集规则自动完成数据采集。针对互联网中散布的各类型文件可以采用深网爬虫的方式进行自动化采集，对于图片、视频等非结构化数据的采集可以采用报表填报的方式手动输入，或通过 OCR、手写体识别等技术进行自动采集。针对物联网数据可以采用专门的驱动程序，以通用的格式导入数据。针对接口调用，需要在系统中内嵌接口调用程序，实现数据的自动采集。对于文件传输代理和前置交换，需要根据它们采用的接口类型和数据标准，通过接口调用、协议访问、中间件连接等方式进行采集。在采集方式上，大数据内容采集根据采集时间可以分为离线采集和实时采集，其中离线采集指从已经存在的数据源中获取数据，实时采集指对系统最新生成的动态数据进行采集；离线采集主要用于对历史数据的阶段分析，实时采集主要用于对动态数据的即时分析。根据采集数量，大数据内容采集可以分为批量采集和增量采集，批量采集指对一段时期内数据的批量采集，通常用于离线数据分析。增量采集指按照固定的格式，对少量新增数据的采集，通常用于数据的实时分析。

上述方法对档案形成、收集与归档等工作也具有指导意义。在档案管理的框架下，大数据内容采集的需求驱动、质量控制和价值有限原则可以转化为面向档案管理需求的采集规则，即围绕业务活动的规律及其数据特征，以前端控制的理念，前置嵌入档案管理规则，一方面在源头提升具有潜在归档价值的数据质量，另一方面在数据产生发布等处理过程中增加归档范围、档案分类、保管期限等价值判断，实现数据与档案的管理一体化。

（三）大数据组织融合

从大数据组织融合与档案整理的关系上看，两者的目标都是实现管理对象的有序性、系统性，揭示管理对象之间的有机联系，不同之处在于大数据组织融合的对象为更细粒度的数据，对以文档、表单、图纸等为主体的传统档案整理存储而言，为适应大数据综合治理需求，也应借鉴其数据组织融合方式方法。

1. 大数据组织融合的含义

大数据组织融合负责将采集自分散数据源中的数据进行一体化组织，使多源异构数据整合到统一的平台之中，按照同一数据模型进行结构化管理。经过组织融合后的大数据能够更为高效地实现跨模块、跨系统数据传输，即便是在大型分布式系统之中也能实现高效的数据共享，数据中心、数据湖、数据中台等大数据管理模式都需要将统一化、规范化的数据组织作为核心环节。

大数据组织融合的对象是组织拥有的主数据、事务数据、分析数据、元数据等，其中主数据指需要被组织内部不同业务重复使用、频繁共享的关键数据，其具有共享性、高价值、变化慢、高质量和可集成的特性。主数据通常是反映组织核心业务的基础数据，经常需要在多个系统之间进行共享，因而具有更高的价值，为了保证数据准确性、一致性，需要制定统一标准进行组织管理。事务数据又可分为原始实时数据、结果数据、中间数据、条件数据。原始实时数据记录企业的实时业务，描述企业在某一个时点发生的业务行为；结果数据是表征各部门完成职责后生成的事务数据；中间数据是为了生成结果数据，在对实时数据进行统计、关联计算等中产生的数据。分析数据是从主数据、事务数据等对象中归纳、统计、关联、聚类等得到的数据。元数据表征数据关联关系等。

2. 大数据组织融合方法

大数据组织融合涉及质量评估、抽取转换等内容。其中数据质量评估是大数据全生命周期管理和大数据治理的重点工作，是保障数据质量的重要手段，为保障数据质量需要制定数据质量评价制度，明确质量评价方式和评价标准，保证采集数据的完整性、准确性、一致性、可靠性、合规性等。在档案整理上，也应加强对档案质量的评估，审查归档对象的质量，如数据归档对象的种类、数量、格式及其真实性、完整性、安全性、可用性等特征。

数据抽取转换（Extract Transform Load，ETL）是对数据内容进行修正补全，对数据结构进行调整优化的重要工具。面对不同类型的数据源，其在数据传输过程中容易出现数据缺失、数据错误等情况，因此需要专门的处理环节对数据取值进行修正。另外，针对隐私数据在数据转换环节需要对其进行数据动态或静态脱敏处理，对于涉密数据则需要根据相关规定指定涉密等级，并采取分级分类的方式进行安全管理。

组织融合负责实现对于多源异构数据的统一化管理,为实现该目标需要根据数据类型制定专门的数据整合标准,并通过多种技术手段实现对异构数据的标准化管理。针对分散于不同系统中的主数据等,可以搭建数据资源目录系统,通过该系统详细记录不同数据源保存数据的类型和关系,提供实时和批量方式的数据资源编码、分类、检索和维护服务。针对元数据的组织融合,需要搭建专门的元数据资源库,提供专门的元数据采集、管理、分析和查询服务。

对档案整理而言,"遵循文件形成规律,保持文件间的有机联系,区分不同价值,便于保管和利用等"这一档案整理的基础原则并未"过时",恰恰相反,应以此为基础,深入应用数据组织的理念原则,突破传统档案实体整理的局限,将更多反映档案情报价值的数据语义关系反映在整理存储实践中,在建立以凭证价值维护为核心的档案整理成果体系的基础上,辅之以多维度知识组织和语义索引,保存管理好丰富的数据语义关系。

(四)大数据存储管理

大数据存储管理负责完成数据存储模式的设计、实现和运维,内容涉及数据库创建、获取、管理和处理的全过程,核心任务是实现数据的结构化管理,最终目标是实现数据价值的最大化。大数据存储管理为大数据环境下档案数据存储提供了基本框架。

1. 大数据存储管理的内涵

大数据存储管理的核心对象是各种类型的数据库,高效的数据库管理是解决大数据存储问题的关键。为了做好大数据组织融合需要重点完成两方面任务:一是需要了解最新的数据库管理技术,能够根据组织数据的数量、类型和结构特点选择合适的数据库技术,根据数据管理需求设计数据库架构,完成数据库的安装部署,解决数据库部署、运行期间出现的各类问题。二是需要了解详细的数据库操作方式,能够利用数据库完成数据生命周期各项管理操作,准确评估数据库管理效率,并对数据库运行状态进行实时监控。

2. 大数据存储管理方法

大数据存储管理的核心是数据库系统，数据存储、检索、修改、索引等操作的实现都需要数据库系统的各项功能来实现。目前，数据库系统可以分为集中式数据库和分布式数据库两种类型，其中集中式数据库主要部署在单台服务器系统上，而分布式数据库则部署在由多台服务器构成的集群之中。集中式数据库通常采用经典的关系性数据库，又称SQL数据库，其优点在于支持严格的数理逻辑，能够设置复杂的条件查询语句，支持事务机制和构建索引，能够实现高效的数据查询，支持数据的强一致性。然而，集中式数据库同样存在着数据并发访问效率低、数据结构固定难以扩展、数据存储容量受单台设备存储容量限制等问题。分布式数据库能够有效解决集中式数据库存在的问题，首先其采用多台服务器构成的集群存储数据，通过搭建Hadoop、MaxCompute等分布式框架能够自动实现数据资源的分布式存储和分布式计算，从而满足高并发、大容量数据的访问与存储。其次通过部署HBase、MongoDB、PolarDB等分布式数据库能够实现高效的数据结构扩展，使数据管理变得更为灵活、便捷。鉴于分布式数据库在大数据存储上的诸多优势，其在云计算平台得到了广泛应用。

大数据存储与管理场景下，可以采用的数据库产品分为SQL数据库、NoSQL数据库和NewSQL数据库三种类型，其中SQL数据库指传统的关系型数据库，遵循严格的数据库设计范式，需要在数据设计之初明确数据结构，数据库严格遵循ACID四性，即原子性（Atomicity）、一致性（Consistency）、隔离性（Isolation）、持久性（Durability），能够保证数据的强一致性。面对大数据存储管理遇到的高并发访问和大容量数据问题，SQL数据库通常可以采取主从模式和分库分表的方式缓解上述问题带来的影响。NoSQL数据库通常可以分为键值数据库、列族数据库、文档数据库和图数据库四种类型。NoSQL数据库能够适应于不同的大数据存储管理场景，具有较高的数据并发访问性能，以及灵活的数据存储结构。但是，NoSQL 数据库通常不支持 ACID 四性，而是遵循 BASE 原则，即基本可用（Basically Available）、软状态（Soft State）和最终一致性（Eventual Consistency），这些特性虽然限制了 NoSQL 数据库的查询性能，但是也使其更加适合于大数据的应用场景。目前，大数据存储与管理技术仍在快速发展，以 NewSQL 数据库为代表的新一代数据库正在云计算领域得到广泛应用。将 NoSQL 数据库的集群管理技术整合进入传统的 SQL 数据库，产生出 PloarDB 这样兼具关系型数据库和非关系型数据库优点的 NewSQL 数据库，这种新型数据库一方面支持高效的复杂数据查询，支持事务管理机制和强一致性，另一方面也支持分布式集群管理，能够自动完成主从模式、分库分表，以及管理节点和存储节点的协同。

在档案存储中，应在系统安全管理、存储备份管理、转换迁移、安全检测和审计跟踪等长期保存策略中运用大数据存储管理技术方法，提升安全管控和存储管理的效率效果。

（五）大数据智慧分析

大数据智慧分析是采用各种大数据挖掘算法，对经过标准化、结构化、统一化管理的数据进行处理，并通过可视化技术对结果进行呈现，核心任务是发掘大数据的隐含价值，最终目标是实现大数据价值的增值。大数据智慧分析是提升档案资源开发效能，助推实现档案多元服务的重要技术路径。

1. 大数据智慧分析的含义

大数据智慧分析通常包含三大要素：一是高质量数据仓库和自定义的数据模型，即在大数据智慧分析之前需要依赖数据仓库建设，完成对特定分析数据的抽取和集中管理，提前构建数据模型，完成特定数据抽取，从而为后续分析奠定基础。二是高性能的分析计算引擎，作为数据分析的核心技术底座，分析计算引擎能够高效执行大数据离线分析、实时分析、规则分析、报表分析等操作，可以满足不同类型、不同量级的数据分析需求，为业务管理、大数据管理提供算力支撑。三是类型多样的分析工具，提供多种类型的数据分析算法，能够进行经典的统计方法分析、商业智能分析，能够完成对机器学习、深度学习等经典模型的训练。同时，提供多种类型的可视化工具，能够生成高质量图表，支持进行对比分析、增强分析、监控分析和智能分析等。

2. 大数据智慧分析方法

作为大数据智慧分析的重要工具，数据仓库的构建需要经历严格的设计、实施和维护流程。首先，构建数据仓库需要深入理解组织数据分析的功能需求和数据来源，需要充分考虑核心业务的目标和任务，进而划分出数据分析项目解决问题的优先级。其次，构建数据仓库需要制定合适的系统架构，需要尽可能以原子级的数据处理支撑大规模数据的分析。另外，数仓架构设计还需要在非功能需求与业务需求之间进行平衡，并考虑数据分析的时效性等指标。再次，数据仓库和数据集市开发是数据、技术和智能工具整合的结果，开发过程中需要明确可用于分析数据的来源和范围，保持与数据源的准确对接，同时提供尽可能丰富的智能分析工具。数据准备和数据整理会消耗大量时间，分析活动开始前需要为异构数据建立转换规则，数据抽取时需要保证数据仓库与数据库的同步性。最后，数据仓库的实施需要考虑使用者的专业能力和使用习惯，应当重点关注系统的易用性，设计最优的报表可视化方案。另外，数据仓库运维需要关注系统的发布过程，避免系统上线初期出现的访问爆炸问题。同时，需要对系统运行状态和运行策略进行实时监控和动态调整，保证系统数据分析能力的最优化。

目前，可以采用的数据仓库产品分为离线数仓和实时数仓两种类型，由于它们都追求高性能和大数据集，因此均采用分布式技术作为底层框架，但是二者在使用场景上存在着根本性的区别。数据仓库产品由于不具备数据独立存储能力，因此需要在底层搭建分布式框架和分布式数据库，如开源框架 Hadoop 和阿里研发的 MaxCompute 均支持针对海量数据的批处理，可以通过搭载 Hive 等数据仓库实现大数据离线分析，分析结果主要为管理者决策提供支持。不同于离线数仓为人类决策服务,实时数仓强调数据分析的时效性,Flink、Spark 等实时数仓均采用内存计算,可以实现秒级分析回复,因而能够为机器智能决策提供支持。

(六)大数据综合应用

大数据综合应用是建设在之前所有管理活动的基础上,采用大数据技术创新服务内容、服务形式,并直接面向用户提供,其在很大程度上决定了用户的系统体验。

1. 大数据综合应用的含义

大数据综合应用是建设在之前所有管理活动的基础上,直接面向大数据使用者提供服务的关键环节,其目标可以分为三个方面:一是优化组织管理决策。决策支持是组织使用大数据技术的重要驱动力,基于大数据的决策支持能够帮助管理者全面了解业务运行状况,智能化的分析技术能够为管理者决策提供关键线索,从而提高决策质量和决策效率。二是加强组织管理效率。数据已经成为组织重要的战略资源,通过综合运行前沿大数据技术,实现高质量的大数据全生命周期管理,能够显著提高组织业务开展水平,提高组织内部管理效率,从而为组织发展提供新动力。三是提升服务质量。将大数据技术应用于组织对外服务,能够提高业务服务、数据服务等的智能化、个性化和专业化程度,能够显著提高使用者满意度,推动组织关键业务服务能力的提升。

2. 大数据综合应用方法

在政务、经济、教育、工业等社会各领域,大数据技术已经得到了广泛应用,在妥善解决数据的采集、组织、存储、分析问题后,系统最终可以通过统计报表、数据可视化、知识图谱等工具向使用者提供大数据服务。商业智能分析是大数据系统的重要应用场景。首先,利用数据仓库技术可以根据业务决策需要构建报表工具,该工具能够根据决策者需要自定义报表内容,能够根据指令快速直观地生成数据分析报表,为组织决策提供支持。其次,利用大数据技术可以构建大数据可视化工具，该工具能够提供类型丰富的图表，同时实现数据集查询、大数据仪表板和OLAP（联机分析处理）多维分析功能，能够为使用者提供丰富的数据观察视角。最后，利用知识图谱技术对大数据中的关键内容进行语义化描述，通过图挖掘、图检索和图可视化技术，能够提供针对关键数据的查询、溯源、关系推理和内容推荐服务。目前，大数据技术已经在社会各领域得到了广泛应用，对组织服务质量、服务效率提升发挥了关键作用，未来还会有更多的大数据应用将被创造。

（七）大数据治理

大数据治理是发现、解决各种类型大数据管理问题的重要手段，对于保证数据生命周期全过程的安全、提高大数据管理效益、增加大数据利用价值发挥着至关重要的作用。

1. 大数据治理的含义

大数据治理的核心目标是最大限度地提升组织大数据价值。为了实现这一目标，大数据治理可以通过三条途径来实现：一是提升大数据全生命周期管理质量。从规划设计阶段开始，大数据治理需要严格按照之前制定的战略规划、需求分析、架构设计和标准规范要求，对大数据的全生命周期管理活动进行监控、评估、审核和修正，通过严格的质量监督和质量管理保证大数据价值。二是实现大数据资产化管理。将数据作为组织重要资产，通过专门的价值鉴定筛选高价值数据，通过高质量的数据资产管理和运营，通过数据交易、共享实现数据价值。三是发掘大数据的隐藏价值。大数据治理的智能化分析技术能够揭示数据隐含的重要知识，通过支持决策、优化服务创造价值。

大数据治理的核心任务是对大数据全生命周期管理过程进行监督，然而大数据管理的对象、内容、框架和标准经常处于动态变化之中，为了详细记录大数据全生命周期管理的发展演化过程，为全生命周期大数据治理提供依据，通常需要搭建专门的大数据治理系统，或在大数据管理系统中内嵌大数据治理模块，专门用于发现、解决大数据管理过程中容易出现的各种问题，保障大数据管理的安全性、稳定性和高效性。目前,大数据治理系统普遍提供的功能包括:数据架构管理、数据标准管理、元数据管理、数据质量管理、数据资产管理和数据安全管理等,这些功能模块在揭示大数据管理过程、识别大数据管理风险、发掘大数据管理价值、提升大数据管理效益方面发挥着关键作用。

2. 大数据治理方法

基于全生命周期的大数据治理包括8个方面的核心内容,能够实现对大数据采集、大数据组织、大数据存储、大数据分析和大数据应用等数据生命周期全过程的监督与管理。

(1) 大数据架构管理

大数据架构设计阶段一般需要制定与大数据管理、大数据治理相关的战略规划、需求分析、架构设计、实施标准、管理制度等文件,这些文件的制定需要业务管理人员、需求分析人员、架构设计人员、程序开发人员、系统运维人员、数据治理人员等多类主体的参与。为了提升数据架构管理效率需要提供以下两项功能:一是为了提高数据架构协同开发效率,需要提供文件协同编辑、访问权限控制和文件版本控制等功能。二是在大数据全生命周期管理过程中,经常需要对系统战略规划、架构设计、制度标准等文件进行调整,对此需要提供针对数据模型、概念模型、逻辑模型和物理模型等文件历史版本的查询、管理功能,以及基于ER图、数据建模脚本等的可视化功能。

(2) 大数据标准管理

大数据全生命周期管理的各个环节都需要制定配套的数据标准,如数据采集标准、数据组织标准、数据存储标准、数据分析标准、数据服务标准等,详细描述了大数据的采集范围、描述方式、存储结构、分析过程和服务形式,是实现大数据标准化、统一化、规范化管理的重要依据。大数标准管理需要提供三项功能:一是为了便于获取数据标准信息,需要提供针对数据标准基础条款、指标要求和编码规则等的导入、检索和维护功能。二是为了记录数据标准的发展变化,需要提供数据标准在线申请、审核、发布、变更和废止等管理功能。三是需要为数据治理管理者提供在线评审和巡检功能，以保证数据标准的建设质量。

（3）元数据管理

元数据管理能够实现元数据的自动化采集，帮助构建统一的数据结构视图，明确数据来源、类型特征和实体关系，在大数据组织融合、存储管理和分析挖掘中发挥着重要作用。元数据管理具体包括以下功能：一是元数据采集功能，能够通过自动或手动方式对元数据信息进行采集，采集系统支持多种数据源，能够自动生成大数据全局视图，用于数据定位和总体情况反映。二是元数据管理功能，提供针对元数据内容和版本的变更管理，详细记录元数据内容变更轨迹，自动检测、完成元数据新旧版本的更替。三是元数据的标签管理功能，支持为元数据添加类型标签，便于进行元数据的分类管理。四是元数据分析功能，提供血缘分析、关联度分析和全链分析等功能，支持通过可视化方式显示特定元素的上下游关系，能够进行全面的数据流分析。五是元数据查询维护功能，提供元数据查询服务，能够对元数据基本信息和元素关系进行定期检查和维护。

（4）主数据管理

主数据管理能够实现对主数据信息的定义、管理和共享，实现对主数据的准确性、一致性和完整性控制。主数据管理具体包括以下功能：一是主数据采集功能，能够按照统一标准对主数据进行规范化采集，支持自动抽取、批量导入、整合处理和手动录入等多种方式。二是主数据管理功能，提供主数据可视化建模工具，能够对主数据的概念定义、编码规则、属性特征和控制流程等进行设置，能够按照规则自动生成编码数据。三是主数据分发功能，提供主数据管理接口，对外提供主数据查询、申请、修改、冻结等管理接口。四是主数据管控功能，对主数据的管理团队、管理权限、资源访问、系统占用等情况进行管理和监控。

（5）大数据质量管理

大数据质量管理主要负责对数据进行合规性审查，具体包括以下功能：一是质量规则管理，能够自定义质量管理模型，对质量评价维度、标准要求、评价规则和权重分配等进行设置。二是质量评价功能，能够进行数据探查、质量稽核、质量告警和报告生成功能，其中数据探查主要对采集数据内容和结构的完整性、规范性等进行初步检测；质量稽核可以通过设置审查规则，定期进行事前、事中和事后数据质量审查。三是问题整改功能，能够对问题数据进行血缘分析、趋势分析等，帮助发现和解决系统存在的严重数据质量问题。

（6）大数据资产管理

大数据资产管理负责进行价值鉴定，识别高价值数据，并将其转化为数据资产进行管理，具体包括以下功能：一是管理数据资产目录，对数据资产进行统一登记、统一分类、统一管理和统一呈现。二是进行全生命周期管理，包括数据资产的识别、清点、变更、处置、使用和治理。三是进行数据资产的安全管理、知识管理和价值管理，能够对数据资产进行数据脱敏、资源分级和数据溯源，能够发掘数据资产隐含的知识，能够对数据资产进行价值评估、审计和运营。

（7）大数据安全管理

大数据安全管理负责实现数据的安全规范管理、安全运行管理、安全能力评估和安全审计等功能。具体功能如下：一是数据安全规范管理功能，主要实现对数据安全策略、安全流程和安全标准的管理。二是数据安全运行管理功能，能够针对数据进行安全风险评估和内容合规性评估，能够自动对安全事件进行监测、分析和响应。三是提供必要的数据安全技术和安全保护技术，具体包括访问权限控制、身份控制、分类管理、脱敏加密、评估监测和防泄露等功能。

（8）大数据生命周期管理

大数据生命周期管理负责记录数据从产生、应用、归档到销毁的整个生命周期过程，完成对数据的自动归档和销毁，具体包括以下功能：一是数据归档功能，能够自定义数据归档策略，设计近线、离线归档数据存储区，自动发起数据归档。二是数据退役功能，能够自定义数据退役策略，根据数据保存期限要求发起数据退役，并进行退役数据审查，只有通过审查才能正式销毁数据。三是生命周期监控功能，对数据的归档时间、归档状态等进行监控，通过归档日志详细记录数据归档情况，并支持针对归档日志的统计分析。

第二节　大数据背景下档案资源建设创新

随着大数据、云计算、人工智能、互联网等信息技术的快速迭代升级，新一代数字技术与社会各行业进一步深度融合，推动了整个社会的数字化转型与创新发展。数字社会被认为是继农业社会、工业社会、信息社会之后出现的一种新型社会形态。这种社会形态在宏观与微观层面上体现出不同的特征。宏观层面上，它既是一种基于数字技术社会全行业领域生态模式的重构，更是一种数字技术激活人类社会全生产要素价值的体现。微观层面上，这种模式在数字化产业形成发展的全面提速中被重构，相应的生产要素价值则在大数据的量级变化日新月异中被激活。相应地，数字社会生态的形成也激发了档案资源建设机制、建设对象、建设模式以及建设流程的全维度重构，如图6-3所示。

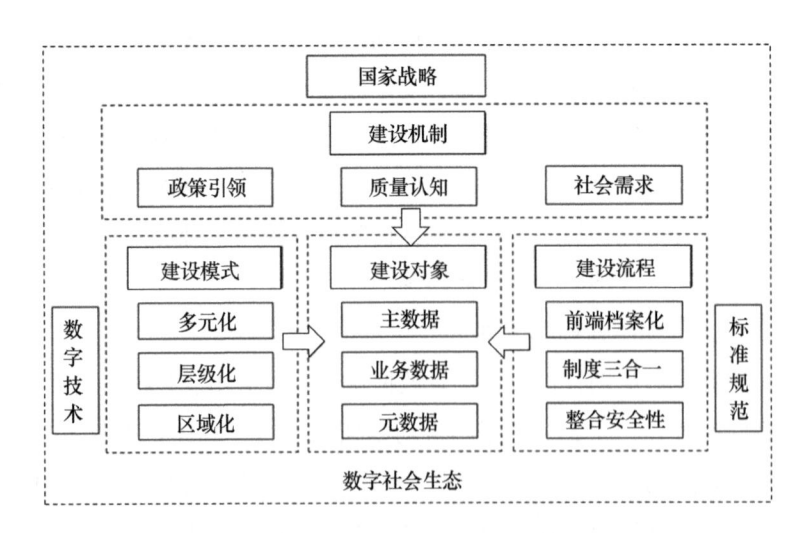

图6-3　数字社会生态下档案资源建设的创新

第六章 业务重构：国家大数据战略下档案管理业务模式研究

档案资源是重要的国家基础性战略资源，也是行业创新发展的核心生产要素之一。《"十四五"全国档案事业发展规划》提出了"全面推进档案治理体系和档案资源体系、档案利用体系、档案安全体系建设，深化档案信息化战略转型"的重要指导思想，要求"十四五"期间"加强国家档案数字资源规划管理，逐步建立以档案数字资源为主导的档案资源体系"[①]，为大数据战略下档案资源建设体系指明了方向。大数据技术在行业领域的深度应用推动了业务实践活动各类原始数据形成场景的全新改变，也带来了档案资源形成机制、核心数据来源、建设模式与建设流程的全维度变化，档案资源建设的研究对象形态也由原来看得见、摸得着的实体转变为多种技术环境下生成的各类异构数据。

如何称谓这些直接形成于且反映了社会各类主体实践活动过程的具有原始记录属性的数据？目前国内外学术界尚未形成一致看法。依据《中华人民共和国数据安全法》对"数据"一词的解释——"任何以电子或者其他方式对信息的记录"，再结合档案原始记录的本质属性，大数据时代档案资源建设的主要对象可以界定为"具有档案属性的数据"，简称"数据档案"，即直接形成于社会各类主体实践活动过程的，以电子形式存在并具有保存价值的原始记录。

一 档案资源的建设机制：生态化

在社会科学领域，"机制"一词被解释为在可控条件下可以被观察到或推理获得、能够被解释的关系确定的结构性因果关系，也可以直接理解为各要素之间因果链最短且关系确定的结构关系和运行方式，具体体现在对事物变化的内在原因、规律与表现形态的把握，以及外部因素对事物变化的影响与作用方式。因此，机制的形成常具有整体性、动态性、因果性与规制性。结构功能理论认为，新的社会机制形成需要社会组织结构与功能对环境及相关性予以适当规定，对要素角色与发展目标

---

① 国家档案局：《中办国办印发〈"十四五"全国档案事业发展规划〉》，2021年6月9日，https://www.saac.gov.cn/daj/toutiao/202106/ecca2de5bce44a0eb55c890762868683.shtml。

予以确立,对共享的认知方式予以明确。

大数据背景下,无论是国家层面还是行业层面,全社会的各类组织均在数字技术推动下不断调整自身结构与功能,以适应数字化转型,全社会系统数字化生态正在迅速形成。社会层面,国家大数据战略的实施推动了国家机构、行业组织的数字化转型,带来自上而下各类组织机构大量原始数据的产生与应用,数据资源成为我国数字政府体系框架以及行业数据管理应用的核心组成,创新数据管理机制成为加强数据资源体系建设的关键;技术层面,新一代信息技术的加速应用发展,驱动了数据资源采集、鉴定、存储、利用的网络化、智能化,健全的制度标准体系是建设高质量数据资源的必然要求与重要保障。档案数据资源是数据资源的重要构成,相应地,这些要素同样推动了档案资源形成社会环境与形成主体的数字化转型,促使档案资源建设生态的快速形成发展,即档案资源政策引领的系统化、档案资源质量认知的品质化、档案资源社会需求的智慧化。

(一) 档案资源政策引领的系统化

大数据时代的档案资源建设是数据档案管理工作的重要内容。在档案资源建设对象"数据态"演变发展趋势下,国家相关政策制度的颁布实施、地方层面具化指导、社会主体实践应用推进逐渐体系化,为档案资源建设构建了良好的社会环境机制。

一是宏观层面,近年来,国家相关法规政策的颁布实施,推动了跨部门、跨区域、跨层级的数据资源协同共建共享机制的构建,为档案资源建设提供了顶层保障机制。2021年,新颁布实施的数据安全法中明确指出"国家实施大数据战略,推进数据基础设施建设",并以专章规定了"数据安全制度"的内容,为我国数据资源体系建设提供了法律保障与依据。2022年3月,培育数据要素市场被明确写入《政府工作报告》[①]。同年6月,国务院发布《关于加强数字政府建设的

[①] 李克强:《政府工作报告——2023年3月5日在第十四届全国人民代表大会第一次会议上》,2023年3月14日,https://www.gov.cn/gongbao/content/2023/content_5747260.htm。

指导意见》①，将数据资源体系建设纳入数字政府体系框架，提出到 2025 年将构建与政府治理能力现代化相适应的数字政府顶层设计以及更加健全的统筹协调机制等总目标。同年 12 月，中共中央、国务院印发《关于构建数据基础制度更好发挥数据要素作用的意见》②，明确提出构建适应数据特征、符合数字经济发展规律的数据基础制度，充分实现数据要素价值。

二是中观层面，行业主管部门、地方政府分别结合行业创新、地方发展推进数据资源体系建设相关制度的制定，贯彻落实国家政策。行业主管部门与地方政府数据资源制度体系建设措施促进了档案资源制度建设。从行业发展领域看，行业主管部门极为重视数据资源平台与安全。例如，国资委提出加速"1+98+X"国资央企大数据生态体系建设，即通过 1 个国资央企大数据平台，整合汇集 98 户中央企业自建的数据平台，实现与 X 行业领域其他企业主体数据资源对接整合、互联互通③。从地方政务发展看，我国各级地方政府部门大力推进政务数据建设，基本完成了地方政府层面数据资源协同高效的数字化转型顶层设计基本框架。截至 2023 年 5 月底，我国已有 21 个省级地区公开发布了 27 项数字政府专项政策文件④。

国家档案主管部门与地方政府为积极推进档案资源建设，加快国家、地方档案事业相关规划的发布与贯彻落实。一方面，《"十四五"全国档案事业发展规划》明确指出，推动档案全面纳入国家大数据战略，强化对各类专业文件材料、电子数据归档的监督指导，实现对国家和社会具有长久保存价值的数据归口各级各类档案馆集中管理，切实推

---

① 国务院：《关于加强数字政府建设的指导意见》，2022 年 6 月 23 日，https：//www.gov.cn/zhengce/zhengceku/2022-06/23/content_5697299.htm。
② 中共中央、国务院：《关于构建数据基础制度更好发挥数据要素作用的意见》，2022 年 12 月 19 日，https：//www.gov.cn/xinwen/2022-12/19/content_5732695.htm。
③ 郭智：《国务院国资委：三方面入手全面构建国资央企大数据体系》，2023 年 5 月 9 日，https：//www.cnii.com.cn/gxxww/rmydb/202305/t20230509_468270.html。
④ 中国信息通信研究院政务服务中心、中国信息通信研究院产业与规划研究所、新华社中国经济信息社：《数字政府蓝皮报告——业务场景视图与先锋实践》，2023 年版。

进政务服务数据与其他业务系统电子文件，以及企事业单位电子文件的单套制归档。2023年，国家档案局局长陆国强在全国档案局长馆长会议上强调，分级分类抓好国家记忆工程实施，目录收集、数据收集、实体收集等建设"特色记忆库"；加大红色档案资源抢救、征集力度，加快建成系统完整的全国革命历史档案目录数据库；推动电子文件、电子数据应归尽归，防止资源流失[1]。另一方面，依据国家政策精神，地方政府部门或档案部门明确发文推进档案资源建设。例如，黑龙江省委办公厅、省政府办公厅发文要求从政治站位、制度衔接、收集工作、整合数据资源、资源开发、坚持党的领导六个方面推进重特大事件档案资源建设。上海市、天津市、重庆市等地档案局结合本地档案资源特色，发文推进民生档案、红色档案等类型数据资源建设规划实施。

三是微观层面，从行业领域主体与地方档案馆实践分别予以审视。一方面，行业领域企业单位作为行业领域数据资源的主要形成与应用主体，积极加强信息化基础设施建设，建立内外业务活动协同，共建有效机制，在业务数字化转型中推进数据资源实现业务数据赋能，为数据资源的归集、存储与利用奠定了基础。例如，杭州余杭环境（水务）控股集团有限公司通过对接余杭区数字档案智慧管理平台，统一管理公司数据，制定"浙江省示范数字档案室"创建方案，快速推进公司文书、照片、工程项目等档案资源建设进程。另一方面，各级档案馆围绕数字档案馆建设，以档案资源建设为核心，通过一体化协同平台搭建、战略协议签署等方式，持续推动红色档案数据资源归集与区域性公共档案数据汇聚共享。例如，辽宁省档案馆搭建"辽宁省档案馆馆际共享平台"，与全省14个市级档案馆签订档案信息资源馆际共享服务协议，建立了省域档案数据资源协调共建机制，遵循资源自建、共有共享、规范

---

[1] 陆国强：《全面贯彻落实党的二十大精神 奋力书写档案事业现代化和高质量发展新篇章——在全国档案局长馆长会议上的报告》，2023年2月27日，https://www.saac.gov.cn/daj/yaow/202302/edef53f544bb4eea8bfacd87fd8a223e.shtml。

有序、便捷高效、保障安全的原则，全面整合了全省档案信息资源①。

（二）档案资源质量认知的品质化

数据质量是评价数据资源建设成效的重要标尺，更是组织数字化转型成功的关键支撑。高质量的数据能够极大赋能智慧政务、智慧民生服务、智慧城市等政务领域，以及工业生产、交通运输、金融管理等行业领域。具体的数据质量评价指标是多维的，包括数据的完整性、唯一性、有效性、一致性、准确性、及时性、可信性等。大数据时代，作为档案资源主要构成的核心形态，数据档案质量直接决定了档案资源的质量。无论是档案部门还是行业领域企事业单位主体，都对档案资源质量建设的认知越来越清晰明了，极为重视并采取有效措施推进档案资源质量的品质化。

一是作为档案数据资源的重要保存与提供利用的主体，各地方档案部门不断加强档案资源建设质量。如2022年8月，浙江省档案馆先后发布《关于开展档案数据资源归集共享试点工作的通知》《关于开展档案数据资源归集共享提质扩面工作的通知》，按照确保数据安全的工作要求和应归尽归的原则，通过制定统一工作方案、汇集标准、平台管理办法等措施，以点带面，推进全省各级档案馆民生档案、开放文书档案、声像档案、编研成果、档案展览以及"镇馆之宝"等档案数据类型的目录和全文归集到浙江省档案数据共享中心平台②。

二是行业领域企事业单位作为数据资源的主要形成与应用主体，尤为重视自身有效数据资源质量建设，通过建立数据质量监管、协同共建、业务共享等有效机制确保全过程、全周期高品质数据的采集、存储与长久利用。例如，中国兵器集团结合"质量制胜"战略，制定了质量品牌提升行动实施意见、三年实施计划与实施方案，加快质量提升、

---

① 国家档案局：《辽宁省档案馆 馆际共享平台服务民生持续发力》，2023年5月22日，https：//www.saac.gov.cn/daj/c100183/202305/3a32b6c3dc374b4b82377dafab014f5b.shtml。

② 李玉娥、赵诣：《浙江省档案馆数字赋能加快推动档案治理体系和治理能力现代化》，《中国档案》2023年第3期。

品牌向上的数据资源建设，推进全过程、全生命周期的数据自动化采集与智能化管理①。

（三）档案资源社会需求的智慧化

习近平总书记在对档案工作的重要论述中，明确指出推动档案工作走向依法治理、走向开放、走向现代化，为大数据时代档案资源建设目标指明了方向。《"十四五"全国档案事业发展规划》明确提出，"积极探索知识管理、人工智能、数字人文等技术在档案信息深层加工和利用中的应用"。信息技术的迭代发展不仅产生了更多数据资源，也促使数据资源建设需求与社会利用需求向多元化、智慧化延伸，语音导航、智慧数据呈现、虚拟场景、知识共享、智能问答等档案服务成为大数据时代数据资源建设与社会利用需求的具体体现。这种社会数据资源需求态势也带动了档案资源服务与利用需求双向智慧化发展的趋势。

一方面，随着人工智能技术在行业中的深度应用，行业领域数据资源化产业链的逐步完善，基于数据采集、标注、分析、存储等全生命周期价值管理链的数据资源化进程深化发展，未来智能技术与功能迭代、场景拓展将进一步推动数据采集与标注的需求量呈现指数级增长。截至2022年底，我国网民规模达到10.67亿，互联网普及率达75.6%。另据中国信通院调查，2022年全球人工智能市场收入达4500亿美元，截至2023年5月，全球5G用户已达11.5亿，中国占58%②。2023年，中国国家互联网信息办公室等七部门联合发文，提出推进生成式人工智能技术在公共数据领域的应用，创新生成积极健康、向上向善的优质内容，向社会公众提供共享，这将进一步推动公共数据资源社会服务与利用需求的智慧化普及进程。

另一方面，档案利用需求能否得以有效满足是衡量档案资源建设成

---

① 国务院国有资产监督管理委员会：《兵器装备集团许宪平：着力"四个聚焦"打造"四个一流"》，2022年11月22日，http://www.sasac.gov.cn/n2588025/n16303206/c26548874/content.html。

② 王田：《中国信通院发布〈全球数字经济白皮书〉：中国数字经济年均复合增长14.2%》，2023年7月5日，https://new.qq.com/rain/a/20230705A07JAH00。

效的重要标准。作为档案资源建设与服务的主要供给主体，各级国家档案馆和行业企业档案部门正在积极探索档案资源建设与服务的智慧化。例如，浙江杭州、温州等市级档案馆对接省域档案资源一体化平台，建成市域一体化数字档案智慧服务平台，向社会公众提供民生档案资源"一网查档"服务。行业领域中，面对业务需求场景变化，企业档案部门不断探索档案智慧服务，如国家电网在集团企业推进智能档案馆建设，积极开展档案知识智慧服务。又如，科大讯飞应用头像识别、语音识别、声纹识别等人工智能技术构建档案超脑平台，并赋予平台智能层面的语义推理、知识挖掘等自学习能力，提高了档案数据存储与查检的精准率。

二 档案资源的核心来源：主数据

档案是国家机关、企事业单位等社会组织以及公众个人在其社会实践活动中，直接形成的具有保存价值的原始记录。2023 年，国家互联网信息办公室发布《数字中国发展报告（2022 年）》[1]，指出 2022 年我国数据资源体系建设发展迅速，数据资源产量已达 8.1ZB，全球占比达 10.5%，位居世界第二；截至 2022 年底，我国数据存储量达到 724.5EB，全球占比达 14.4%。大数据产业规模迅猛发展与数据资源产量激增，社会各类主体实践活动中直接形成的大数据成为档案资源建设的基础与源泉。

在传统普遍意义的理解中，档案资源是一个涵盖性的概念，包括档案实体与档案内容以及档案开发利用过程中所形成的衍生性信息。其中，档案实体与内容由档案自身在实践活动中直接形成时所具有；档案开发利用过程中所形成的衍生性信息则是人们在对档案信息进行进一步分析或深加工后形成的一种档案开发成果。在当下传统档案工作与数字化场景下档案工作的碰撞中，改变的是记录信息的符号形式与载体，而

---

[1] 国家互联网信息办公室：《数字中国发展报告（2022 年）》，中国网信网，2023 年 5 月 23 日，http://www.cac.gov.cn/2023-05/22/c_1686402318492248.htm。

档案的本质属性并未改变，应以发展的眼光从本质属性对大数据背景下档案资源构成予以理解。因此，大数据背景下档案资源建设的对象主要是数据形态的档案资源。结合档案数据资源形成主体、管理主体与主要服务对象，可以从国家管理层面与行业领域业务层面予以分析。其中，后者是本书分析的重点。

（一）国家管理层面的公共档案数据资源

大数据背景下，国家管理层面的公共档案数据资源主要是指保存在各级国家档案馆中的档案数据资源。目前，我国各级国家档案馆馆藏的公共档案数据的主要来源有四个途径：一是从各级国家政府机构接收的电子档案资源；二是档案馆针对馆藏传统载体档案资源数字化后形成的数字化副本数据；三是档案馆围绕国家战略、地方经济发展、社会民生等需要，通过主动参与、规范采集方式建立的某类专题档案资源；四是档案馆通过线上线下社会征集方式或社会公众主动捐赠方式建设的某类专题档案数据资源。例如，青岛市档案馆开展的"光影青岛记忆"摄影作品社会征集活动，涵盖了青岛市城市变迁、经济发展、百姓生活、文化记忆等多方面内容。

2022年，国家档案局印发《关于进一步加强机关业务系统电子文件归档与管理工作的通知》，明确指出机关业务系统是机关在信息化条件下履行主要工作职责、办理机关核心业务的重要信息平台，业务系统形成和收集的各类数据资源是国家数字档案资源的重要组成部分。这为各级国家档案馆公共对接各级政府机关业务系统、数据管理系统提供了政策依据。

随着国家大数据战略的部署实施，公共档案数据资源未来必然成为档案资源体系建设的核心。作为重要的信息资源与历史文化遗产资源，大到服务党和国家各项事业发展，小到行业领域业务实践，对战略决策、科技创新、产业链重构、业务流程再造等都具有基础性、支撑性作用。如在服务国家战略上，各级国家档案馆积极建设红色档案资源、民生档案资源数据库，在传承红色基因、解决民生问题上效用明显。

(二) 行业领域的档案数据资源

行业领域的数据资源是以企业业务活动为主形成与管理的各种数据。从技术与应用视角看，在大数据总体框架结构中，数据资源主要分布在大数据基础资源层与大数据管理分析层。其中，大数据基础资源层是大数据架构的底层与基础，主要包括大数据基础设施资源、分布式文件系统、非关系型数据库、资源管理；大数据管理分析层包括元数据、主数据、数据仓库以及大数据挖掘、预测分析、智能决策等。鉴于此，立足数据生命周期理论，结合档案本质属性与价值应用，可以将企业业务层面的档案资源建设内容及范畴的重点着眼在主数据。

大数据时代，信息技术的迭代应用改变了数据形成场景，解决了传统主数据管理的条块分割问题。在企业数据资产管理中，主数据可以跨业务、跨组织、跨系统且被重复利用。企业通过构建准确、唯一、规范的数据来源，能够建立最为适用的主数据标准管理体系，从而有效提升企业数据质量和数据资产价值。从管理目的看，主数据管理是确保数据在组织内的一致性、准确性和可靠性数据之源，是数据资产管理的核心与信息系统互联互通的基石，也是信息化和数字化的重要基础。从管理意义看，主数据的管理意义在于以下四个方面：一是打破各系统信息交互壁垒，使企业基础数据成为各相关主体可共享的信息"语言"，能够支撑客商、物料、设备、指标等重要基础数据在多个业务系统中得以充分共享、高度复用；二是通过制定并规范使用主数据标准，为业务报表编制、数据统计分析提供基础条件；三是主数据能够为企业数据资源协同管理与共享奠定基础；四是通过运用一系列规则、工具和技术，协调和管理与企业核心业务实体相关的系统记录数据，从而消除冗余数据，达到提升数据处理效率和公司战略协同的目标。

主数据的内涵及其作用反映了主数据将是大数据背景下档案数据资源的核心来源。在行业领域，档案数据采集、存储、利用的主要对象就是对企业发展创新具有重要作用的核心的、基础的数据。假定企业制定了统一的数据采集、存储、利用规则标准，且在统一安全的数据管理工具和系统的基础上形成了企业主数据,只要数据是真实、完整、有效、可用的,那么均可以纳入档案数据资源范畴。

三 档案资源的建设模式:单套制

2023年,中共中央、国务院印发《数字中国建设整体布局规划》,以国家数据资源体系建设框架为指导,结合国家机构、企事业单位电子文件单套归档与电子档案管理的实践,可将档案资源建设单套制模式分为多元化模式、层级化模式和区域化模式。

(一)档案资源建设的多元化模式

档案资源建设的多元化模式主要是指数据资源形成与管理主体的多元化。《数字中国建设整体布局规划》明确提出加强重要领域国家数据资源库建设,进一步建立健全数字中国建设统筹协调机制,推动跨部门协同和上下联动。从档案数据全生命周期与全过程管理看,多元主体的协同管理是实现档案数据资源单套制管理的必然要求。

首先,从档案数据全生命周期看,档案数据的创建、形成、运转、采集、存储归档和共享利用是一个连续、衔接的过程,涉及政府机构、数据形成部门、档案部门、信息技术部门等多个主体。其次,从管理要求与目的看,要确保档案数据真实完整和长期可用,必然需要加强数据全过程管理和数据形成质量的控制,更需要多元主体的高效协同与密切配合。

大数据背景下,档案数据资源形成与管理主体的多元化具体可以从两方面理解。一方面,作为公共档案资源建设主体,各级国家档案馆数据资源建设需要协同国家政务部门、社会公众、企事业单位等多种社会组织机构主体。例如,朱兰兰等从风险治理视角提出电子档案单套制应统筹各方力量形成党委领导、档案主管部门主导、社会协同、企业和试点单位参与的多元治理格局[1]。另一方面,作为行业领域数据资源建

---

[1] 朱兰兰、段燕鸽:《总体国家安全观下电子档案单套制风险治理研究——基于"理念—主体—行动"的三维分析框架》,《档案管理》2022年第6期。

设主体的企业，在档案资源建设中需要实现内外协同，一是要应用大数据技术打破内部数据壁垒，实现各个业务部门协同；二是应用大数据技术搭建数据资源共建共享平台，实现与外部有业务联系机构的协同。例如，高珊、解飞结合中国移动浙江公司应用联盟链实现电子档案管理单套制的实践，提出制定完善的顶层设计方案、建立多元主体协同机制，打破各业务系统的协作壁垒，提高跨部门数据资源归集共享精准度与快捷性[①]。

（二）档案资源建设的层级化模式

权限赋予是信息资源建设模式中的重要因素。大数据技术对业务流程的重要改变不仅仅在于技术嵌入后的流程优化，更在于数字技术应用后对流程涉及主体权限层级的透明化。档案资源建设单套制中的层级化模式主要以一体化数据平台建设为依托，在档案数据形成、流转、采集、存储、共享利用的全流程中，所涉及的多元协同主体因其在组织架构体系中的位置、业务职能等不同，而被赋予档案数据形成、管理与利用的不同权限。主要包括两类情况：一是档案资源建设权限的自上而下层级化，这种情况多存在于具有行政上下级别隶属关系的政府部门或集团性组织结构中，自上而下的组织体系决定了不同主体按照组织层级被赋予数据资源创建、管理与应用权限。二是档案资源建设权限的扁平层级化，这种情况多存在于档案资源建设主体与外部主体协同中，因各类主体在档案资源建设中发挥的作用不同，由关键主体按照作用轻重，分级分类赋予协同主体不同权限。

大数据背景下的档案资源建设中，相关主体权限赋予是决定档案资源质量的重要保障。郑洁洁[②]提出电子文件单套归档与电子档案单套管理中，协同合作的重点是区分管理权限，基于电子文件全生命周期的不

---

① 高珊、解飞：《联盟链用于电子档案单套制改革实践与思考——以中国移动浙江公司为例》，《北京档案》2023年第3期。

② 郑洁洁：《数字时代的归档制度转型研究——以福建省公安厅数字档案室为例》，《档案与建设》2019年第8期。

同阶段应赋予电子文件形成部门、档案管理部门不同权限，明确各自权责予以管理。例如，海南省电子公文归档管理系统的立档单位电子公文归档子系统建设中，针对省直机关电子公文的多种来源，实现对归档电子公文的统一收集、归档、保管、利用、移交等，同时具有纸质档案数字化挂接、用户权限管理、元数据扩展等功能①。

（三）档案资源建设的区域化模式

大数据与人工智能、区块链等技术的集成应用，与组织生态、产业模式等深度融合，弱化了行政边界、隶属关系与地域空间所带来的制度障碍，实现了数据共建共享。《关于加快构建全国一体化大数据中心协同创新体系的指导意见》明确要求："要深化政企协同、行业协同、区域协同，加强跨部门、跨区域、跨层级的数据流通与治理。"

大数据时代的档案资源建设的区域化模式是指应用大数据技术优势打破地域空间限制，搭建档案资源共建共享平台。《"十四五"全国档案事业发展规划》提出，加强局馆协同、部门协同、区域协同、行业协同，鼓励、引导、规范社会力量参与档案事务。当下，搭建区域协同共建共享平台已经是档案资源建设的重要模式之一。我国各级国家档案馆以省域、市域空间范围，打造了多样化的区域协同档案资源共建共享平台。例如，上海浦东新区在全区数字档案室建设中，构建了区域档案分级管理系统，覆盖了包括1300余个村居委会在内的各级各类建档单位，建成了区域型广域化共享联动的档案数据监督接收平台②。

四 档案资源的建设流程：嵌入式

行业主体协作关系与产业化链协同的动态耦合、各类业务系统与信息管理系统的技术分层等带来的是数据结构类型纷繁复杂，结构化数

---

① 国家档案局：《海南省"电子公文归档管理系统"通过验收》，《中国档案报》，2013年12月27日。

② 六盘水市档案馆：《依托开发开放制度优势 推进档案管理现代化》，《中国档案报》，2018年7月27日。

据、半结构化数据、非结构化数据等多态化数据大量存在且呈指数级增长。

在数字技术的加持下，相对传统档案资源建设形成与积累、鉴定与整理、归档与移交的工作流程，大数据时代档案资源建设流程呈现出交互式、无缝式链接的特征。面对档案数据产生来源、场景的如此变化，如何实现档案数据的有效采集、存储与管理？《"十四五"全国档案事业发展规划》要求"十四五"期间，应加强大数据、人工智能等新一代信息技术在数字档案馆（室）建设与档案管理中的应用，开展大数据环境中电子文件与电子档案一体化管理、电子档案长期安全保存、自主可控环境下档案数字资源管理、档案数据治理等研究。因此，档案化思想、档案制度与技术思维嵌入档案资源建设流程，是大数据时代档案资源建设的必然趋势。

（一）数据形成前端的"档案化"

"档案化"思想最早由西雅克·德里达提出，"档案化就是对事件的记录过程"。在我国，关于档案化思想阐释比较具有代表性的是何嘉荪，他认为档案化就是"确保和证明文件真实性、完整性、有效性，使之有可能真实记录事件和历史的过程"，通过确保文件真实性、完整性和实时著录文件背景信息等行为，与业务活动紧密相连，从而保证业务活动的正常开展，这也是文件全程管理和前端控制原则的实质①。赵跃等以"档案化"思想提出了数据资源档案化：为确保数据资源完整性、可理解性、有效性和可持续性，提前对数据产生部门与过程予以档案化干预和管理的过程，即对数据资源的"档案化认同"以及对数据资源的档案化管理过程②。大数据背景下的数据资源从创建、形成、流转、存储到整合与利用体现了数据完整的生命周期，"档案化思想"能够为

---

① 何嘉荪：《文件群体运动与文件管理档案化——"文件运动模型"再思考兼答章燕华同志之二》，《档案学通讯》2007年第4期。
② 赵跃、孙晶琼、段先娥：《档案化：档案科学介入数据资源管理的理性思考》，《档案学研究》2020年第5期。

档案数据资源的价值认同与管理协同提供理论支撑。

首先，从价值认同看，需要"档案化"思想的嵌入。面对复杂多构的大数据，如何实现数据的高效、有序归档，不仅是档案部门面临的挑战，也是作为数据形成者必须考虑的问题，这要求数据形成者与档案部门能够就数据本质属性与价值达成共识。"档案化思想"能够从数据全生命周期对数据本质属性、长期保存以及价值实现提供理论基础。基于数据档案价值的共同认知，数据资源形成者、技术部门、档案部门可以协同合作，积极探索应用数据采集、存储、组织、分析、挖掘等技术手段确保有保存价值的数据资源得以长久保存，具备档案属性，让档案数据的证据、文化、遗产、记忆等价值在长久保存中得以充分实现。

其次，从管理流程看，需要"档案化"管理理论与方法的嵌入。大数据背景下，数据形成者、技术部门、档案部门作为同处于数据生命周期中的主体，在数据安全、长期存储、有效利用等管理与应用中都承担着不可推卸的职责。但部门之间的信息孤岛现象仍然存在，为数据安全与存储利用带来了诸多风险。"档案化"理论为打破数据多元主体间信息孤岛现象提供了理论与方法依据，有利于推动建立多元协同机制，有利于推动多元主体共同探索数据资源完整性、可理解性、有效性和可持续性的技术方式和实现策略。

（二）档案数据鉴定归档制度"三合一"

档案归档"三合一"制度指档案分类方案、文件材料归档范围、档案保管期限表"三合一"。该制度的提出是国家推动建档工作规范化进程的重要措施，为大数据背景下档案工作制度与人工智能、大数据等技术有效融合提供了指引。大数据背景下，档案数据资源形成、应用场景的变化，数据管理平台与流程再造，颠覆了传统档案管理模式与方法。为保证数字环境下档案数据安全与有效利用，需要从档案数据管理规则着手，从源头建立统一规范。将档案"三合一"制度纳入档案资源建设的制度体系，作为档案数据鉴定归档的依据，为档案数据质量建设提供基本遵循。

宏观上，国家档案主管部门极为重视档案"三合一"制度的推进与实施。2021年，《"十四五"全国档案事业发展规划》明确提出全面推行档案分类方案、文件材料归档范围、档案保管期限表"三合一"制度，从源头上加强档案资源质量管控的重视。

微观上，档案"三合一"制度是推进档案业务工作高质量发展的管理制度。各级国家档案部门、行业领域档案部门结合档案工作数字化转型发展和自身档案数据管理的需要，亦纷纷探索"三合一"制度实施方式。例如，湖北省档案部门早于1987年在省直机关单位探索推行档案"三合一"管理制度，2014年在全省推广，取得良好成效[①]。段元振等针对水运建设工程项目综合管理平台设计中"三合一"制度缺失无法实现电子文件预归档功能，提出应将档案"三合一"制度嵌入企业业务系统，实现电子文件预归档，确保电子文件在起草、审核、会签、签发等一系列程序中捕获规范的元数据，确保电子文件的真实性与完整性[②]。

（三）档案数据整合存储的安全性

档案数据整合存储的安全性就是将云计算、区块链、大数据技术等嵌入档案数据的逻辑分类与聚合汇集，按需求创新虚拟的信息分类与处理体系，实现信息获取、整合、存储与处理的完整性与安全性。

大数据背景下，数据管理与应用主体对数据的安全性、时效性等提出了新的要求，大数据、人工智能、云计算等新一代信息嵌入档案资源建设成为趋势和必然，推动数字技术在档案数据存储整合工作中的深度融合，充分发挥新一代信息技术在档案数据采集、存储、整合、利用中的支撑作用，能够为档案数据质量提供技术保障。

1. 档案数据的采集与整合

大数据整合目标是将多源异构数据抽取后，进行清洗、转换，最后

---

① 陈建华：《略谈"三合一"管理制度的编制》，《湖北档案》1992年第4期。
② 段元振、周灿、李司媛：《数字化转型背景下企业电子档案单套制管理研究——以湖南省水运建设投资集团有限公司为例》，《档案学刊》2022年第4期。

加载到数据湖仓中，作为数据分析处理和挖掘的基础。大数据背景下，数据资源形成与管理主体获取数据的渠道得到进一步拓展，档案数据的采集与整合的主要目的是保证档案数据的真实性、完整性，即确保档案数据的质量。

以企业档案数据资源采集与整合为例。一方面，应结合企业发展战略，以企业业务发展需求为导向制定档案数据采集策略，运用大数据采集技术从业务电子化、管理数据化、数据化企业三个层次予以采集活动。其中，业务电子化主要是实现企业各业务前端环节中单证报表的电子化存储与流程的电子化，确保业务过程被真实记录；管理数据化是指对企业应用大数据采集、分析、存储等技术，对各业务管理过程中形成的内部信息、客户信息、供应链上下游信息等主数据，进行全面、完整的采集和整合，建立数据仓库、数据湖仓等；数据化企业是指从数据价值应用出发，对企业外部数据、非结构化数据进行采集，以实现有用数据价值的最大化。另一方面，为满足企业业务处理对数据的时效性需求，同时又确保档案数据采集的完整性，在应用大数据抽取、加载、转换等技术对档案数据进行批量、实时整合时，可采取定时小批量数据采集和实时业务异步数据的发送抽取，详见第四章第三节第四部分内容。

2. 档案数据的存储与处理

档案数据的存储与处理就是把采集到的具有档案属性的数据长期安全存储起来，确保这些数据随时被高效地访问与应用。针对规模巨大、类型多样的档案数据存储与处理的高效要求，云计算、区块链等技术为实现这些要求提供了可能。

一是确保档案数据的安全性。档案数据作为一种重要的数据资产，无论技术如何迭代发展，都要保证其安全性。为保障档案数据安全可用，利用区块链语义技术，将档案数据语义化，确保档案数据机器可读、检索查询和挖掘利用。区块链语义化包括档案数据内容的语义化和档案数据业务逻辑的语义化。其中，档案数据内容的语义化应深入到档案内容表示，增强档案内容描述数据的规范性与细粒度，满足机器可计算和可理解的语义要求；档案数据业务逻辑的语义化是指运用区块链的转换、抽取等技术，将结构化、半结构化、非结构化数据实现语义化组织场景①。

二是确保档案数据的时效性。云计算、区块链等数字技术的应用，能够实现档案数据全国的实时监测。云计算可为海量数据存储提供可靠的、便捷的网络访问，只需适当的管理工作即可快速接入可配置的计算资源池（服务器、存储、应用软件、平台等）。区块链技术具有不可篡改和公开透明等特点，可以实现档案监管部门、档案部门对数据形成、流转、处理等全过程链路进行实时、全程监测，极大地提高档案数据的时效性和有效性。

三是确保档案数据的可信性。档案数据的可信性是指档案数据来源可靠、真实有效、可识别可追溯可审计可校验，数据内容、逻辑结构、背景信息与形成时的原始状况相一致，正确表达其所反映的活动或事实。通过区块链应用，部署实施数据追源智能合约、区块时间戳等技术，能够确保档案数据转化、迁移、流转、备份过程中不失真、不失效、不失读，保障档案数据来源真实可靠，维护档案数据的真实性、权威性和凭证性。

第三节　大数据背景下档案资源开发利用创新

2020年，数据作为重要的新型生产要素首次被明确写入中央文件《关于构建更加完善的要素市场化配置体制机制的意见》，标志着数据已成为中国经济质量发展时期的新重点，数据的价值将进一步释放②。一方面鉴定识别数据的具体价值、充分发挥其影响实践活动全要素的作

---

① 牛力、黎安润泽、刘慧琳、曾静怡：《从物理到数据：智慧档案2.0体系建研究》，《档案学研究》2022年第3期。

② 朱建平、符羽彤、于洋：《数据要素推动大数据发展的新态势》，《中国信息报》，2022年3月31日，http://www.zgxxb.com.cn/pc/content/202203/31/content_12337.html。

用更加重要；另一方面数据挖掘、人工智能、区块链等新技术为充分识别、计量与管理海量数据提供了有效的技术工具，为数据生产要素价值的实现提供了条件。随着档案数据资源越来越复杂丰富，要实现档案数据价值的最大化，应坚持数据要素价值导向，充分应用数字技术实现档案资源的规范化、智慧化开发利用。如图6-4所示。

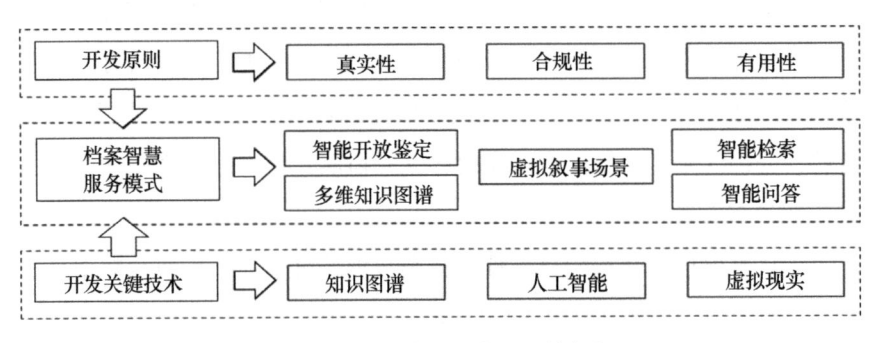

```
┌─────────────┐    ┌─────────────┐  ┌─────────────┐  ┌─────────────┐
│  开发原则    │ ⇨ │   真实性     │  │   合规性     │  │   有用性     │
└─────────────┘    └─────────────┘  └─────────────┘  └─────────────┘
       ⇧
┌─────────────┐    ┌─────────────┐  ┌─────────────┐  ┌─────────────┐
│  档案智慧    │ ⇨ │ 智能开放鉴定 │  │ 虚拟叙事场景 │  │  智能检索    │
│  服务模式    │    ├─────────────┤  │              │  ├─────────────┤
│              │    │ 多维知识图谱 │  │              │  │  智能问答    │
└─────────────┘    └─────────────┘  └─────────────┘  └─────────────┘
       ⇧
┌─────────────┐    ┌─────────────┐  ┌─────────────┐  ┌─────────────┐
│ 开发关键技术 │ ⇨ │  知识图谱    │  │  人工智能    │  │  虚拟现实    │
└─────────────┘    └─────────────┘  └─────────────┘  └─────────────┘
```

图6-4　档案资源开发利用的创新

一　档案资源开发利用创新的原则：规范化

《中华人民共和国档案法》的信息化专章中明确规定，要保障档案数字资源的安全保存和有效利用，推动档案数字资源跨区域、跨部门共享利用。随着国家、行业领域档案工作的数字化转型，大数据、人工智能、可视化等数字技术成为赋能档案工作的重要驱动力，档案数据资源迅速增量，为档案知识的智慧化开发利用奠定了技术与资源基础。

（一）真实性原则

真实性原则是大数据背景下档案资源开发利用必须遵循的首要准则，能够直接影响档案资源开发成果以及利用成效。

审视档案资源开发利用真实性原则的必要性，可以从因果关系与主客体关系两个视角进行。从因果关系看，在档案资源开发利用工作中，档案资源是因，开发成果与利用成效是果。真实性是档案本质属性的直接体现，更是决定档案资源质量的关键因素，而档案资源质量直接影响档案资源的价值，并且直接影响档案资源开发成果的质量与价值，从而影响利用成效。从主客体关系看，档案资源是开发利用工作的客体对象，档案开发人员是开发利用工作的主体对象。开发利用过程中，数据态的档案资源易改性、易逝性与开发人员的主观意识等是档案资源开发利用中的重要风险，档案开发人员对档案资源真实性的维护会直接影响开发利用成果的真实性与价值。

（二）合规性原则

合规性原则是大数据背景下档案资源开发利用必须遵循的重要原则。大数据背景下，档案资源开发利用是提供智慧化档案知识服务的重要方式，合规性是保障数据资源所有者与用户权责的根本。

档案资源开发利用的合规性原则体现在国家宏观层面政策法规要求和档案开发利用业务工作中微观要求两个层面。宏观上，合规化开发利用数据资源是国家政策法规的必然要求。我国数据安全法的第一条中明确规定"为了规范数据处理活动，保障数据安全，促进数据开发利用，保护个人、组织的合法权益，维护国家主权、安全和发展利益"。该法的颁布实施为数据资源开发提供了根本的法律遵循。在《全国一体化政务大数据体系建设指南》中，规范一词被提及了49次，与数据资源共享利用相关的接近20次，并提出地方和部门政务数据平台的全量政务数据应按照标准规范进行数据治理，按需提供数据资源和服务。中国科学院科技战略咨询研究院大数据战略研究中心冯海红认为，要以高质量推动公共数据资源开发利用为重点，依法依规促进公共数据资源的有序化共享开放和规范化开发利用[1]。微观上，档案资源的所有权归属决定了数据所有者对其具有首位开发利用的权利。大数据背景下，各级国家档案馆存储的公共档案数据资源涉及众多来源主体，行业企业的档案数据资源中也涉及许多企业外来源主体产生的数据资源。国家发展和改革委员会创新驱动发展中心（数字经济研究发展中心）副主任徐彬提出应构建数据产权制度，在依法依规的前提下，通过合同、协议等方式，

---

[1] 冯海红：《高质量推动公共数据资源开发利用》，《光明报》，2022年7月1日，https://theory.gmw.cn/2022-07/01/content_35852816.htm。

数据持有者有权授权数据处理者进行加工、开发、使用，形成数据产品和服务；保护数据来源者的合法权益，要保护数据处理者对持有数据的自主管理、加工乃至经营等权利。因此，无论是档案馆还是企业档案部门，必须遵循国家有关法律法规，在维护档案资源相关主体合法权益且维护档案资源安全的前提下，积极探索应用数字技术创新档案资源开发利用的新方法、新模式。

（三）有用性原则

有用性原则是大数据背景下档案资源开发利用的导向性原则，是评价档案资源开发利用创新成效的重要指标之一。

关于档案资源开发利用的有用性原则，可以从档案价值与档案利用需求两个角度理解。一方面，大数据技术的战略意义不在于数据的量，而在于真正有用的数据能否得到专业化的处理，从而得以有效存储、管理与可用。档案价值的直接体现是档案的作用。档案资源开发利用的过程正是应用数字技术挖掘档案数据资源价值，实现档案数据资源的增值，使档案作用最大化。另一方面，档案利用需求的满足是档案资源开发的目的，能够对档案资源开发主体的开发行为产生导向影响。而档案资源开发主体必须及时把握档案利用需求，开发出档案用户可用、能用、易用的档案知识成果，才能真正实现档案开发成果的价值。

二 档案资源开发利用创新的关键技术：智慧化

数据可视化、智慧化是大数据发展的必然趋势。随着全社会数据生态的形成，庞杂的数据规模难以通过直接读数的方式进行理解与分析，这就要求应用大数据、人工智能等新技术对数据进行可视化、知识化、智慧化分析与呈现，以帮助人们全面直观地发现、理解数据之间的各种逻辑关系，为各种实践活动的开展提供参考。

（一）知识图谱技术

知识图谱技术也被称为知识域可视化，是结构化的语义知识库。作为一种能够有效地、综合性地展示科学知识及其关系的可视化分析方法和工具,知识图谱主要是对文献和文献内容的知识单元进行可视化,具有"图"与"谱"的双创性质与特征,目前被广泛应用于科学计量学、管理学、信息资源管理学等领域的研究与实践。知识图谱方法与工具是大数据应用不可忽视的数据智能处理技术之一,应用于开发档案资源,则是将档案数据资源向档案知识转化,并予以可视化呈现的关键技术之一。

知识图谱的技术方法与构建过程主要包括数据获取、知识抽取(模式层和数据层)、知识融合等。其中,数据获取,是知识图谱的基础,包括本体构建与数据源配置。本体是知识图谱的模型,主要对构成图谱的数据形成约束,结合应用场景予以完善,最终获得实体类别、类别之间的关系、实体包含的属性定义等"三元组"数据。数据源配置是依据统一的规范数据格式完成对各种类型、格式的文档的解析归类后,建立专题数据集或数据库,再按照指定格式完成结构化数据和非结构化数据的配置。知识抽取,就是根据不同的数据源与数据格式,完成对实体、属性、关系这类知识的抽取。这是知识图谱构建的关键环节,知识抽取的质量直接决定了知识图谱的质量。知识融合,就是通过发现异构本体或异构实例之间的等价关系或包含关系,使之建立联系,使异构的知识图谱能相互沟通,成为一个整体。

(二)人工智能技术

"智能"一词在中文解释中指智力与能力的总称,即智力与知识的总和,作为计算机学科的分支,人工智能技术就是使计算机从功能上模拟人类思维相关的智能行为。在主要技术应用上,人工智能的具体技术应用包括知识工程、自然语言处理、机器感知等。

1. 知识工程

作为人工智能的核心,知识工程是在建立、维护和使用基于知识的系统中应用技术、科学和社会方面等要素,开展知识获取、知识表示、知识运用和处理等活动。知识获取是指运用计算机技术对文献知识、专家知识进行理解、认识、选择、抽取、汇集、分类和组织;知识表示指应用计算机语言将知识客体中的知识因子与知识实现关联，便于人类识别和理解；知识运用和处理指运用推理、搜索等技术实现对知识的管理、匹配和识别。

2. 自然语言处理

自然语言处理是指使机器具备信息检索、文本挖掘、问题解答和机器翻译等功能，能够阅读和理解人类语言。目前，人工智能技术的应用，使计算机能够融合各种多语言知识和规律。通过使用大量文本或语料库数据训练的大语言学习模型已经比较成熟，这将是未来档案智能问答主要技术的应用模型。

3. 机器感知

机器感知是指计算机获取各种外部数据，并利用计算机进行计算、分析、决策。这就如同人类一样观察和感知世界，以人类的方式解释做出决策的原因。这种技术与机器人控制系统和决策系统构成了人工智能机器人的核心技术。目前，这种技术在个别地方的档案咨询服务、企业智慧档案馆建设中有所应用。

随着计算机和网络技术的快速发展，在档案资源开发领域，人工智能技术可与多种大数据技术耦合应用，为档案资源的智慧化开发提供了支持，如智能检索、智能问答、智能推送等。

（三）虚拟现实技术

虚拟现实技术是指利用计算机图形、计算机仿真、人工智能等技术，生成仿真现实的三维模拟环境的技术，以自然交互方式为用户提供视觉、听觉等感官的高度真实的感官模拟，获得全方位沉浸式身临其境的感觉。其特征主要体现在四个方面：一是沉浸性。用户在虚拟场景中获得与现实环境中相同的各种感知，进而得到身临其境的体验。二是交互性。用户与虚拟场景中的对象相互作用，其操作可以在虚拟场景中得到反馈，增强自然感和真实度。三是构想性。用户通过在虚拟场景中的体验，加深对事物的理解，进一步产生新的构想并输入到系统中，得到新的反馈。四是多感知性，即用户在视觉、听觉、触觉等生物机能上对多媒体信息的综合感知性。

虚拟现实的关键技术包括四类：其一，动态环境建模技术。根据应用需求，该技术对获取实际环境的三维数据予以计算并建立相应的虚拟环境模型。其二，实时三维图形生成。从目前技术应用要求与实践情况看，为了达到实时目的，为了更好地保证图像质量和用户体验，三维图像的分辨率至少为3840×2160，刷新率应高于30帧/秒。其三，沉浸感知。综合运用计算机图形学、计算机视觉、人机工程学、传感器、网络通信等多种数字技术，将用户视觉、听觉、触觉和力觉等感知与信息实时合成，使人们获得三维空间沉浸感。其四，实时交互。一方面，在虚拟现实系统中，系统提供给用户的视觉、听觉、触觉和力觉等感知信息是实时合成的，如有的虚拟系统需要实时获取客观世界信息并予以处理，以便完成虚拟物体的动态构建；另一方面，虚拟环境能够实时地捕捉用户在动作或语言上的交互行为并予以响应，与用户形成实时交互。

目前，虚拟现实技术主要被应用于档案虚拟展览类档案资源开发，并在部分现场档案展览中采用。大数据背景下，拥有丰富档案数据资源的各级国家档案馆与行业领域档案部门，应用虚拟现实技术创新档案资源开发形式的探索仍有广阔空间。

三　档案资源开发利用创新的模式：虚实化

随着大数据、人工智能技术等新技术在档案工作中耦合应用，档案知识的智慧服务模式成为大数据背景下档案资源开发利用创新的发展趋势。关于档案知识的智慧服务，学界从技术视角、资源视角、用户视角等多个角度进行过研究阐释，已有成果主要基于"智能技术+档案知识"的理解，结合不同情境对档案知识智慧服务方式、服务内容、服务对象进行具体研究。

（一）开放鉴定的智能应用

关于档案智能鉴定含义的解释尚未形成统一。从现有研究看，国内研究者并未对档案智能鉴定的概念做出明确解释，多是在对传统档案鉴定概念阐述的基础上，结合大数据背景下档案工作的发展趋势，直接研究人工智能技术在档案鉴定工作中的模式与方法。陈茜月[①]提出应用人工智能技术与数据挖掘技术搭建基于神经网络的档案开放鉴定智能模型。综其所述，档案智能鉴定是指面对海量档案数据资源和社会档案开放利用的需求，档案部门在设计档案敏感语词、敏感图像体系的基础上，应用大数据、人工智能等技术实现档案知识的语义理解、知识表示、分析判断，给予人工鉴定以辅助的档案业务工作。

档案智能鉴定与开放利用是应用大数据、人工智能技术实现档案知识智慧服务的重要体现。在实践应用中，各级国家档案馆勇于前瞻，积极探索档案智能鉴定的研究与实践，以满足社会用户对档案开放利用需求的日益增长。例如，辽宁省档案馆、江苏省档案馆、浙江嘉兴市档案馆等积极探索应用人工智能技术开展档案鉴定开放工作。其中比较具有代表性的是辽宁省档案馆。该馆采用的智能辅助鉴定系统构建了多维语义理解算法模型，突破单一的字词匹配模式，从档案目录敏感字段以及档案内容的敏感词、敏感语句、敏感图像等多个维度进行语义理解，实现 AI 赋能档案鉴定工作，在对 5 个不同全宗 600 卷 1.3 万件档案的智能鉴定中，1 天就完成了计算机初审鉴定工作，给出了鉴定意见，经过复审核查，准确率达 85% 以上[②]。

（二）知识图谱的多维呈现

目前，随着知识图谱技术发展的日渐成熟，档案界关于档案知识图谱概念本质的理解基本达成一致。档案知识图谱主要是指应用 OCR 识别、数据挖掘、知识图谱等技术对档案数据进行汇集聚合、语义分析、

[①] 陈茜月：《基于神经网络的档案开放鉴定智能模型研究》，《档案管理》2022 年第 5 期。

[②] 李映天：《提升数字档案馆智能水平 打造档案馆 AI 大脑——基于辽宁省档案馆相关实践的总结分析》，《中国档案报》，2023 年 6 月 15 日，https://daj.fuzhou.gov.cn/zz/daxw/yjdt/202306/t20230615_4621209.htm。

知识关联,以用户可理解的可视化图形呈现人物、事件等逻辑关系的档案知识服务方式。当下,知识图谱技术已经被广泛应用于档案资源开发利用研究与实践中,并成为当下档案知识智慧服务的重要模式。因此,无论是理论研究还是实践应用,档案知识图谱作为档案资源开发的主要技术应用都呈现出多维发展的态势。

从理论研究看,国内研究主要聚焦在名人档案、红色档案、科研档案等档案资源知识图谱的构建。牛力等以吴宝康档案数据为案例,综合应用元数据标注、基于深度学习的数据处理、人文方法主导的档案上下文识别、嵌入档案元素的知识组织与动态知识图谱、融合领域知识进行叙事表现等宽领域数字人文技术方法,研究了名人档案知识库、知识图谱的构建模式①。邓君、王阮从模式层数据汇集,数据层的实体抽取、关系抽取、属性抽取以及知识融合,批量数据可视化呈现三个方面,构建了抗战老兵口述历史档案资源知识图谱②。雷洁等基于科研档案管理模式设计,从科研档案实体及语义关系两个构建要素,应用数据细粒度原理,应用语义网标准设计知识组织的逻辑和物理结构,分析了科研档案知识图谱构建的过程③。

从实践应用看,上海市档案馆、江西省档案馆、河南省档案馆等省级档案馆,以及甘肃省文旅厅、云南省税务局等行业档案部门,在探索利用知识图谱开展档案知识智慧服务方面取得了明显成效。例如,上海市档案馆综合运用人工智能、人机交互、知识图谱、数据库等技术,将档案知识图谱和时空地理信息系统、流媒体故事系统等有机融合,打造了海派特色的"跟着档案观上海"数字人文平台,公众通过 PC 端、手

---

① 牛力、高晨翔、张宇锋、闫石、徐拥军:《发现、重构与故事化:数字人文视角下档案研究的路径与方法》,《中国图书馆学报》2021 年第 47 卷第 1 期。
② 邓君、王阮:《口述历史档案资源知识图谱与多维知识发现研究》,《图书情报工作》2022 年第 66 卷第 7 期。
③ 雷洁、李思经、赵瑞雪、鲜国建、寇远清:《面向科研档案管理的知识图谱构建与应用研究》,《数字图书馆论坛》2020 年第 5 期。

机移动端即可形象直观地了解上海城市发展历程①。

(三) 智能检索的精准便捷

智能检索技术是指综合运用自然语言处理、语义分析等，在一定程度上从语言学角度理解系统文档与检索需求，以实现文档与需求的语义层面匹配的技术。简单而言就是通过运用人工智能技术，使得检索过程具备一定理解能力的检索方法。

档案智能检索是指应用大数据技术、人工智能技术对档案数据实施语义分析、逻辑推理与学习、数据挖掘、知识发现等处理环节，从而实现对档案资源的智能存储、提取和分析。大数据背景下，智能检索的功能为档案部门和档案用户搭建了档案知识供给与利用需求交互式平台，快捷、智能、个性的信息检索满足了网络环境下不同用户群体的个性化需求。智能检索受到了档案知识服务的供给方——档案行业人员的热切关注和推广。例如，辽宁省档案馆运用"以人搜照片"和"以人搜视频"功能，实现了对年代久远无法考证的馆藏老照片出处的考证，为分类、整理、鉴定与利用奠定了丰富档案检索方式②。西安市档案馆通过档案协同编研子系统，利用智能检索功能实现了全面、快捷、准确地采集编研素材，有效提升了编研工作的效率和质量。

(四) 智能问答的交互辅助

智能问答也被称为智能问答机器人，是一种基于自然语言处理的人工智能技术应用，针对档案用户问题，通过检索智能系统中问题相关的数据资源，并进行自然语言处理和语义理解，实现用户交互式对话回答问题的一种人工智能技术。

档案智能问答是档案知识智慧服务的重要形式。王雪荻等结合西

---

① 国家档案局：《上海"跟着档案观上海"数字人文平台上线》，《中国档案报》，2023年6月15日，https：//www.saac.gov.cn/daj/c100198/202306/d7c8e3583893424baeb61fc46b5a4d05.shtml。

② 李映天：《提升数字档案馆智能水平 打造档案馆 AI 大脑——基于辽宁省档案馆相关实践的总结分析》，《中国档案报》，2023年6月15日，https：//daj.fuzhou.gov.cn/zz/daxw/yjdt/202306/t20230615_4621209.htm。

安理工大学档案馆官网平台与微信平台智能咨询系统实践,提出问题识别模型构建与自主学习是档案智能问答服务实现的关键点①。徐肜阳、滕琦基于多源异构数据,从本体构建、档案知识库、知识问答流程三方面分析了档案智能问答实现的关键要素②。结合人工智能技术,档案智能问答就是指应用计算机语言、机器学习等技术对档案数据资源和用户需求问题进行理解、分析、推理,并实时给予解答的档案智慧服务形式。

目前,已有档案部门正在探索档案知识智能问答服务。例如,深圳市档案馆网站"业务咨询"栏目按档案业务分类收录了近百条业务知识数据,能够实现实时自动回复。行业领域企业档案部门也开展了此方面探索,主要是将智能问答系统嵌入数字档案管理一体化平台,针对业务问题的档案利用问题,通过计算机建设项目档案数据资源的语义分析、机器学习,给予解答参考。

(五) 叙事场景的沉浸体验

近年来,随着数字人文技术在档案资源开发领域的研究与应用,档案叙事成为研究热点。所谓档案叙事,是在一定档案利用需求导向下,档案形成与管理主体等叙事者通过语言、文字或其他媒介形成具有原始记录作用的固化信息,从而对社会发展脉络进行选择,并通过档案鉴定、著录、保管、开发利用等业务环节再现特定时空中的事件,将其呈现给目标用户的过程③。大数据背景下,档案叙事是指综合运用大数据、虚拟现实、人工智能等技术,对档案文化大数据进行规范整合、语义描述、知识关联、场景呈现,综合向用户提供档案知识检索、故事化叙事、沉浸式体验等档案知识服务的模式。丁家友等基于数字叙事视域,从数据对象层、数据管理层、数据服务层三个层

---

① 王雪荻、刘世俭、王玉吉:《AI 智能问答系统在档案咨询服务中的应用与研究》,《陕西档案》2023 年第 2 期。
② 徐肜阳、滕琦:《基于多源数据的档案知识问答服务研究》,《档案管理》2020 年第 6 期。
③ 李孟秋:《批判与建构:后现代语境下的档案叙事》,《档案学通讯》2022 年第 5 期。

面构建了档案数据资源生态圈①。王鹏程从叙事逻辑、叙事技术、叙事主体、叙事维度和叙事场景五个要素提出了沉浸式档案策展的优化策略②。任越等基于文化大数据视角，从叙事视角转化、叙事内容重塑、数字技术应用三个方面，分别结合不同案例分析了沉浸式场景的构建方法③。

在实践领域，各级国家档案馆与行业档案部门在应用人工智能、虚拟现实等数字技术打造沉浸式档案叙事场景方面开展了持续探索，两者在档案资源、传承红色基因、爱国主义教育等价值传递与实现上具有相似性。

在各级国家档案馆的实践中，多侧重在红色档案线下线上策展中应用虚拟现实可穿戴设备、Web3D 技术等挖掘档案资源中的红色基因、爱国情怀等内蕴价值，对讲好中国故事、传播中国文化发挥了积极作用，扩大了档案部门的社会影响力，取得了良好的社会反响。例如，河南省档案馆采用三维虚拟现实技术打造的"中福公司档案史料展"，观众可使用手机、电脑在线快速观展或沉浸式体验，也可线下预约 VR 设备进行穿戴体验④。中国丝绸档案馆在"第七档案室之迷途者"超时空数字解谜体验活动中，通过 LED 灯牌、无限镜地台、独特工艺的浮雕建筑等打造明代、民国、"赛博朋克"等不同时空场景，实现虚拟数字人语音互动，为公众带来档案历史场景叙事的沉浸式体验⑤。珠海市档

---

① 丁家友、周涵潇：《数字叙事视域下档案内容管理的发展趋势——档案数据资源生态圈的构建探索》，《档案学研究》2022 年第 6 期。

② 王鹏程：《基于叙事五要素的沉浸式档案策展案例评析与优化策略》，《档案管理》2023 年第 2 期。

③ 任越、焦俊杰：《文化大数据：档案数字叙事的发展机遇与提升策略》，《北京档案》2023 年第 5 期。

④ 国家档案局：《河南"中福公司档案史料展"云端展出》，《中国档案报》，2023 年 7 月 31 日，https：//www.saac.gov.cn/daj/c100223/202307/0d702a87e14a4e7ca3c0a221d266a304.shtml。

⑤ 国家档案局：《中国丝绸档案馆开展"第七档案室之迷途者"超时空数字解谜体验活动》，《中国档案报》，2023 年 7 月 21 日，https：//www.saac.gov.cn/daj/c100199/202307/e730c5abed1043edb100c1d89325bab6.shtml。

案馆深挖红色档案资源，利用 VR 技术、3D 建模技术创办了沉浸式红色教育情景课堂①。

在行业企业领域的实践中，多侧重应用虚拟现实、Web3D 等技术挖掘企业档案资源中的红色基因、工匠精神等内蕴价值，通过重现企业发展历史场景传承红色基因与凝聚企业精神。例如，兵器工业档案馆在探索新技术开发红色档案资源中，以兵器工业"黄崖洞兵工厂"实物档案为试点，应用 VR、三维图形、传感器及高分辨率显示系统等技术设备，搭建了黄崖洞兵工厂虚拟展馆系统，实现了红色兵工文化实物档案在线浏览、兵工厂旧址在线沉浸式交互游览等②。

---

① 焦林涛:《加强红色档案收管存用 让初心更红让底色更亮——广东省档案部门红色档案资源保护开发工作纪实》,《中国档案报》,2023 年 2 月 9 日, https://www.tjdag.gov.cn/zh_tjdag/gwxx/xxdt/wfxx/details/1675991024896.html。

② 国家档案局:《兵器工业档案馆探索新技术在档案领域的应用》,《中国档案报》,2022 年 4 月 25 日, https://www.saac.gov.cn/daj/c100166/202204/03c4a6d6dd6f4c26847e5db451a4dbb1.shtml。

第七章

应用重建：国家大数据战略下档案管理应用场景研究

随着国家大数据战略的推进，档案管理领域面临着全新的挑战和机遇。在价值重塑和业务重构的双重背景下，档案管理业务模式和应用场景呈现出与传统不同的发展需求和业务模式。本章聚焦于大数据背景下的档案管理应用生态营造，从技术应用生态角度考虑，将大数据的新应用纳入档案管理的范畴。为档案管理提供了全新的应用场景，激发档案管理在数字化转型中的重要作用。同时，面向政务大数据和企业数字化转型的档案管理场景融合创新也备受关注。从干部人事档案大数据管理、企业三维数模档案管理等角度出发，探讨大数据与档案管理相互融合的场景创新，共同推动档案管理应用在各领域的发展。

本章旨在构建适应大数据背景的档案管理应用生态，推动档案管理向更高层次的智能化、高效化发展，为国家大数据战略的实施提供可靠支持和智慧引领。在持续不断地完善档案管理应用生态的过程中，档案管理领域将迎来更加广阔的发展前景，为数字化转型和大数据应用贡献更多的价值。

第一节 大数据背景下档案管理应用生态营造

档案管理应用生态营造是大数据背景下现代档案管理的应对之策，涵盖了新特征、新框架和新路径的全面构建。通过适应大数据环境的挑战，档案管理应用生态营造将为档案管理和数据应用带来巨大的创新机遇，同时为社会和经济发展提供更加可靠和高效的支持。在应用场景不断完善的过程中，档案管理应用生态将持续演进，为各个领域的数字化转型和大数据应用提供更强大的推动力。

一 大数据背景下档案管理应用生态新特征

在大数据背景下，档案管理应用生态正呈现出全新的特征，其中档案规模集成化、档案资源可视化、档案管理协同化和档案服务智能化成为引领档案管理应用生态发展的重要驱动力。这些特征为档案管理带来了全新的发展机遇，推动了档案管理应用生态的创新和进步。随着数字化转型的不断深化，这些特征将继续演变和完善，为档案管理应用生态带来更大的发展空间。

（一）档案规模集成化

在大数据背景下，档案管理应用生态的档案规模集成化特征意味着整合和统一不同来源、类型、格式的档案数据。这包括从传统纸质档案到数字化档案，涵盖多个组织或部门收集的档案，以及从不同业务系统和数据源中获取的档案。通过集成化的档案生态管理方式，实现对大量档案数据的高效、便捷和智能化管理和应用。在大数据时代，档案数据在各种平台和系统中海量形成。由于管理体制、软硬件系统和技术标准的差异，档案资源被分散保管在不同的部门和机构中，容易形成"数据鸿沟"或"数据孤岛"。因此，实现分散异构的档案资源集成统一管理，成为档案规模集成化的首要任务。这种整合档案资源的目的是解决档案资源管理无序与有序、分散与集成、孤立与互通、异构与统一之间的矛盾，实现档案规模的集成化，打破档案管理应用的壁垒，促进多源异构档案资源的集成统一和互联互通，从而激活档案数据资源的潜在价值。

对于大数据背景下的档案管理应用生态，档案规模集成化主要体现在三个方面，即跨系统集成、数据标准化与一致性、大规模数据处理。跨系统集成实现了不同系统之间的数据无缝流动和共享，从而提升了工作效率和数据的一致性。借助自动化流程和综合数据分析，档案管理应用生态系统的集成为企业带来高效的运营和科学的决策，为应对复杂多变的业务挑战提供了坚实基础。数据标准化与一致性在档案规模集成化中具有重要意义。应用生态通过对档案管理进行标准化处理，以确保数据的准确性和可靠性。数据标准化是按照一定规范对档案数据进行处理，使其符合特定标准。通过此举能够有效纠正数据中的错误和不一致性，提高数据质量，同时为数据的综合分析和决策提供可靠的基础。大规模数据处理在档案规模集成化中扮演着至关重要的角色。随着数字化信息的不断增长，档案管理应用生态面临着海量数据的处理挑战。这包括对大量档案数据进行高效的存储、读取、检索、备份和恢复等方面的操作。通过构建强大且高效的大规模数据处理能力，档案管理应用生态进一步保持高度的运行效率和数据的可靠性。

(二) 档案资源可视化

档案资源可视化是大数据背景下的档案管理应用生态中的新特征之一。档案资源可视化是通过图形化、图表化或其他视觉化方式呈现档案数据，旨在使其更易于理解、分析和交流。通过利用可视化工具和技术，将大量的档案数据转化为直观的图形、图表或地图等视觉元素，让用户可以通过视觉感知直接洞察数据的关系和趋势，而无须深入数据细节。档案资源可视化的主要目的是提供一个更直观、交互性强、易于理解的数据展示方式。通过可视化，用户能够在海量数据中快速捕捉到关键信息和模式，从而更好地进行数据分析、决策和战略规划。同时，这种视觉化的方式有助于将复杂的档案数据有效传达和表达，帮助用户发现数据中有意义的模式、趋势和规律。因此，档案资源可视化在协助档案管理人员和决策者更快速地理解和把握档案数据的内容和特征方面发挥着重要作用，有助于更好地应对挑战和做出决策。

在大数据背景下的档案管理应用生态中，档案资源可视化主要体现在三个方面，即数据图表展示、交互式可视化、实时可视化。档案资源可视化通过折线图、柱状图、饼图等图表形式展示档案数据的各类统计信息。对于大量的档案数据，隐藏其中的有用信息可能并不容易察觉。借助图表将明显展示数据间的关联和趋势，可以快速地发现数据中的规律。这为档案管理提供了有针对性的数据处理方案，进一步提高了档案数据的分析效率。交互式可视化通过可交互式操作，使档案管理者能够以主动的方式与数据进行互动。这种交互式特性赋予了档案管理较大的自主权和灵活性。档案管理不再局限于被动地接受固定的图表展示，而是可以根据关注点和研究目的，自由选择数据的呈现方式。例如，根据时间范围、地域分布、特定类别等维度进行数据筛选，以获得特定范围或区域的详细数据分析。这样的交互性能够在多个维度上深入挖掘数据的内涵，从而全面地理解档案数据的意义和价值。实时可视化，即档案管理人员和决策者可以在数据更新时即时了解档案资源的最新状态，不再需要等待批量数据处理或定期报告。实时可视化使得信息即时获得。这种即时性为决策提供了强有力的支持，使管理人员能够在关键时刻做出准确、迅速的决策，把握住机遇，应对挑战。

（三）档案管理协同化

在大数据背景下的档案管理应用生态中，档案管理协同化是指通过多方协作和合作的方式，使不同组织、部门或个体能够共同参与和共享档案管理任务，以提高整体效率和资源利用的过程。在档案管理协同化中，不同组织或个体可以根据自身的专业领域和优势，共同参与档案数据的整理、维护和管理工作。通过数据共享和交流，可以避免重复收集和管理数据，减少资源浪费，提高档案管理的质量和准确性。这一特征强调档案管理中多方之间的合作和数据共享，旨在促进档案资源的集成和统一管理，使各个组织或个体能够共同拥有全面、准确的档案信息，从而更好地应对复杂多变的业务挑战。

在大数据背景下的档案管理应用生态中，档案管理协同化主要体现在三个方面，即多部门协同、共享权限控制、档案数据同步。在大数据背景下，档案管理往往涉及多个部门，每个部门可能负责不同类型的档案管理工作。由于不同部门间的职责分工和数据来源的多样性，容易出现信息孤岛和重复劳动的问题。档案管理协同化的目标是确保各个部门之间的信息共享和协作，从而实现档案管理的整体优化和协调发展。为了实现多部门协同，需要建立有效的信息交流渠道和协作机制。通过采用共享数据库、数据接口、跨部门会议等方式，让各部门能够及时分享档案数据和信息，避免因信息封闭而造成的重复收集和管理。共享权限控制是档案管理协同化中不可或缺的重要特征，在档案管理应用生态的过程中，涉及多个用户或部门对档案资源的访问和编辑。应用生态通过细粒度的权限管理，保障用户或部门在档案资源共享中的适度权限，同时保护档案的安全性和保密性，能够有效促进多方协作，提高档案管理效率，保障档案数据的完整性和可信度，从而更好地满足大数据背景下档案管理应用生态的需求。档案数据同步是档案管理协同化中的关键环节。通过建立高效的数据同步系统、明确的数据操作规范、权限管理和版本控制，可以确保多方协同工作时的数据一致性，避免数据冲突和不一致问题，从而提高档案管理的效率和质量。这样将为档案管理应用生态营造下的协同化特征提供有力的支持，促进多方合作共享档案资源，实现更优质的档案管理和服务。

（四）档案服务智能化

档案服务智能化是大数据背景下档案管理应用生态中的一项新特征。借助先进的人工智能、机器学习等大数据技术，将档案管理服务引向智能化和自动化的方向，使档案服务变得更高效、贴近用户需求，同时提高了档案管理的质量和个性化水平。在过去，档案管理人员面临较大的工作压力，需要按照传统的纸质档案处理方式机械地完成收集、归档、编目和维护工作。然而，以大数据为代表的现代信息化管理环境极大地提高了档案管理的效率，并构建了全新的档案管理工作模式和环境。智能化技术在档案管理中发挥着重要作用，使得档案信息的传递、校对、存储和检索等工作都可以由计算机代替完成。新型的档案管理工作模式鼓励创新，从用户的个性化需求出发进行档案服务，通过实现对档案信息的深度挖掘和及时备份，监控档案运转的动态信息，可以在保证档案安全的前提下满足各方面的使用需求。信息技术的转变改变了传统的档案管理方式，构建了全新的档案服务运转体系，这使得档案管理人员从烦琐的程序性工作压力中解脱出来，同时也为档案服务带来了智能化的发展。

在大数据背景下的档案管理应用生态中，档案服务智能化主要体现在三个方面，即智能检索、智能报表与数据分析、智能安全与权限管理。智能检索是档案服务智能化的重要特征之一。在大数据背景下的档案管理应用生态中，借助先进的自然语言处理和智能检索技术，档案管理应用生态能够智能地实现档案检索，识别用户的检索意图，并给出相关的推荐结果，提高档案检索的准确性和便捷性。传统的档案检索方式往往依赖于烦琐的关键词匹配，用户需要手动输入查询词汇，然后从搜索结果中逐一筛选找到所需档案信息。然而，随着技术的进步，智能化档案服务的出现为用户带来了极大的便利。通过自然语言处理技术，智能检索系统可以理解用户的自然语言输入，并准确识别用户的检索意图。用户无须拘泥于特定的检索词汇，通过用自己的语言描述需要查找的档案内容，系统会自动分析用户的意图并提供相关的档案资源。这使得档案检索实现智能化、人性化，使得用户可以更便捷地获取所需信息。智能报表与数据分析是档案服务智能化的又一重要特征。借助数据挖掘和机器学习技术等智能化技术，档案管理应用生态系统可以自动生成数据报表和可视化图表，为用户提供直观、有价值的数据分析结果。传统的数据分析和报表生成往往需要人工进行复杂的数据处理和统计，耗费大量时间和精力。而随着智能化技术的应用，档案管理应用生态可以自动进行数据挖掘和机器学习，从大量档案数据中找出隐藏的规律和趋势，为用户提供更深入的数据分析结果。这有助于档案管理人员更全面了解档案信息，从中获取有益的见解，进而指导决策和优化档案服务。智能安全与权限管理是体现档案服务智能化的一个重要方面。传统的安全与权限管理方式往往依赖于手动设置和监控，但随着档案数据量的不断增长和复杂多变的安全威胁，传统方法已经无法满足档案管理的安全需求。档案管理应用生态系统通过智能化技术，可以根据用户身份、角色和权限自动进行数据访问控制。智能安全与权限管理确保每位用户只能访问其具备权限的档案数据，避免未经授权的数据泄露和滥用。同时系统根据用户的使用行为和权限需求动态调整权限，实现权限的自动更新和合理分配，提高权限管理的灵活性和精确性。

二 大数据背景下档案管理应用生态新框架

大数据背景下档案管理应用生态新框架的构建涵盖了档案大数据的核心要素，技术融合层的关键技术，以及面向政务和企业的创新应用场景（如图7-1所示）。档案管理应用生态框架的建立将为各领域的档案管理和数据应用带来更多的机遇和挑战，并为大数据时代的发展提供更好的支持。通过不断完善和深化此框架，能够进一步激发档案管理应用生态的潜能，助力各行业更好地适应和引领数字化转型。

（一）以档案大数据为核心的主体要素层

档案大数据形成者是档案数据的提供者，档案大数据利用者是档案数据的使用者，而档案大数据管理者是档案数据的管理和维护者。三者之间形成了一个相互依存、相互影响的档案管理应用生态系统。档案大数据形成者为档案数据提供来源，档案大数据管理者负责对档案数据进行有效管理和维护，而档案大数据利用者则通过获取、分析和利用档案数据来满足各种需求和目标。这三者之间的紧密合作和有效协作，可以实现档案管理应用生态系统主体要素层的平衡和良性运行，从而更好地服务于社会和决策需求。

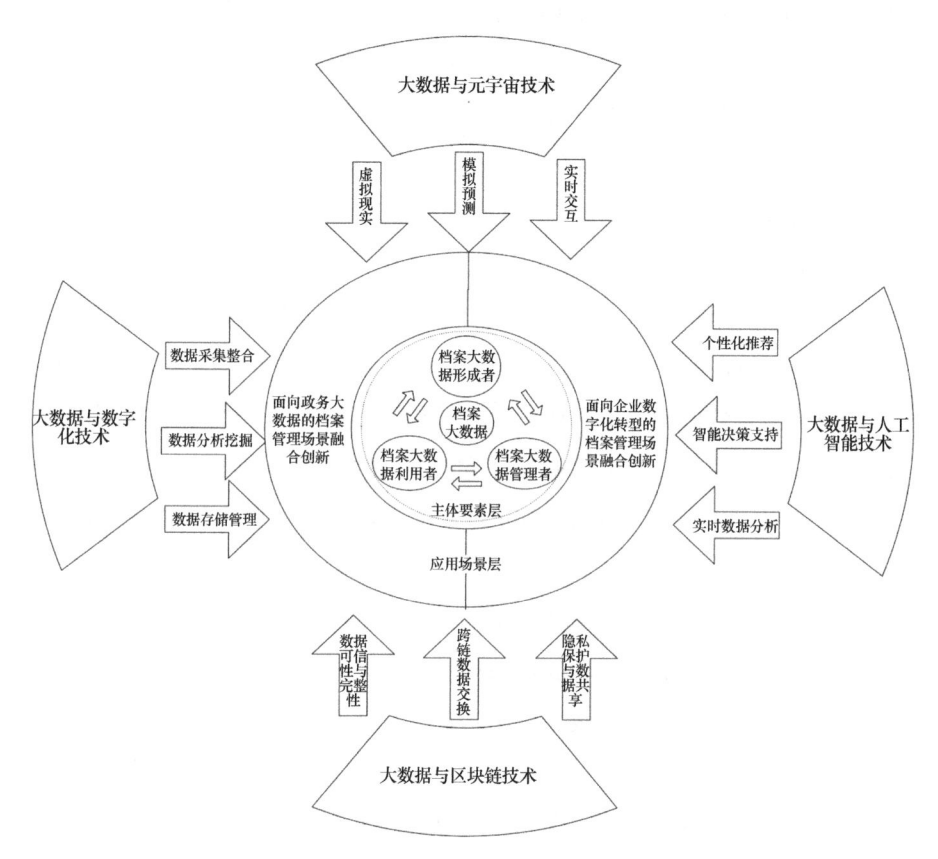

图 7-1 大数据背景下档案管理应用生态新框架

1. 档案大数据形成者

在大数据背景下的档案管理应用生态中，档案大数据形成者是指负责创建和产生档案数据的国家机构、社会组织或公民个人。他们的社会实践活动直接导致了档案数据的大量产生和快速增长。不同的档案数据形成者之间存在巨大差异，包括规模、性质、体量、数量和种类等方面。这些差异导致了档案数据的类型和质量各不相同，并且影响着档案数据的处理方式和管理方法。

档案大数据形成者的工作内容、生产方式、技术手段、职业道德、受教育水平以及数据意识等因素对档案数据的记录方式产生影响。例如，不同的形成者在记录数据时可能采用不同的标准和格式，导致档案数据的统一性和规范性存在挑战。如果档案大数据形成者未能有效地进行前端控制，即正确识别、完整捕获、及时采集和按时归档生成的档案数据，可能会造成大量档案数据无法顺利移交进入档案收集中心，从而产生数据流失和失控的问题。

2. 档案大数据利用者

档案大数据利用者在档案管理应用生态中扮演着重要角色，他们的需求和实际应用驱动着整个以档案大数据为核心的主体要素层运转，同时体现了档案数据的价值。档案数据的利用需求是推动档案管理应用生态系统发展的动力。档案数据本身蕴含丰富的信息和价值，但若缺乏利用者来应用和使用这些数据，其价值将无法展现。因此，档案大数据的利用者发挥着档案数据的实际应用和价值体现的关键作用。

然而，当前以档案大数据为核心的主体要素层存在生态失衡的问题。首先，档案数据利用者的意识相对薄弱，导致许多档案数据未得到充分利用。可能是档案大数据利用者缺乏对档案数据的深刻了解，或者缺乏适当的应用渠道和方法。其次，档案数据利用需求倒逼力度不够，社会对于档案数据的利用需求和应用意愿并不十分强烈，缺乏深度开发和利用档案数据的技术手段和专业能力，从而未能对档案数据的管理和应用产生足够的推动力，使其持续优化和提升。为解决这些问题，档案大数据利用者需要增强自身的意识和参与度，以实现档案管理应用生态系统的良性发展和充分发挥档案数据的价值。只有当档案数据利用者积极参与和深度应用档案大数据，将其广泛应用于档案管理和社会实践中，解决实际问题，才能真正展现档案数据的价值和意义，并推动档案数据生态系统的进一步发展。

3. 档案数据管理者

档案数据管理者在以档案大数据为核心的主体要素层中担任关键职位。他们是负责管理档案数据的人员，包括档案主管部门、档案保管部门、数据管理部门等机构的相关工作人员。档案数据管理者直接参与档案数据的管理和运行,是整个档案数据生态系统中的核心主体。档案数据管理者的责任非常重要,他们通过计划、组织、管理、领导和控制等手段,确保档案数据生态系统的正常运转。这意味着需要建立健全的档案数据管理体系,制定有效的数据管理政策和流程,以确保档案数据的安全、完整和准确。同时,档案管理者也要合理分配资源,确保档案数据的采集、处理、存储和利用等环节高效协同,从而推动档案数据的有效管理和有序运行。

随着信息技术的快速发展和档案数据量的急剧增加,档案大数据管理者面临着一些挑战。他们需要不断更新自己的管理理念和技术能力,以适应档案数据的新特点和新需求。特别是在档案数据的跨界流动和共建共享方面,需要加强与其他部门和组织的合作,形成更加协同的管理模式,避免数据孤立和资源浪费。同时,档案大数据管理者还应积极倡导开放共享的数据文化,促进档案数据与其他领域的交流与合作,实现资源的互通共享和价值的最大化。只有在档案大数据管理者的共同努力下,才能推动整个档案管理应用生态的健康发展,实现档案大数据的真正价值。档案数据管理者的专业能力和积极性将成为档案大数据生态系统持续优化和提升的关键因素。

(二)以大数据技术为节点的技术融合层

1. 大数据技术与数字化技术融合

数字化技术是将传统的物理实体和信息转换为数字形式的技术。在大数据环境下,数字化技术对数据的获取、传输、存储和呈现起着至关重要的作用。数据采集技术、数字化存储技术、数字化图像技术等是数字化技术的具体体现,它们能够将丰富的实体信息和数据转换成数字形式,为后续的大数据分析和处理提供了重要的数据基础。

大数据技术和数字化技术之间的融合,形成了更加完善和高效的大数据应用体系。数字化技术为大数据提供了丰富的数据来源,将现实世界的各种信息转化为数字数据,为大数据分析和处理提供了数据基础。大数据技术则能够处理和分析这些海量的数字化数据,从中提取有用信息和知识，帮助人们更好地理解和决策。在数据采集整合方面，数字化技术负责数据的采集并将其转换成数字形式，如传感器技术可以将环境的温度、湿度等数据转化为数字信号。然后，大数据技术负责对这些数字化的数据进行整合，将不同来源的数据汇聚到一个统一的数据存储中心，以便进行后续的分析和挖掘。在数据分析挖掘方面，档案管理应用生态利用分布式计算和并行处理等大数据技术，对海量的数据进行实时或批量的分析和挖掘。通过数据挖掘和机器学习算法，应用生态能够发现数据中的模式、趋势等，为决策提供依据。在数据存储管理方面，数字化技术负责对海量数据进行高效的存储和管理。传统的数据存储系统已无法满足大数据的需求，因此，数字化技术的融合实现了数据保障的高可用性和高性能，并对档案大数据进行备份和恢复，确保档案的安全性和完整性。

通过大数据技术和数字化技术的协同作用，实现了大数据数字化的高效采集、整合、分析和管理。这样的融合为各个领域的决策和创新提供了强大支持，同时推动了整个大数据应用体系的不断发展和完善。档案大数据管理者和利用者可以充分利用技术融合层的优势，更好地开展档案管理和数据应用，实现档案数据管理的真正价值和意义。只有在不断完善技术融合层的基础上，大数据应用才能更加深入广泛地渗透到各个领域，发挥出更大的作用，为社会带来更多的效益。

2. 大数据技术与区块链技术融合

区块链技术作为一种分布式账本技术，通过去中心化、共识机制和加密算法等手段，实现数据的安全存储和传输。其特点在于数据的不可篡改、分布式存储和透明可信性，为数据的安全性和可信性提供了坚实的基础①。在区块链上，数据以区块的形式被链接起来，形成一个链条，每个区块包含前一个区块的哈希值，确保数据的连续性和完整性。

---

① 金波、孙尧、杨鹏：《基于区块链技术的档案数据质量保障研究》，《图书馆杂志》2023年第10期。

大数据技术与区块链技术在技术融合层中相互融合和协同发展，为数据的管理、安全性、完整性和共享等方面提供了更加全面和强大的解决方案。首先，大数据技术与区块链技术的相互结合增强了数据的可信性与完整性。区块链技术以其去中心化、不可篡改的特点，为大数据的真实性和完整性提供了强大的支持。通过将大数据的信息以区块链的形式进行存储和验证，确保数据在产生和传输过程中不会被篡改或伪造，从而保证数据的可信性。其次，大数据技术与区块链技术的结合实现了跨链数据交换。在档案管理应用中，大数据往往来自不同的数据源，涵盖各个领域和行业。而区块链技术具有跨链交互的特点，通过将不同区块链上的数据进行有效交换和共享，实现数据的互通互联。这样的跨链数据交换，为各个领域的数据整合和应用提供了更大的便利性和灵活性。最后，大数据技术与区块链技术的结合也实现了隐私保护与数据共享的平衡。在大数据档案管理应用中，数据共享是发挥档案价值的重要手段，但隐私泄露也是一个需要关注的问题。区块链技术中的智能合约和加密算法可以实现对数据的隐私保护，确保敏感数据不会被非授权地访问和使用。同时，区块链的去中心化和可追溯性也为数据共享提供了更高的可信度，增强了数据交换方之间的信任感。

综上所述，大数据技术与区块链技术的结合在技术融合层中起到了重要的作用。通过这种融合，数据的可信性与完整性得到增强，跨链数据交换得以实现，同时在数据共享过程中也能平衡隐私保护的需求。这样的技术融合为大数据应用提供了更加安全、高效、可信的环境，为数据的管理和应用带来更多的可能性。

3. 大数据技术与人工智能技术融合

人工智能技术是一项模拟、延伸和扩展的智能计算机系统技术，它赋予计算机系统类似于人类智能的学习、推理、感知、认知和决策等特征和功能，使其具备解决问题和处理任务的能力，而不仅限于执行预定义的指令。通过机器学习、深度学习、图像识别等技术手段，人工智能技术在大数据背景下的档案管理应用生态中发挥着关键作用，使得系统能够更好地处理和分析海量的档案数据，提高档案管理的智能化水平，为档案的保管、整理、检索和利用等环节提供更高效、智能的解决方案。

人工智能技术依赖于大量的数据来进行模型的训练和优化，而大数据技术能够高效地采集、存储和处理海量数据，为人工智能算法提供了充足的训练数据。例如，在档案服务个性化推荐与用户画像领域，大数据技术能够收集用户的行为数据、偏好信息等，人工智能技术通过这些数据构建用户档案画像，并利用推荐算法为用户提供个性化的档案管理服务。在智能决策支持方面，人工智能技术赋予了档案管理更深层次的数据分析和决策能力。人工智能技术中的机器学习和深度学习算法可以帮助大数据技术识别档案数据中的模式和规律，进行数据挖掘和智能分析。总之，大数据技术和人工智能技术的结合实现了实时档案数据分析的能力。人工智能技术中的实时分析算法可以在数据产生的同时进行实时处理和分析。这种结合使得企业和组织能够更加及时地了解和应对档案数据的变化，提高决策的准确性和反应速度。

综上所述，大数据技术与人工智能技术在技术融合层中的相互融合为数据的处理和应用带来了全新的可能性。它们互为支撑，相辅相成，共同推动了信息时代的进步和创新。通过这种融合，个性化推荐与用户画像、智能决策支持和实时数据分析等领域得到了显著提升，为档案管理应用生态的发展和应用带来了更广阔的前景。

4. 大数据技术与元宇宙技术融合

元宇宙技术是一种包含虚拟现实、增强现实、混合现实等的综合性技术，具体体现为虚拟现实系统、三维建模和人机交互技术等，具有沉浸感、交互性、构想性的特征。元宇宙技术的目标是创造一个数字化的虚拟世界，让用户能够在其中进行交互和体验。在档案管理应用生态中，元宇宙技术为档案管理带来了全新的发展机遇和优势。

首先，在档案管理应用生态中，以虚拟现实技术为代表的元宇宙技术能够为用户提供身临其境的体验，可以用于重建历史场景、模拟档案存储环境,让用户感受历史和档案的真实性。例如,历史档案馆可以利用虚拟现实技术,让用户穿越时空,沉浸在历史事件和文化场景中,增强用户的参与感和体验感。其次,大数据技术和元宇宙技术的结合为档案管理应用生态带来了强大的模拟预测能力。通过元宇宙技术的虚拟现实环境,可以进行精确的档案模拟预测,帮助档案管理者在虚拟环境中模拟不同的管理策略,预测其对档案数据的影响和结果,从而找到最优方案。最后,元宇宙技术提供了实时交互和反馈的能力,用户可以在虚拟世界中与档案数据进行互动和操作。大数据技术的支持使得档案数据能够在实时性和准确性上得到保障,确保用户在虚拟世界中获得及时的反馈和准确的数据。例如,在虚拟档案馆中,用户可以通过手势或语音命令与档案进行互动,获取所需信息,而这些实时交互和反馈都是基于大数据技术的支持和分析。

综上所述,大数据技术与元宇宙技术在档案管理应用生态新框架中相互融合,为档案管理带来了虚拟现实、模拟预测和实时交互反馈等全新的功能和体验。这种融合将进一步推动档案管理应用的创新和发展,为用户提供更加丰富、智能的档案管理体验。

(三) 以服务创新为目标的应用场景层

1. 面向政务数据的档案管理场景融合创新

在面向政务大数据的档案管理场景融合创新中,以服务创新为目标,推动档案管理应用生态发展。融合"政务管理+大数据"的策略已经开启一个全新时代,以政务大数据为中心,实现了信息资源的广泛共享与多方协同的局面。各级政府机构纷纷树立全新的管理和服务意识,以提升服务的智慧化水平来实现在管理方式上的创新[①]。在此背景下,档案管理不再局限于传统,而是紧密结合创新理念,积极探索更为高效、智能的管理模式,为新时代的政务大数据应用提供有力支持。

---

① 蔡盈芳、李子林:《大数据环境下政务档案信息共享与利用研究:框架设计》,《浙江档案》2019年第1期。

面向政务大数据的档案管理场景融合创新，在构建服务型档案管理模式中扮演着不可或缺的关键角色。政府大数据作为核心管理对象，档案管理场景以服务为中心，通过深化顶层设计、树立深刻的大数据意识，并利用相关技术优化管理流程，提高工作效率和档案管理的科学性。服务型档案管理模式的核心理念在于强调服务精神，秉持问题驱动和效果导向的原则，以服务为中心。在这一模式下，政务大数据的应用需求成为紧要之务，打破了传统的政务大数据管理模式。不再一味地按照传统模式接收、管理、提供档案，而是根据需求和服务特点，灵活收集、管理和提供政务大数据信息。充分利用"互联网+"的大数据及相关技术，积极获取相关数据，并深入分析和挖掘，以深刻洞察用户需求和服务热点，从而明确前进方向。在确保档案齐备归档的基础上，这一模式可以针对性地收集和利用那些需求较为突出、具有时代特色的档案材料。在提供档案利用时积极地将精准信息和服务传递给用户，以进一步提升用户满意度和获得感。通过将面向政务大数据的服务模式与创新的管理机制相融合，档案管理应用生态得以满足政务大数据的管理需求，实现信息资源的共享和多方利用。

2. 面向企业数字化转型的档案管理场景融合创新

在数字化时代，社会生活方式发生了深刻变革，与此同时，大数据技术为各行业带来了巨大的机遇与挑战。当前，企业对数字化档案管理的重视度不断提升，推动企业必须快速推进信息数据处理和数字化档案管理的实施。企业数字化档案管理涵盖制度体系、标准规范、信息系统和数字资源等多个方面。随着企业在数字化档案管理领域的持续探索和实践，迫切需要建立逐步完善的企业档案资源体系和服务体系，以更好地发挥企业档案管理工作的多重职能。因此，实现企业档案管理全面数字化已成为大数据时代下企业档案管理发展的必然选择。

在面向企业数字化转型的档案管理场景中，通过提高企业数字化档案管理技术的专业价值、创新服务意识和规范数字化档案资料的应用，来实现以服务创新为目标的应用场景融合创新。首先是提高企业数字化档案管理技术的专业价值。随着企业数字化转型的深化，档案数据不断膨胀，尤其是非结构化数据增长迅速，利用云计算、信息存储等先进技术，企业可以高效实施数字化档案管理。借助人工智能和数据挖掘等手段提升档案智能化水平，以满足企业数字化档案管理的需求。其次是提升企业档案信息管理的创新服务意识。随着科技的进步和经济的发展，企业面临海量信息与传统办公模式的碰撞。企业高层应加强档案数字化意识，建立健全档案管理制度规范，全面支持企业数字化档案管理的落实。在此背景下，企业档案管理人员应不断更新观念，培养信息素养，深入理解企业档案数字化管理的特点，积极推动数字化档案管理工作，以满足企业对档案管理的需求。最后是规范企业数字化档案资料的应用。通过运用大数据技术，如光学字符识别（OCR）、5G网络和多媒体技术，对结构化或非结构化档案资料进行处理，生成通用的数字化文档，实现灵活存储和转换，使得传统实体档案保管模式转变为可以随时随地提供共享数字化档案的信息中心。通过上述三种方式，可以拓展企业档案管理服务能力，深化企业档案信息资源的社会共享，为企业数字化转型提供更好的支持。

三 大数据背景下档案管理应用生态新路径

在大数据背景下，档案管理应用生态目前正处于蓬勃发展的阶段，呈现出显著的可塑性和广泛的发展前景。把握档案管理应用生态的平衡并增强其调控能力，是推进生态系统成熟发展的必然要求和内在动力。而信息管理方法的不断变化，深刻改变了档案的形成和管理过程。因此，在档案管理应用生态的新路径探索中，紧密结合大数据技术的进步与创新，将档案管理应用生态与信息生态系统有机融合，进一步增强其适应性和稳定性（如图7-2所示）。为了实现这一目标，通过转变开放创新理念，将用户放在生态系统的核心位置，以满足用户需求，并引领档案管理应用走向新的高度。高新技术的迭代更新将为生态管理提供数智化支撑，使档案管理应用生态系统能够更加智能地应对变化和挑战。

建立生态合作关系，促进生态共享与协同化发展，为档案管理应用生态的平衡和稳定贡献重要力量。同时，完善相关法律制度，保障生态治理的规范化运行，将为档案管理应用生态的发展提供坚实的法律保障。

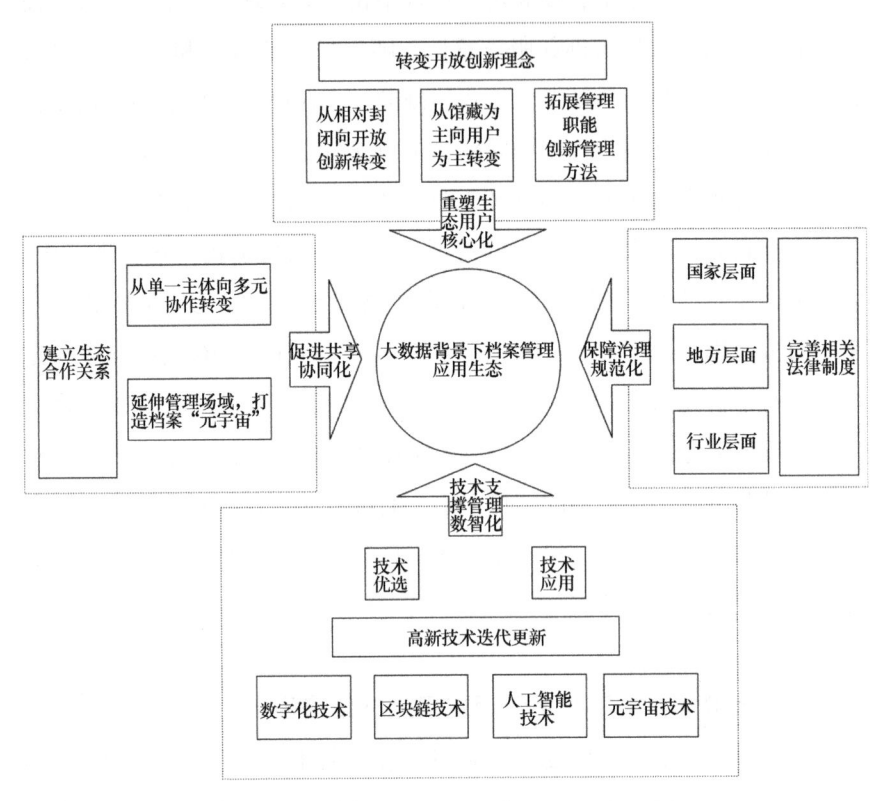

图 7-2　大数据背景下档案管理应用生态新路径

综上所述，大数据技术的不断发展为档案管理应用生态的创新带来了新的契机。通过档案管理应用生态新路径和信息生态系统的平衡，有望构建一个更智能、稳定和可持续发展的档案数据生态系统，为用户提供更优质的档案服务与体验。

（一）转变开放创新理念以重塑生态用户核心化

在大数据背景下，档案管理应用生态面临新的发展路径。转变开放创新理念以重塑生态用户核心化，意味着改变以往相对封闭的创新模式,将用户放在生态系统的核心位置,积极倾听用户需求,加强用户参与,以提供更优质的档案管理服务。新型开放创新模式将积极融合外部资源和智慧,推动档案管理应用的更新和升级,使其更符合用户期望,提升用户体验和满意度。重塑生态用户核心化是将用户需求和体验放在生态系统的核心位置。传统的档案管理应用以馆藏为主导,而现在随着大数据技术和信息化的发展,用户对档案管理应用的需求也在不断增长。

一是实现从相对封闭理念向开放创新理念的转变。传统的档案管理往往采用相对封闭的方式,主要面向内部管理,对外界不够开放。然而,随着大数据时代的到来,开放创新变得尤为重要。档案管理应用生态需要更加开放地与其他领域合作,融入社会各方资源,以获取更丰富的数据和信息。档案管理通过与学术界、企业以及其他文化机构合作,共享数据资源,进行跨领域交流,从而推动档案管理的创新发展。大数据时代蕴含广泛的开放包容性。通过技术的赋能和数据的驱动,档案部门深化了数据思维和创新精神。这进一步推动了档案工作与现代信息技术,如大数据等的深度融合,创新了档案数据的开发与利用模式,加速了档案数据的开放共享,推进了档案数据治理决策的科学化,从而凸显了社会公平正义的重要性。

二是实现从馆藏导向到用户导向的转变。传统的档案管理偏重于对档案资源的收集、保存和存储,而在档案的开放服务和利用方面存在较大不足。在大数据时代,公众对公共文化和信息服务的需求越来越精细化、个性化和多样化。档案管理应用生态可以借助大数据技术,创新档案服务模式,提升档案服务质量,满足用户多样化的档案需求,从过去以"资源供给"为中心的模式转变为以"用户需求"为核心的模式。通过对大数据技术的应用,档案管理应用生态可以深入了解用户的偏好和需求,从而为用户定制专属的档案服务,提高用户满意度和忠诚度。这种以用户为主的转变将使档案管理应用生态更加贴近用户,更好地满足用户的实际需求,提升用户体验,推动档案管理应用生态的创新和发展。

三是拓展管理职能并创新管理方法。在大数据环境下，档案管理应用生态面临着拓展管理职能和创新管理方法的双重挑战。传统的档案部门通常专注于"管档案"，然而在大数据时代，档案部门需要同时兼顾"管数据"。充分履行数据管理职能有助于确保管理的有效性，从而实现档案管理应用生态的业务领域、发展空间和社会价值的根本性拓展。这将为推动档案资源建设模式、管理手段和服务机制的创新提供重要支持，提升档案事业在生态中的地位、话语权和社会影响力。同时，档案管理应用生态需要借助数据科学理论和数据管理方法，深度融入档案管理内容和业务体系。通过运用数据挖掘、机器学习、知识图谱等技术方法，对海量档案数据进行深度开发，促进数据的信息关联与知识发现，挖掘档案数据潜在价值，提升应用生态管理效率。

（二）高新技术迭代更新以支撑生态管理数智化

在大数据背景下，档案管理应用生态正面临新的发展路径，其中高新技术迭代更新成为支撑生态管理数智化的重要方向和手段。这些高新技术涵盖先进技术如人工智能、大数据分析、云计算等，为大数据时代的档案管理带来了重要应用潜力和推动力量。通过不断迭代更新，档案管理应用生态能更好地应对日益复杂的数据和信息，提升智能化水平，实现数据的科学化治理和应用。特别是高新技术为档案管理应用生态的现代化提供了重要驱动力。

一是技术优选便于档案管理。在支撑生态管理数智化的过程中，技术优选是至关重要的一环。档案管理应用生态作为特殊领域，需要面对众多数据技术的选择。新兴技术如大数据管理技术、区块链技术和人工智能技术等各具特点，但并非所有的技术都适用于档案数据管理。因此，在技术选取的过程中，档案管理部门应审慎考虑技术的可靠性、安全性，以及与档案数据管理相匹配的程度。尤其在大数据时代，技术层出不穷，档案管理部门必须面对"技术优选"的挑战。选择智能先进、安全可靠的数据技术，是保障档案数据管理顺利进行的基础。这意味着需要深入研究不同技术的特点和优势，以确保所选技术能够有效应对档案数据的管理需求，避免技术风险的发生。同时，高新技术迭代更新也需要紧密结合档案数据管理的实际需求。档案数据的管理具有复杂性和多样性，需要确保所选技术能够适应不同类型的档案数据管理场景。在技术迭代更新的过程中，注重技术与业务的融合，让高新技术成为档案管理应用生态发展的有力助推器。

二是技术应用适配档案管理。运用先进技术能够提升档案数据管理中的操作效能，加速新技术在档案数据管理领域的适配与应用。通过科学论证和实践，确保所选技术的功能适用，提高档案整体的管理科学性和效率。积极开发档案数据管理、智慧档案馆的技术应用系统，将档案管理应用生态推向更高水平，应对复杂的数据和信息，实现数据的科学化治理和应用，为档案管理应用生态的持续创新与发展提供有力支持。

(三) 建立生态合作关系以促进生态共享协同化

在大数据背景下，建立生态合作关系以促进生态共享协同化是指在档案管理领域通过建立合作关系和协同机制，实现资源共享、信息交流和协同发展。这样的合作关系旨在实现资源共享和优势互补。通过与学术界、企业、文化机构等多个主体建立紧密的合作关系，档案管理应用生态可以获取更丰富的数据资源，借鉴其他领域的创新思维和技术，从而推动档案管理的创新发展，形成开放、包容的生态环境。

一是从单一主体向多元协作转变。档案管理应用生态意识到与各个相关主体进行协同合作的重要性，需要加强与档案数据形成部门、大数据管理部门、信息技术公司、档案中介机构等社会组织的合作关系，以形成常态化、多元化、立体化的协作机制，以档案部门为核心。这样的多元协作机制能够协调不同治理主体之间的利益，最大限度地发挥各方的优势，形成合力，共同推进档案数据的治理和应用。在这样的多元协作机制下，各主体之间形成紧密的合作网络，相互协助、资源共享，共同推进档案管理应用生态的创新和发展。通过充分发挥各方的优势，档案管理应用生态将得以不断完善，提供更优质、更智能、更高效的档案管理和服务，以适应不断变化的大数据时代的挑战与需求。

二是打造档案管理"元宇宙"。传统的档案管理主要依靠实体档案馆等物理空间，然而在大数据时代，万物互联、人机交互的数字空间将成为档案管理的重要应用场域。档案管理"元宇宙"包含着庞大的信息和数据，无论是用户、机器还是其他智能设备，都能够通过互联网等通信渠道在这个空间中相互交流和互动。在档案"元宇宙"的基础上，档案管理应用生态通过虚拟现实等技术手段实现双面管理，同时开展线上线下双向的档案数据治理，满足用户多样化的需求。在建立生态合作关系的同时，延伸管理场域是档案管理应用生态发展的重要补充。通过充分利用档案"元宇宙"中的信息资源和技术手段，档案管理应用生态可以更好地适应大数据时代的挑战，实现生态共享协同化的目标，成为大数据时代下智能化和高效化的管理体系。

（四）完善相关法律制度以保障生态治理规范化

完善相关法律制度以保障生态治理规范化是档案管理应用生态发展的必要步骤。在大数据背景下，规则作为治理的基石，成为维持档案数据生态平衡的重要依据。通过运用法律政策、制度标准，对档案数据生态进行规范化治理，以促进档案数据生态系统的健康运行和可持续发展。目前，档案管理应用生态正处于管理要素的适配阶段，需要构建与档案管理相配套、相适应的生态环境和战略体系，以确保档案管理应用生态在持续发展中能够得到更全面、更协调的规范和支持。

一是国家层面，政府通过出台相关法律法规，为档案管理提供了重要的制度保障。这些法律法规和政策规划旨在规范档案数据的收集、存储、传输、使用等方面，确保档案数据的合法性、安全性和可靠性[①]。同时，相关标准规范的制定和推行也有助于统一档案数据管理的标准，推动档案管理应用的健康成长和生态培育。

二是地方层面，各地方档案事业发展规划已经越来越重视档案管理

---

① 薛四新、黄丽华：《大数据环境下政府信息资源归档模式研究》，《中国档案》2021年第5期。

的重要性。通过地方层面的规划，可以有效地推动档案本地化管理和应用，满足地方发展的实际需求，同时也能促进档案在地方上的合理共享，为地区的经济、社会发展提供更好的档案管理支持。

三是行业层面，各个行业领域都会产生大量的档案数据，如金融、教育、医疗卫生、科学研究等。为了更好地管理这些行业的档案数据，各行业也会制定相关的数据管理政策。这些政策根据行业领域数据的特性和管理要求，制定了相应的规则和标准，以确保行业档案管理应用生态的合规性和安全性。行业规则有助于优化档案数据生态，提高数据管理的效率和质量，促进各个行业领域的创新和发展。

第二节 面向干部人事档案大数据的档案管理场景

习近平总书记始终关注新技术的发展与加速创新，多次强调"推动互联网、大数据、人工智能和实体经济深度融合，建设数字中国、智慧社会"。《中国共产党组织工作条例》（以下简称《条例》）明确提出"组织部门应注重运用互联网技术、数字技术和信息化手段，提高工作效能"。这就要求：首先，对干部人事档案进行数字化处理，并将数字化结果集中管理；其次，如何应用新技术来保障数字档案真实性、完整性、可用性、安全性，确保与纸质档案一致，是需要解决的问题；最后，对档案信息进行数据化，实现大数据分析。原有纸质档案以及数字化结果保存在各单位内部的管理方式，难以实现上述要求，必须对新技术下干部人事档案管理与应用进行深入研究，重构其管理活动与应用模式，为干部资源配置、领导班子建设、干部队伍宏观管理等提供精准高效的服务。

本节研究内容为大数据背景下干部人事档案的管理与应用创新，即以数据思维为视角，以激发档案数据要素活力为中心，研究以大数据、区块链、云计算等新技术为核心的新型服务基础设施在组织系统中的构建，进一步研究干部人事档案的创新管理与创新应用，实现大数据与干部人事档案工作深度融合，促进档案数据要素赋能组织工作系统性数字化转型。

一 干部人事档案管理现状与学术史梳理

（一）管理现状

中央办公厅 2018 年印发的《干部人事档案工作条例》[①] 规定，干部人事档案是各级党委（党组）和组织人事等有关部门在党的组织建设、干部人事管理、人才服务等工作中形成的，反映干部个人政治品质、道德品行、思想认识、学习工作经历、专业素养、工作作风、工作实绩、廉洁自律、遵纪守法以及家庭状况、社会关系等情况的历史记录材料。依据《干部人事档案工作条例》，干部人事档案工作应遵循"党管干部、党管人才；依规依法、全面从严；分级负责、集中管理；真实准确、完整规范；方便利用、安全保密"的原则。

目前，各级组织人事部门负责本地区本部门本单位的干部人事档案工作，纸质档案存放在各级组织人事部门。随着数字技术的不断发展和广泛应用，干部人事档案也开展了数字化工作。但数字化成果主要是以扫描图像形式保存在光盘中，然后同纸质档案一起存放在各级组织人事部门，个别单位利用信息系统进行管理，信息系统以单机版为主。造成的结果就是光盘档案利用率极低，难以运用大数据技术对扫描图像进行分析并为干部选拔等提供精准高效服务，同时也难以防范档案涂改造假等问题，迫切需要构建面向大数据的干部人事档案管理场景。

（二）学术史梳理

干部人事档案管理主要经历了以下阶段：一是以纸质档案为对象的干部人事档案管理。该阶段有着较为成熟的理论研究和实践，发布了《干部档案工作条例》《干部档案整理细则》等行政规章。二是以纸质

[①] 中国政府网：《中共中央办公厅印发〈干部人事档案工作条例〉》，2018 年 11 月 28 日，https://www.gov.cn/zhengce/2018-11/28/content_5344196.htm。

档案管理为重、数字化推进阶段。该阶段组织部门已经意识到信息技术在档案专审、利用中的巨大作用，开始开展档案数字化工作。但数字化成果以光盘为载体离线存放，或通过单位内部档案管理系统进行管理，难以形成上下贯通的资源主干，难以防范档案涂改造假。三是以纸质档案与数字档案管理并重、新技术充分应用融入阶段。进入新时代，干部档案管理对象与要求有了巨大变化，2018年中央办公厅印发的《干部人事档案工作条例》第三十八条提出，"组织人事部门及其干部人事档案工作机构应当运用大数据等信息技术，建立健全干部人事档案科学利用机制，为干部资源配置、领导班子建设、干部队伍宏观管理、组织人事工作规律研究等提供精准高效服务"。国内外学界已认识到这种变化，并做了一些有益研究，但数字档案管理与应用创新研究尚处于初步探索期。

目前国内研究主要表现在以下三个方面：一是纸质干部人事档案管理。巩晓玲[1]认为须建立各级档案管理制度，消除档案材料收集过程中的不衔接、信息不畅通的问题。马娥[2]认为干部人事档案管理关键在于把好入口关、更新关、出口关。二是干部人事档案信息化建设。蔺彦梅[3]提出从信息化认知提升、信息化平台构建、档案工作机制完善、网络安全技术运用、管理人员业务能力提升五个维度，建设干部人事档案管理信息化体系。三是新技术在干部人事档案管理中的应用。李曲直、韩丽[4]提出了"区块链+人事档案"管理方案。王宁等[5]认为高校人事档案管理应从数字化向数据化转型，提出了人事档案数据化建设的实现路径。

国外没有干部人事档案这一概念，类似有人事文件、个人信息等概

---

[1] 巩晓玲：《新形势下创新干部人事档案管理模式的探讨》，《科技资讯》2023年第8期。
[2] 马娥：《干部人事档案工作的管理与思考》，《档案管理》2020年第4期。
[3] 蔺彦梅：《干部人事档案管理信息化建设研究》，《兰台内外》2023年第10期。
[4] 李曲直、韩丽：《"区块链+人事档案"管理应用初探》，《中国档案》2020年第7期。
[5] 王宁、孔梦帆、于雪：《大数据背景下高校人事档案数据化组织流程与实现路径研究》，《情报科学》2022年第11期。

念。通过 Web of Science 等外文数据库的文献检索及梳理发现，国外研究主要集中在以下方面：Ream B.[①] 认为人事档案中应该补充有学历材料、工作材料、就医信息材料、奖励与惩罚材料以及其他有参考价值的材料。Ibyimana C. 等[②] 设计并实施了实用的人事档案系统。Osakwe R. N.[③] 认为建立数字人事档案能够快速收集和利用人事档案，实现大数据人事档案管理是未来趋势。

综上所述，国内学者提出了一些有益的观点，但整体上还处在初步探索阶段，尚未深入系统地解决新技术环境下干部人事档案能否管、如何管、怎么用的问题。一是理论研究深度不足。相关研究提出应重视新技术在干部人事档案管理中的应用，但如何应用融合未见深入研究，涉及理论层面对干部人事档案数字空间与物理空间的融合管理等研究未见公开成果。二是实操研究需要加强。相关研究提出应拓展新技术的应用，但如何拓展、拓展后如何指导干部人事档案管理实践研究较少，如何应用大数据、云计算、区块链等建设新型服务基础设施，以及干部人事档案工作向系统性数字化转型未见到公开成果。三是研究思路需创新、研究视域需扩大。相关研究多以纸质干部人事档案为管理对象，立足于传统档案管理思维，没有以数据观点、将档案工作真正置于新技术环境下去研究。

干部人事档案是党的重要执政资源，属于党和国家所有，是我国特有的一类专门档案。由于体制、制度等原因，国外的人事档案与我国干部人事档案是完全不同的两个概念，其内涵、管理对象与研究范畴差异很大。国外学界相关研究的代表性、适用性有限。

---

① Ream B., *Personnel Administration: A Guide to the Effective Management of Human Resources*, ICSA Publishing, 1984.

② Ibyimana C., Wong R., Adomako E., Lukas S., Birungi F., Munyanshongore C., "Establishing a tracking system in human resources department to improve the completeness of personnel files at a district hospital in Rwanda", *Journal of Hospital Administration*, Vol. 5, No. 5, July 2016.

③ Osakwe R. N., "Administrative Strategies of Departmental Heads as Determinants for the Effective Management of Human Resources in Tertiary Institutions in Delta State, Nigeria", *Higher Education Studies*, Vol. 5, No. 1, January 2015, pp. 43-50.

二 干部人事档案管理思路

(一) 基于云平台的干部人事档案数字空间构建

(1) 干部人事档案大数据云平台功能

干部人事档案作为一类特殊的专门档案,其原生态只能是纸质形态,没有原生态电子干部人事档案,其数字档案只能通过纸质档案扫描生成。两者存放在生成单位内,就存在着涂改造假的可能性。国家对于干部人事档案展开了多次档案专审,对干部的"三龄两历一身份"多次专审,但涂改造假问题依然存在。一个破解方法是将专审后的纸质档案进行数字化,将数字化结果集中存放在统管的云平台,建立纸质档案与数字档案的相互印证关系。

为着力构建防范档案涂改造假等问题的"监控器""防火墙",同时形成集中统一、上下贯通的档案资源主干,需要构建基于云平台的干部人事档案数字空间,即以基于云计算的高效便捷的干部人事档案管理利用平台为核心,将一定行政区划内所有适用于《干部人事档案管理条例》的干部人事数字档案,全部存储在云平台,建立规范管理、高效利用的数据资源体系,搭建其数字空间。

(2) 云平台建设内容

构建基于云平台的干部人事档案数字空间,重点有三个方面。

一是基于政务内网的档案云平台建设。云平台应在一定行政区域规划内,如一个省在省委组织部统领下进行建设。其框架设计如图7-3所示。

图7-3中,纸质档案和数字档案是分开保存管理的,纸质档案在本单位,数字档案保存在省委/市委组织部统管的云平台。纸质档案经过统一数字化加工中心,如要对档案涂改造假,就需要对纸质和数字档案进行同步修改,大大增加了造假难度。

二是数据资源体系建设。通过组织系统数据资源目录建设,分级分类建设汇聚档案资源,形成上下贯通的资源主干,为建设各类主题数据

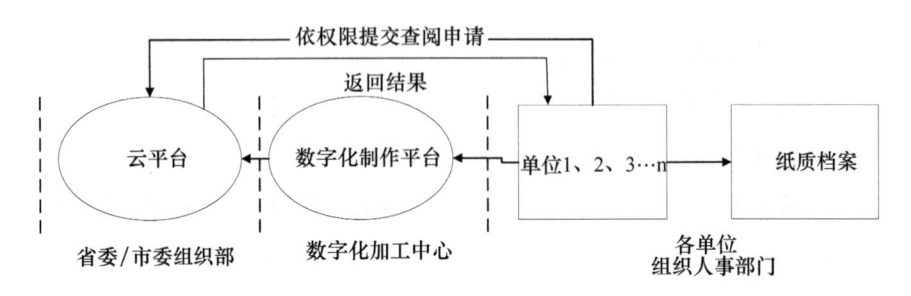

图 7-3　干部人事档案大数据云平台示意图

库、应用大数据分析技术奠定基础。同时，实现数字档案的 OCR 识别，提取干部人事档案关键数据，如"三龄两历一身份"的数据，通过比对分析，寻找疑似涂改造假的档案。

三是档案分级负责、集中管理。数字档案进入云平台后，其管理权限不变，各单位生成的档案依然由本单位进行管理，未经该单位允许，其他任何人和单位无权查看。云平台建设在政务内网中，所有接入云平台的设备必须有固定的 IP 地址和确定的账号，通过数字档案精细化权限管理、访问控制、安全审计、数据保护，建立全生命周期的数据质量监管和控制机制。

（二）基于区块链的数字档案真实性保障

将区块链引入干部人事数字档案管理中，保障数字档案的可信真实、高效验证。研究一定行政区划内政务内网中区块链节点的构成，分析节点的资质与能力，确定节点的权限与职责，如以省级党委组织部为管理节点具备管理权限，以省辖市组织部或具备特定保密资质（如军工资质、涉密资质等）的国有事业单位为基础节点，管理节点与省辖市组织部节点参与区块链共识、数据校验与记录，国有事业单位节点不参与区块链共识，仅做数据校验与记录。将数字档案经哈希运算后的哈希值上链，数字档案数据存储在云平台，建立区块链与云平台之间的数据联系，确定数字档案真实性验证机制。

在此基础上，重构档案管理活动，研究以档案数据为要素的干部人事档案创新应用。

三 干部人事档案管理业务流程优化

通过利用大数据、数字加密、分布式、区块链、知识图谱等智能技术，有效重建干部人事档案管理中数据采集、存储、分析和利用等业务流程，解决干部人事档案管理中存在的数据处理难题，实现干部人事大数据的全生命周期管理。

（一）纸质档案数字化与关键数据提取

（1）纸质档案数字化

省委/市委组织部可建设的统一数字化加工中心开展十大类干部人事档案的数字化采集工作。加工中心研发部署干部人事档案数字化系统、档案管理云平台系统与档案分析研判系统。其中，数字化系统负责按照《干部人事档案数字化技术规范》进行数字化加工，分析研判系统负责档案查缺、档案缺失表填报，档案管理云平台系统负责建立全省/全市的机构树，将数字化成果上传至云平台相应的机构内。

干部人事档案数字化加工重点解决以下难题：

一是基于规则的自动数字化采集。利用档案数字化采集系统对档案进行自动定位并识别档案项标签，与查缺规则对比自动判断一份档案是否有重要档案项缺失，并根据纸质档案手写体目录的智能识别，自动建立数字档案电子目录，通过OCR识别，自动完成对纸质档案内容的高效采集。

二是数字档案加密数字水印隐写与溯源。在干部人事档案数字化成果中嵌入加密数字水印隐写内容。增加安全可追溯功能，一旦因拍照、截屏等方式泄露涉密档案信息后，通过识别嵌入的隐写数据准确定位泄露设备及责任人。

三是自动发现基于经验知识的档案不一致信息。通过机器学习算法获取经验知识，利用手写体文字识别、特征词提取和文本分类技术，自动发现采集档案存在的信息不一致问题。

(2) 关键数据提取

按照《干部人事档案数字化技术规范》，数字化加工后是图片格式。数字化系统自动将其转化为双层 OFD 格式，实现对档案内容的识别与保存。按照档案专审的核心要素，主要对"三龄两历一身份"相关档案内容进行识别，如入团申请书年龄、入党申请书年龄、工作年龄、干部任免表中年龄等，提取结构化数据进行保存，以便将来的档案专审中的自动分析比对。

(二) 数字档案与关键数据存储

(1) 数字档案存储

干部人事档案大数据存储主要是实现对结构化、半结构化和非结构化数据的集中化、云端化、安全化存储。为实现上述目标，需要重点解决以下问题：一是从数据存储安全出发，搭建连接多个数据中心的存储基础设施，构建不同类型的数据管理资源池，实现业务数据、灾备数据的分级、分区管理；二是从数据存储需求出发，采取"业务系统+数据中台"的管理模式，选定部分存储设备构建资源池，满足传统业务系统结构化数据的存储需要。同时，选定其他存储设备构建分布式环境，满足半结构化、非结构化干部人事数据和数据中台数据的存储需要，实现分功能、分区域、分环境的云管理。

分布式存储是解决干部人事档案大数据存储的重要方式。利用 Hadoop 技术搭建分布式存储集群，采用 Hadoop 分布式文件系统和 MapReduce 作为分布式底座，数据采用 GBase/HBase 和 MongoDB 分别对结构化和非结构化数据进行存储。Redis 数据库用来作为缓存器，并且使用分布式消息队列 Kafka 和日志收集管道 Flume 对系统日志信息进行保存。

(2) 关键数据存储

从双层 OFD 文件中识别出的关键数据（"三龄两历一身份"），建立专门的数据库表进行保存，并建立该数据库表与源数字档案之间的关联关系。按照干部人事档案管理特征，这种关联关系应该基于库中人员基本信息为主外键，如图 7-4 所示。

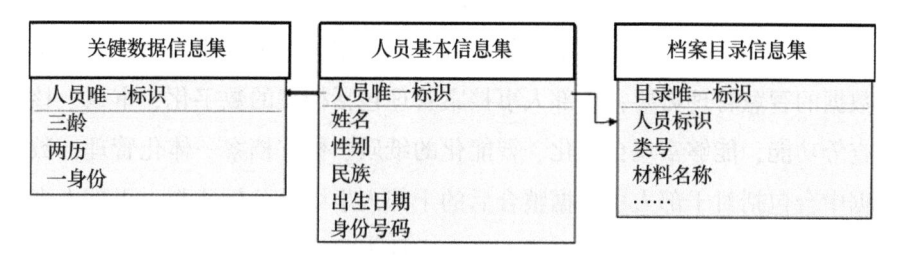

```
关键数据信息集          人员基本信息集          档案目录信息集
人员唯一标识      ←   人员唯一标识            目录唯一标识
三龄                    姓名                    人员标识
两历                    性别               →    类号
一身份                  民族                    材料名称
                       出生日期                 ……
                       身份号码
```

图 7-4　关键数据表、数字档案关系示意图

（三）干部人事档案数据分析与应用

（1）数据分析

数据驱动的干部人事数据管理模式，重点在于利用干部人事档案管理业务系统和数据中台实现对干部人事数据的智慧分析，其中，业务系统中的数据分析主要是围绕系统承担的干部信息审核、档案风险识别和干部考核研判等具体业务，提升系统业务处理的智能化。数据中台中的数据分析主要是对整合后的业务系统数据进行分析，通过综合利用用户画像、知识图谱技术，实现对干部人事大数据的深层次分析，更为全面地刻画、描绘干部人事信息和干部人事档案管理全貌，从整体上提升干部人事数据治理水平。

根据管理业务和应用需求，按照特定领域对干部人事档案管理的业务分析主题进行细分以形成业务主题库，从而能够通过大数据技术实现面向业务主题的档案大数据管理。同时，可以根据干部人事数据之间的关联关系进行多维整合并形成主题数据。基于此，根据组工干部人事档案数据管理业务需求，利用知识图谱技术对主题数据进行知识化重组形成干部人事知识库、人事关系库等，并借助数据画像技术、舆情监测技术等实现干部人事数据的智能分析和智慧服务。

（2）数据应用

干部人事档案大数据的应用主要包括干部人事管理、干部人事档案管理和数据中台三大类，旨在提供精准化、智能化、科学化的干部人事数据管理服务。其中，干部人事管理包括干部人事信息管理、干部考核评价、干部分析研判、干部监督核查等，能够满足组工业务对干部人事数据的智慧管理需要；干部人事档案管理包括档案的数字化、审核、核查等功能，能够实现自动化、智能化的纸质、数字档案一体化管理；数据中台包括对干部人事数据整合后的干部人事综合分析研判、干部人事档案智慧检索、干部人事画像剖析、干部人事图谱可视化等功能，通过构建专门机器学习算法能够提供全面、精准的干部人事分析，为组织工作提供智慧服务。

四 干部人事档案应用场景创新

大数据、人工智能技术的融入，扩展了干部人事档案管理的应用场景。面向多元化、差异化的应用场景，干部人事档案数据可针对不同业务需求灵活配置资源，从而可以创新拓展管理业务、分析决策的差异化应用场景。

（一）干部人事档案"一网通办"

一般来说，一个单位干部人事档案均在本单位保存，利用相对方便。但单位领导干部的档案保存在上级组织部门，如一个省份的党政机关所有厅级干部档案均保存在省委组织部，一个地市所有处级干部档案保存在市委组织部。如需对这些档案进行查档阅档，必须按照特定手续到省委组织部/市委组织部去办理，对于非省会城市来说，时间成本、财务成本均有较大增加。

基于上述档案云平台开发"一网通办"模块，能够实现在政务内网中的干部人事档案管档、查档、阅档等业务，能够实现"数据多跑路，干部少跑腿"，各单位只需接入政务内网登录云平台"一网通办"模块即可在线办理。

（二）辅助审档

近年来，国家在全国范围内进行了多次干部人事档案专审工作，并提出"凡进必审、凡提必审、凡转必审"。档案审核中关键因素是"三龄两历一身份",以及重要档案材料的缺失等,如身份是中共党员,档案中缺少入党申请书等材料。档案审核工作是一项繁重、细致、要求极高的工作。

大数据平台通过数字档案 OFD 转换,实现了档案内容关键数据的识别与提取,按照档案关键材料缺失与"三龄两历一身份"认定规则,实现档案关键数据分析、研判。将研判结果以红黄绿三类码的形式对数字档案进行自动赋码,以辅助查档、审档人员研判。

(三) 干部选配辅助决策

干部人事任免、监督考核涉及复杂的数据处理和决策流程,为提高干部人事决策效率,提供科学化、精准化的干部人事决策支持服务。通过对干部人事考核、干部人事调整等系统进行优化,在满足信息查询功能的基础上,提供更深层次的干部人事数据分析、干部画像、关系图谱及干部人事数据可视化。通过设计多种考核评价指标为干部人事决策提供数据支撑服务,以实现干部人事决策的智能化,为干部选拔和领导班子配备提供辅助。

(四) 干部人事图谱可视化管理服务

组织部门进行干部人事考核、班子调整、人员调配需要从多个方面进行综合考察,涉及复杂的决策过程。为呈现最为全面、准确、科学的干部人事信息,基于知识图谱可视化技术,构建干部人事数据本体,生成与干部人事业务相关的实体和实体关系,并将上述干部人事图谱应用于干部人事监督考核、任免调配、信息查询等多个系统,通过图谱能够以亲属关系、同学关系、地域关系、教育经历、工作经历等为主题,进行图谱化的关系呈现,以帮助干部人事管理的科学化、精准化。

五 大数据下干部人事档案创新管理成效

(一) 构建了防范档案涂改造假等问题的"监控器""防火墙"

干部人事纸质档案由所在单位组织人事部门保存管理,数字档案由上级甚至更高级别的组织部门搭建的云平台集中保存管理，利用数字档案的元数据来保障数字档案的真实性。二者分开保存使得档案涂改造假可能性急剧降低，涂改造假几乎成为不可能的事。一旦纸质档案被怀疑有涂改造假的可能，可以和集中保管的数字档案对比鉴别。二者有区别，就可以启动档案审核程序，对纸质档案进行严格审查，确认其是否涂改造假。

（二）形成了集中统一、上下贯通的档案资源主干

干部人事数字档案集中保管在大数据云平台，按照管理权限进行利用，实质上形成了集中统一、上下贯通的档案资源主干。干部、人才、党组织、党员四大业务板块可以在此资源主干基础上，形成相互联系的信息资源库，为各类主题数据库的建设奠定了基础。

（三）辅助审档、一网通办

提取档案关键数据，按照"三龄两历一身份"等关键指标，利用大数据技术对档案进行辅助审核，根据审核结果，对档案赋予红黄绿三类码，其中红色表示档案存在严重问题，黄色表示存在问题但不很严重，绿色表示档案合格。对于红码、黄码的档案限期进行人工重点再审核，补充缺失的档案材料或组织认定三龄两历和身份后，进行绿码转换。这种赋码方法的辅助审档，便于组织部门对整个干部人事档案质量的认识和把控，保证了干部人事档案的质量。

通过一网通办，在保障纸质档案免受频繁利用磨损的同时，提高了干部组织工作效率，有效保证了干部人事档案管理的安全性、准确性和便捷性。通过大数据、人工智能技术对干部人事档案的数据采集、存储、分析及应用等管理业务进行全流程重建，可以有效降低政府部门、事业单位等在人事档案管理上的成本消耗，大大提升了干部人事档案管理的质量和水平，确保了干部人事档案管理相关工作的有序开展。

（四）大数据分析服务推动干部组织工作数字化转型

组织人事部门及其干部人事档案工作机构通过运用大数据等信息技

术,建立健全干部人事档案科学利用机制,为干部资源配置、领导班子建设、干部队伍宏观管理、组织人事工作规律研究等提供精准高效的服务①。

组织工作涉及海量干部人事数据,大数据驱动的干部人事档案管理创新将推动组织工作数字化转型,向数字化和智能化方向发展,促成组织工作从粗放向精细转变,从经验判断向大数据科学决策转变。不仅有利于推动实现干部人事大数据一站式管理,也能将干部的培育、选拔、管理和使用工作与先进的人工智能、大数据等信息技术密切结合,为组织部门的科学决策能力提供有力的技术支持,提升组织工作效率和干部管理水平,完善政府组织部门管理数据、应用数据、治理数据的能力,从而有力推动数字政府建设,助力政府治理能力现代化。

第三节　面向数字建造的企业三维数模档案管理应用

当前,我国工程项目建设规模持续保持高位,与大数据、人工智能、物联网、虚拟现实等新一代信息技术的融合愈发深入,工程建造正在迈进数字建造的新发展阶段。所谓数字建造,指工程建造与数字技术融合形成的一种新的建造模式,即运用数字技术,通过工程建模、要素感知、数据集成、分析共享、可视服务、智能决策等手段,实现数字驱动的工程项目全生命周期管理。② 数字建造交付的工程产品除实物产品外,还伴随着一种新的产品形态——数字化工程产品,即以建筑信息模型(Building Information Modeling,BIM)为主要表现的产品三维数字化模型(即三维数模)。三维数模是在工程项目全生命周期中,对工程对象的物理、功能等特性开展三维数字化表达,并依实施工程设计、施

---

① 中国政府网:《中共中央办公厅印发〈干部人事档案工作条例〉》,2018年11月28日,https://www.gov.cn/zhengce/2018-11/28/content_5344196.htm。

② 丁烈云:《数字建造导论》,中国建筑工业出版社2019年版,第29页。

工、交付和运营的信息模型①。本节以课题组的实践阐述企业三维数模档案的管理应用。

一 企业三维数模档案管理的发展态势

提升企业三维数模档案管理水平，不仅是企业档案部门响应数字经济发展与"十四五"档案事业发展的双重需求，高水平推进企业档案工作现代化建设的关键任务，也是顺应数字建造发展趋势，融入企业数字化转型全局，发挥三维数模档案在工程质量管理、投资管理与运营维护等方面的凭证价值、业务价值和数据要素价值，支撑赋能工程项目建造全生命周期管理的必然要求。

（一）三维数模的含义

三维数模主要包括空间几何数据、属性数据（如物理、地址、材质、成本等数据）、模型单元关联数据等，与图纸相比其承载了更为丰富的工程信息，能更准确地表达意图、指导施工和方便运维。在实践中，三维数模可面向项目、功能、构建、零件等不同的工程对象，依据工程专业管理、阶段管理等不同的信息需求，构建不同模型精细度、几何表达精度、属性信息深度的模型单元集合，实现在方案设计、初步设计、施工图设计、深化设计、施工组织、质量管理、成本管理、进度管理、产品采购、竣工移交、建筑资产管理、运营维护等工程项目建造全生命周期中的应用。

三维数模不仅局限于模型文件本身，还是一个数据体系或者数据库，是包含模型文件、协同文件、元数据等一系列工程建造信息的数据集合。根据对电子档案概念的一般界定，可认为三维数模档案便是具有凭证、查考和保存价值并归档保存的三维数模，是工程项目建设交付的数字化工程产品的档案化形态，是有别于图纸、文档、声像等传统资源

---

① 住房和城乡建设部、国家监督检验检疫总局：《建筑信息模型应用统一标准》（GB/T 51212-2016），中国建筑工业出版社2017年版。

的新型建设项目档案。

(二) 企业三维数模档案管理的制度建设

《关于加快推进国有企业数字化转型工作的通知》(国务院国资委办公厅，2020)强调要"促进国有企业数字化、网络化、智能化发展""加快形成赋能数字化转型、助力数字经济发展的基础设施体系"，要重点开展三维数字化协同设计等技术应用，"推动数字化与建造全业务链的深度融合"，强化数字交付等能力。[①]《"十四五"建筑业发展规划的通知》(住房和城乡建设部，2022)指出要"加快推进建筑信息模型(BIM)技术在工程全寿命期的集成应用……推动工程建设全过程数字化成果交付和应用"[②]。《"十四五"全国档案事业发展规划》(中共中央办公厅、国务院办公厅，2021)着力"研究解决三维电子文件及数据文件归档等难题，促进各类电子文件应归尽归"[③]。

三维数模相关标准规范建设的不断健全也为开展相应档案工作提供了有利条件。目前，三维数模管理已形成了以《建筑信息模型应用统一标准》(GB/T 51212-2016)、《建筑信息模型设计交付标准》(GB/T 51301-2018)及《工业自动化系统与集成 产品数据表达与交换》(GB/T 16656系列标准)等为核心的业务标准体系，为理解三维数模档案管理对象和任务提供了坚实基础。同时，以《电子文件归档与电子档案管理规范》(GB/T 18894-2016)、《电子档案单套管理一般要求》(DA/T 92-2022)、《电子档案移交接收操作规程》(DA/T 93-2022)为主体的电子档案管理标准，也为三维数模档案管理提供了电子文件归档与电子档案管理流程、规则建立的整体框架。

---

① 国务院国资委办公厅：《关于加快推进国有企业数字化转型工作的通知》，2020年9月21日，http://www.sasac.gov.cn/n2588020/n2588072/n2591148/n2591150/c15517908/content.html。

② 中国政府网：《住房和城乡建设部关于印发"十四五"建筑业发展规划的通知》，2022年1月19日，https://www.gov.cn/zhengce/zhengceku/2022-01/27/content_5670687.htm。

③ 国家档案局：《中办国办印发〈"十四五"全国档案事业发展规划〉》，2021年6月9日，https://www.saac.gov.cn/daj/toutiao/202106/ecca2de5bce44a0eb55c890762868683.shtml。

（三）企业三维数模档案管理的实践推进

三维数模归档问题是企业档案资源建设探索的主要关注。例如，德国空中客车集团探索建立了模型提取、中性转化与验证、评估质量和生成存档信息包等步骤的三维数模归档流程。① 美国航空航天工业协会（AIA）和欧洲航空航天与防务工业协会（ASD-STAN）联合波音、达索等企业发布了《长期存档和检索数字技术产品文档》（EN/NAS-9300）系列协会标准，约定了 PDM 系统中三维数据的处理方式。② 中国商飞集团上海飞机设计研究院探索了基于 STEP 格式的三维数模归档实践。③ 中国舰船研究设计中心基于电子文件归档保存的基本方式，提出了采用"原格式+中性格式+轻量化格式"的方法进行归档保存的基本思路。④

在数字建造领域，《数字中国建设整体布局规划》（中共中央、国务院，2023）指出要加快数字技术创新应用，夯实数字基础设施和数据资源体系。⑤ 其中，三维数字化协同设计、建筑信息模型等作为数字化转型核心技术，是数字经济和实体经济深度融合的关键所在，已经成为建筑业信息化转型的重要内容。上海浦东新区实践了基于 BIM 技术的档案全生命周期管理模式，要求相关信息系统建设集成 IFC 标准、轻量化算法、模型转化插件、模型审核工具和 GIS 地图等功能，实现三维数模档案管理的闭环管理。⑥ 广联达提出了建设工程竣工数字化交付 BIM 应用模式，通过数字化交付平台实现了关联设计、施工、验收和交付等

---

① 高闯、柳林集：《合规与妥协：空客德国产品数据归档的现状及其启示》，《档案学研究》2021 年第 2 期。
② 高闯、柳林集：《合规与妥协：空客德国产品数据归档的现状及其启示》，《档案学研究》2021 年第 2 期。
③ 王木亮：《三维电子文件单套归档和电子档案单套管理》，《中国档案》2023 年第 1 期。
④ 方嘉昕、符安邦：《舰船三维数模长期存档策略初探》，《机电兵船档案》2019 年第 3 期。
⑤ 中共中央、国务院：《数字中国建设整体布局规划》，《人民日报》2023 年 2 月 28 日第 1 版。
⑥ 上海市浦东新区档案局：《上海市浦东新区推进建设项目 BIM 档案归档试点工作》，2019 年 11 月 19 日，http://www.chinaarchives.cn/mobile/category/detail/id/7742.html。

阶段的 BIM 数据归档与城建档案移交。① 江西省交通运输工程档案馆融合 BIM+GIS 技术的工程档案信息编研与管理系统，实现了档案内容信息与工程地理信息数据、结构几何数据、材料属性数据、质量过程数据等的可视化映射管理。② 中广核工程公司提出了基于对象的数字化移交应用架构，将三维数模、数据和文档结合起来，推动文档的数字化转型。③ 中国电建集团西北勘测设计研究院在基于"BIM+"技术的水电站智慧运维管控平台中，以三维数模为基础，深度关联各类原始记录，提升档案管理的规范性和检索效率。④

针对不同软件厂家和应用场景创建的模型数据进行有效的数据交换是三维数模管理的核心问题，而运用 STEP 中性数据标准是支持实现三维数模数据交换的通用策略，我国也针对 STEP 标准出台了 GB/T 16656 系列国产化标准。在实践中，许多国内外企业和研究机构都开发了基于 STEP 标准的数据交换接口。例如，研究者提出了一种适用于航天领域的三维长期存档数据标准格式（STEP+XML），并开发了能够将原始三维 CAD 模型转换为长期存档格式的数据转换工具和模型对比。⑤ 中国建筑科学研究院有限公司北京构力科技有限公司基于 PKPM 开放的 JWD 数据格式，开发出了 PKPM 模型导出 STEP 格式文件的接口程序，能够导出多种建筑设计常用结构构件，实现建筑结构 BIM 软件和工业软件的数据流通等。⑥ 这些实践和研究为三维数模档案管理提供了宝贵的经

---

① 汪再军、周迎：《基于 BIM 的建设工程竣工数字化交付研究》，《土木建筑工程信息技术》2021 年第 4 期。

② 张正辉、王其武、周成龙：《融合 BIM+GIS 技术的交通工程档案与信息管理系统》，《土木建筑工程信息技术》2022 年第 5 期。

③ 徐建军、王浩、张翼：《核电厂全生命周期数字化转型研究与设计》，《仪器仪表用户》2022 年第 8 期。

④ 黄勇、贾新会、刘晓东、郭园、侯彦峰、霍云超：《基于"BIM+"技术的水电站智慧运维管控平台》，《西北水电》2021 年第 4 期。

⑤ 梅敬成、李建勋、何彦田：《基于 STEP 标准的三维模型数据长期存档系统》，《电子技术与软件工程》2019 年第 22 期。

⑥ 李建业、张杰乐、李欣：《我国基于 STEP 标准的 PKPM 模型转 BIM 模型程序研究》，《中国建设信息化》2023 年第 4 期。

验和借鉴。

（四）企业三维数模档案管理的现实挑战

虽然三维数模档案管理实践引起了社会关注，得以加速推进，但存在一些亟待解决的难题，如模型格式多样复杂、软件依赖性较强、"四性"保障困难等，三维数模归档、保管与利用等档案化治理挑战重重，企业三维数模档案管理还不能适应数字建造和企业数字化转型的需求，亟须提升企业三维数模档案管理水平，维护三维数模档案完整与安全并激活其档案价值。

1. 数据归档问题

三维数模作为企业档案资源体系建设的新对象，档案与建筑等行业对三维数模的档案属性及归档移交方法等认识大多处于初步探索阶段，即将其视为可归档交付的对象，但如何实施归档的业务策略仍不够清晰明确。例如，虽然《产品数据管理（PDM）系统电子文件归档与电子档案管理规范》（DA/T 88-2021）将三维数模纳入其设计类文件的整体归档范围，但并未对其质量要求和处理方法做进一步细致说明。《建筑信息模型设计交付标准》（GB/T 51301-2018）将存档作为设计交付的面向之一，但也未规定详细做法。《制造工业工程设计信息模型应用标准》（GB/T 51362-2019）规定了竣工档案模型的概念，但对其归档范围、要求和方法等也未做出专门要求。《建设工程文件归档整理规范（2019版）》（GB/T 50328-2014）、《建设电子文件与电子档案管理规范》（CJJT 117-2017）规定了 WRL、3DS、VRML、X3D、IFC 等"虚拟现实/3D图像文件"格式，但也未对三维数模归档移交范围、要求及档案管理方法做出规定。此外，《江西省城市建设档案管理办法》（江西省住房和城乡建设厅，2020）将 BIM 列入了城建档案管理机构的管理范围，提出"采用建筑信息化模型（BIM）技术的建设工程项目，BIM 技术资料应当与工程档案一并收集移交归档"[1]，但受本身制度定

---

[1] 江西省住房和城乡建设厅：《关于印发〈江西省城市建设档案管理办法〉的通知》，2020年7月16日，http://www.jiangxi.gov.cn/art/2020/7/16/art_14325_2618329.html。

位所限，也未陈明移交接收和管理的具体规则。实际上，数据归档的障碍也集中反映了三维数模数据管控的难题。

2. 数据管控问题

受制于三维数模对其原生系统的强依赖性、数据组织与表达格式的多样性、模型应用的复杂性等外部因素，实施安全可控、全面系统的数据管控一直是三维数模管理的难点，也是三维数模档案管理的突出难题。一是数据格式问题。三维数模软件根据不同的应用领域和功能，可以分为工厂（工程）布置设计系统、结构设计软件、设备设计软件、总图设计软件及建筑各专业设计软件，由于原生系统开发商的不同，其数据格式多种多样，虽然 STEP、IFC 系列标准确定了中性和轻量化数据转化的通用规则，但受原生系统技术壁垒、商业利益等所限，尤其还涉及国外厂商的一些不可控因素，在数据转化中往往会丢失一定量的信息，数据交互的兼容性差，给档案真实性、完整性、可用性和安全性带来了较大风险，同时由于原生系统数据格式的不完全透明，而系统又总是存在升级现象，导致即使同时保存原生模型数据和软件系统等配套环境，也往往导致最后数据读取存在风险。二是数据质量问题。由于项目中各子项、专业的建模情况不统一，模型单元的几何精度和属性信息深度也不尽相同，且建模后又存在相关二维图纸、计算书、工程量清单等文档的关联问题，导致在工程建设过程交付和最终竣工交付中容易忽视三维数模档案的精度、深度、关联文件等情况，最终影响归档数据质量。此外，作为一种新型的工程项目电子文件，三维数模在数据易修改、散失等方面也面临同电子档案管控相似的风险。

3. 数据服务问题

交付归档的三维数模不仅是工程建造的直接成果，也是工程运营和维护的基础数据，对推进设计复用、智慧运维等具有重要价值。然而，一方面由于目前企业三维数模归档管理的困难，导致企业档案部门难以提供优质的存档模型数据资源，甚至游离于三维数模实践之外，只作为企业传统的工程文档、图纸的管理者和服务提供者；另一方面企业档案部门普遍缺乏对原生三维数模档案的轻量化、中性化转化手段，无法利用现有数字档案馆（室）系统提供有效服务，也就很难将三维数模档案与其保存的其他工程档案、运维文档数据等进行深入揭示、有效关联并提供深度服务。应当认识到，数字建造包含数字孪生的重要内涵，即实体建筑与数字建筑的孪生关系不仅体现在从无到有的设计施工阶段，也体现在资产管理和运营维护阶段，档案部门没有收集归档三维数模，抑或是已归档的三维数模不能转化为运维资源，都无法在数字建造发展的整体大势中得到立足和发展。

二 企业三维数模档案管理的框架构建

就三维数模档案管理而言，可将其框架构建为规划域、治理域、技术域和业务域的集成管理。这一管理框架，既可适用于层级较多的企业集团，也可用于指导某一企业相对微观的三维数模档案管理工作。

（一）规划域：嵌入融合

规划域是企业基于国家、行业或上级等外部的数字化、信息化发展战略及档案工作发展战略，制定适合其自身的三维数模管理思路、定位愿景和实施步骤。根据前端控制、全程管理、业务驱动、法规遵从等电子档案管理理念，企业三维数模档案管理在规划域应建立起"从嵌入到融合"的总体设计，使三维数模档案管理符合本单位工作实际，匹配业务战略与信息化实际，清晰总体思路、定位愿景和实施步骤，科学指导相关实践。

1. 清晰总体思路

企业三维数模档案管理应秉承"从嵌入到融合"的总体设计，一方面应以数字建造为总体面向，推动档案管理规则与价值嵌入三维数模管理实践，提出三维数模档案管理的整体构想，推动三维数模管理及其档案管理的业务链条重构，解决企业档案资源体系建设中三维数模"难以归档"等关键问题，提升企业档案管理水平。另一方面以三维数模档案的资源管控和有效服务为基础，融入数字建造转型全局，激活档案的数据基础性、业务有效性、法律凭证性、管理合规性、知识集成性的要素效能，打通档案管理内循环与工程项目数字建造外循环，以三维数模档案管理推动工程数字建造的强链补链固链，形成档案管理与企业工程项目业务实践融合共生的新发展格局。

2. 明确定位愿景

在管理定位上，应围绕企业档案管理，尤其是电子档案管理的基本架构，基于文档一体化管理和全周期管理主线，确定企业三维数模档案管理的目标、对象和业务策略，创新管理模式，维护三维数模档案的完整与安全，同时深度挖掘三维数模档案凭证、业务与数据要素价值，补全数字建造背景下企业档案管理体系的突出短板，为企业档案管理体系的全面提升提供重要支撑。

在管理愿景上，应以企业档案管理的价值诉求为基础，打造覆盖充分全面的治理体系、持续改进的业务体系和不断提高的能力体系等内容的企业三维数模档案管理横向要素集成链条，建立以技术融合、数据融合、业务融合为支撑，以三维数模档案全生命周期管理为基础的纵向资源建设链条，实现三维数模档案的资源管控和有效服务，支撑服务企业数字建造实践。

3. 合理实施步骤

为推进三维数模档案管理创新，应建立起"理论研究、制度固化、技术支撑、业务实现"四位一体的实施步骤。

一是以理论研究为先导，即明确三维数模管理实践的问题与需求导向，清晰三维数模档案管理的理论依据，对比分析三维数模归档及其相关管理环节的实施模式，建立基于全生命周期的三维数模档案管理范式；二是以制度固化为支持，即立足理论研究基础，提出三维数模档案管理的治理优化策略，明确协同治理和合规管理的总体要求，并根据应用需求确定工程三维数模档案管理的主体职责和业务规范，制定三维数模数据归档、查询利用等规范，锁定业务流程重构的基本任务；三是以技术支撑为载体，根据制度固化成果，推进三维数模及其有关记录的归档功能建设，提升档案管理系统、数字档案馆（室）系统对三维数模档案管理的兼容性；四是以业务实现为目标，即运用技术支撑载体，在制度固化的框架下，实施三维数模档案管理的各项业务，推动三维数模档案在企业及项目部、参建单位等推广应用。

在实施中，应根据企业档案管理，尤其是电子档案管理的基本架构，着力打造三维数模档案管理要素支撑体系。一是三维数模档案治理体系，包括管理体制机制和制度程序等。二是三维数模档案业务体系，主要为三维数模档案管理在企业档案资源规划、多元服务、安全管理、信息化建设、文化建设上的深化丰富和拓展延伸。三是三维数模档案能力体系，涉及覆盖三维数模档案管理的培训管理、设备设施和专项费用等。

（二）治理域：合势合规

治理域是在规划域的指导下，明确企业三维数模档案管理的组织机构及其职责权限，清晰管理制度等。企业三维数模档案管理应不断推进治理优化，建立健全适应企业档案"统一领导、分级管理"体制设计和工程建设"多方参与、全程管控"内在要求的体系制度，构建以企业档案部门为核心，多主体协同的三维数模档案治理策略。合势合规是治理优化的基本思路。合势就是推进多元主体价值目标与行动的一致性，即三维数模档案管理的规划、程序、标准、方法等的统一；合规就是使企业三维数模档案管理与法律法规、行业规则、企业自身制度等规范保持一致。

1. 健全管理体制

根据电子文件归档与电子档案管理的一般要求，企业三维数模档案管理体制建设应着重明确企业档案管理部门、信息化部门、业务板块（三维数模形成运转的业务主体）以及保密部门的职责权限。

由于不同企业在数字建造中的定位不尽相同，其三维数模档案管理在细节上也会有所区别，为更全面地反映企业三维数模档案管理的内在机理和可能情况，本书以涉及三维数模档案管理工作最为广泛的总承包企业为例予以说明，其管理层级、流转关系如图 7-5 和图 7-6 所示，职责权限见表 7-1。

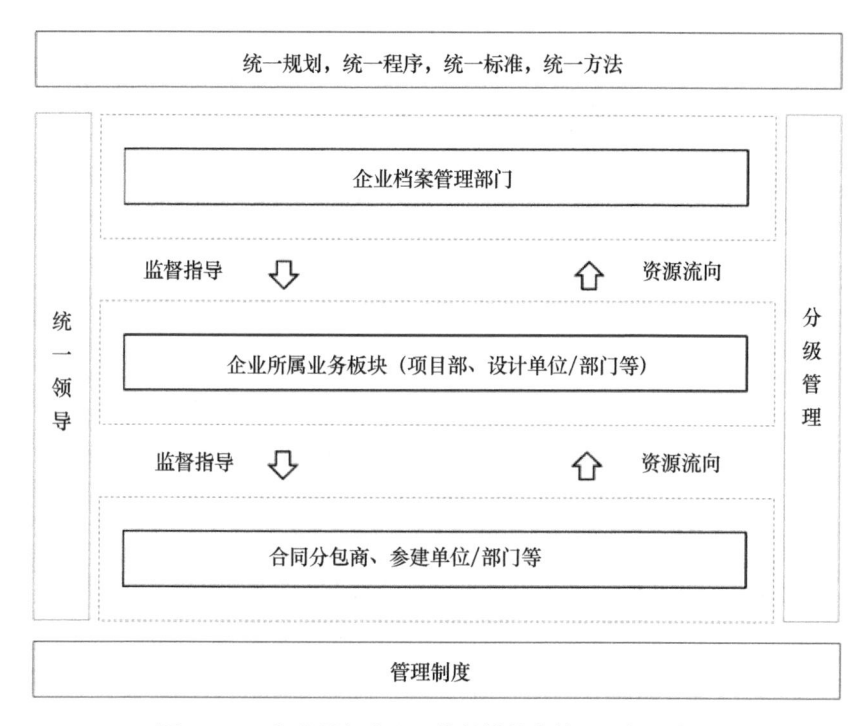

图 7-5　工程总承包企业三维数模档案管理层级示意图

如图 7-5 所示，工程总承包企业三维数模档案管理具有"企业档案管理部门—企业所属业务板块—合同分包商、参建单位/部门"的三层架构。其中，企业档案管理部门是包括三维数模档案在内的企业档案工作的职能管理部门，负责建立企业档案管理体系，指导、监督和检查企业所属业务板块（项目部、设计单位/部门等）的档案管理工作；企业所属业务板块的档案管理部门负责各自的档案管理，并对各自合同分包商（含项目部归口管理的各参建单位/部门）的档案工作进行指导、监督和检查，将档案工作纳入考核。

表 7-1　　工程总承包企业三维数模档案管理体制设置

企业档案管理部门		
序号		内容
1	统一领导	负责建立健全三维数模档案管理体系，统一规范企业三维数模档案管理工作，对三维数模档案管理实行全程管控，审查各业务板块三维数模档案领域管理程序文件的合规性、适用性；
		负责企业三维数模档案管理能力体系建设，组织相关业务培训；
		负责推进总承包项目三维数模档案管理的标准化工作；
		负责标准化合同中三维数模档案条款的组织编制和管理，负责标准化分包合同三维数模档案条款的组织编制和管理。
2	监督指导	负责对业务板块三维数模档案工作进行服务、指导、监督和检查；
		负责指导三维数模形成主体，按归档移交要求管理应归档移交的三维数模。
3	档案管理	负责企业三维数模档案管理工作，接收各业务板块归档、移交的各类三维数模档案，负责档案的整理、保管、储存、利用、统计、备份、编研、利用等工作；根据外部档案馆要求，实施移交进馆等。
4	档案信息化	负责提出三维数模管理软件等业务系统的三维数模归档功能要求；
		负责文档信息系统建设及应用培训，健全三维数模档案管理机制。

信息化部门		
序号		内容
1	信息化建设	负责依据三维数模档案管理要求，实现三维数模归档功能，为三维数模档案资源的维护、统筹等工作提供技术支持；
2		参与三维数模档案管理有关系统建设，为三维数模档案管理提供信息化支持。

业务板块		
序号		内容
1	组织管理	● 基本职责 负责将三维数模档案管理纳入本单位/部门的职责范围，明确分管领导，加强监督检查，并指定专人负责三维数模及其有关记录的收集和归档工作。

续表

序号		内容
1	组织管理	●设计单位 负责编制三维数模档案本单位的年度或阶段归档计划，并跟踪实施； 依据标准化分包合同档案条款和总承包项目合同三维数模档案等档案条款，负责责任范围内分包合同条款谈判； 执行企业发布的文档管理程序，执行三维数模档案管理有关细则，负责编制发布本单位档案管理程序与细则； 负责指导、监督、检查本单位及设计分包商、设计外委单位的三维数模档案工作。 ●项目部 负责项目文件档案管理工作，做好三维数模档案工作，组织编制责任范围内项目文件年度或阶段归档计划，并跟踪实施； 负责在标准化体系框架下建立和优化本项目的包含三维数模档案在内的档案管理体系； 依据标准化文档条款，负责总承包项目合同、建安分包合同等包含三维数模档案在内的档案条款谈判； 配合业主单位通过三维数模档案在内的工程项目档案验收工作； 负责对现场参建单位（除设计外）三维数模档案的控制管理，指导、监督、检查和考核参建单位/部门三维数模档案管理工作。
2	文档管理	●基本职责 负责本单位/部门职责范围内三维数模管理软件等业务系统及业务系统外产生三维数模及有关记录的采集整理； 负责向本单位/部门档案管理部门及企业档案管理部门归档移交三维数模档案，并对归档移交的三维数模档案的完整性、准确性、规范性、系统性和安全性负责。 ●设计单位 负责向企业提交符合归档要求的三维数模设计文件； 负责收集、检查、整理设计分包商、设计外委单位等提交的三维数模设计文件并向企业归档； 负责三维数模设计文件的完整性、准确性、系统性、规范性、安全性。 ●项目部 负责向企业提交符合归档要求的三维数模档案； 负责总承包合同规定范围内三维数模档案等项目文件的移交，负责移交过程中与业主的接口沟通； 负责接收、检查责任范围内移交的三维数模档案等项目档案，做好档案暂存管理； 负责三维数模档案等项目档案的完整性、准确性、系统性、规范性、安全性。

续表

序号		内容
3	信息化	负责规范三维数模产生发布、分发传递，健全三维数模管理软件等业务系统建设，提升三维数模的归档质量。
保密部门		
1	保密管理	负责监督涉密三维数模归档和三维数模档案保密管理。

在实践中，可参考上述工程总承包企业三维数模档案管理体制设置，建设适应企业自身的管理体制。

2. 完善运行机制

企业三维数模档案管理应基于机构权责与业务关系，充分运用行政、技术和合同多种治理工具，建立以下运行机制，见表7-2。

表7-2　　　　　　　企业三维模型档案管理运行机制

序号	工具		内容
1	行政管理机制	制度完善	建立三维数模档案管理制度完善机制，并分级细化落实。
		监督检查	根据企业档案管理"统一领导、分级管理"的组织架构，分层次建立三维数模档案管理监督检查体系，规范三维数模档案流转。
		计划管理	三维数模各归档责任主体应编制包含三维数模档案的年度或阶段性归档计划，向上级归口管理部门审核报备，并做好跟踪实施。
		内部控制	做好本单位形成、接收的三维数模档案工作，加强三维数模及归档的质量检查。
		业务指导	实施职责范围内的规范化、常态化三维数模档案业务指导和咨询服务。
		培训宣贯	实施三维数模档案管理相关人员培训，提升管理能力。

续表

序号	工具		内容
2	技术支撑机制	技术工具	建立三维数模档案管理相关系统功能及有关工具，健全软硬件环境，支持技术融合、数据融合和业务融合，优化提升三维数模档案管理流程和效率。
		技术规范	统一明确三维数模档案管理有关数据导入、导出、组织、存储、转化、迁移等技术规范。
3	合同管理机制	条款谈判	明确合同分包商、外委单位应执行的三维数模档案管理有关条款。
		合同控制	合同分包商、外委单位按照合同要求实施三维数模档案管理的有关工作。

在档案流转上，以工程总承包企业三维数模档案流转为例，其归档、移交和分发关系如图7-6所示。

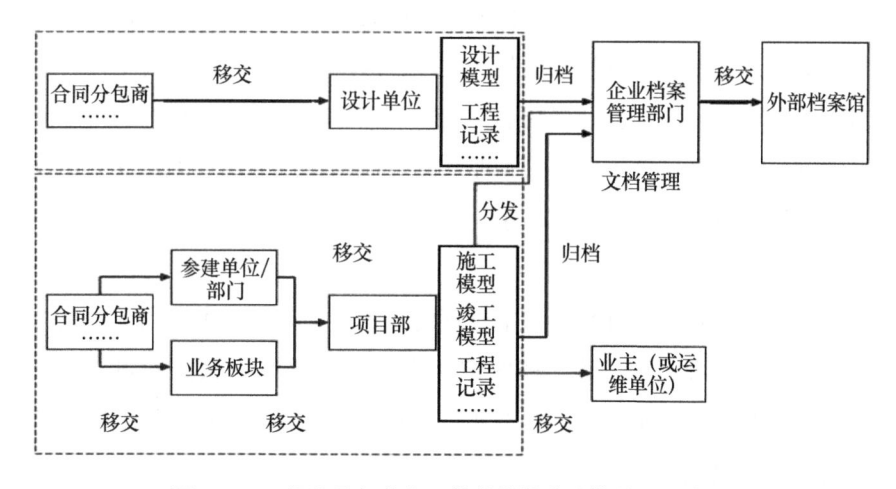

图7-6 工程总承包企业三维数模档案流转关系示意图

一是各合同分包商、参建单位/部门向归口管理的业务板块移交三维数模及有关记录，其中，设计单位在汇集设计模型后，应首先向企业档案管理部门归档，沉淀企业设计模型资源并予以模型版本的有效控制，然后由企业档案管理部门分发给企业所属项目部。二是企业项目部在设计模型的基础上，借助工程协同管理系统工具或机制，汇集整合各合同分包商、参建单位/部门有关数据，在施工组织管理中形成施工模型，并根据竣工交付要求，生成竣工模型，再连同有关工程记录一并通过验收后，向企业档案管理部门归档，向业主或运维单位移交。三是企业档案管理部门根据外部档案馆（如城建档案馆等）进馆要求，进行相应移交工作。

3. 健全管理制度

在制度建设上，根据企业档案管理体系"管理总则—管理细则"的基本层次，三维数模档案管理应衔接企业档案"管理总则"，聚焦"管理细则"，即根据企业档案管理办法、程序等总则，对三维数模档案管理全过程进行分解细化，编制三维数模档案管理标准化程序，使之成为三维数模相关责任主体开展工作的依据。例如，在解决三维数模档案管理归档与利用问题上，应根据企业档案管理办法和电子文件归档规定等总则性制度，坚持规范性与层次性、适应性与有效性、科学性与创新性等制度建设原则，开展企业三维数模数据归档细则、查询利用细则的编制，进而在制度维度上为企业三维数模档案规范化管理建立系统全面、分层递进的内外部规范体系。

（三）技术域：数字驱动

技术域是企业三维数模档案管理的技术支撑手段，主要内容包括开展三维数模管理系统、数字档案馆（室）系统等平台系统建设，基础设施建设及其他技术支持等。企业三维数模档案管理应在总体上建立从"实体工程+传统档案/电子文件"到"数字工程+模型档案/电子文件"的工程建造产品交付体系，以数字驱动理念形成三维数模档案管理模式，健全三维数模档案各类数据包管理，推进关联数据建设，完善技术支撑。

1. 深化数据包管理

根据 OAIS 信息包管理的基本思想，在企业三维数模档案管理实践中，一是建立提交信息包（SIP）、归档信息包（ASIP）、档案长期保存信息包（AIP）、发布信息包（DIP）、移交信息包（TIP）五类信息包的管理架构（如图7-7所示），明确三维数模档案管理各流程节点与信息包的对应关系和应用操作。二是推进对三维数模信息包的认识，揭示三维数模信息包内容要素，如原始、中性和轻量化等类型数据模型，其他交付物与协同文件，软件环境信息，XML拓展信息，以及电子签名、完整性校验值等校验信息。三是在信息包质量上，既要符合电子档案"四性"检测要求、符合单套制管理的"来源可靠、程序规范、要素合规"要求，同时也要符合三维数模自身管理及档案管理中的模型深度质量、数据关联质量等。

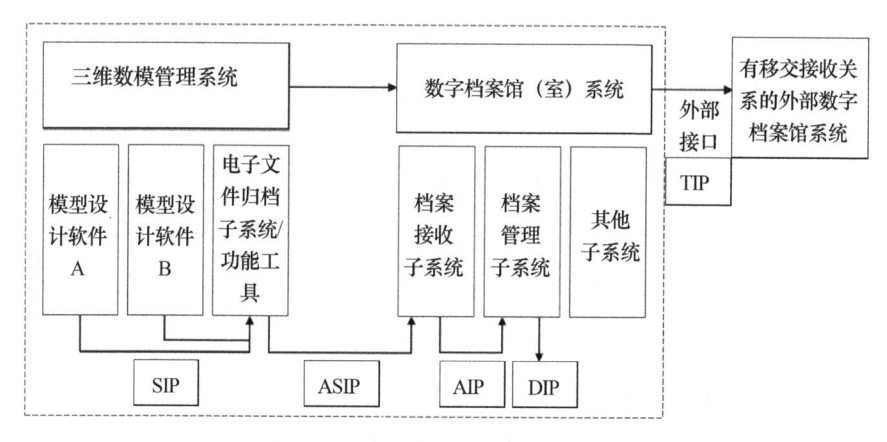

图 7-7　企业三维数模档案信息包管理示意图

2. 强化关联数据建设

三维数模档案应建立数据管理思维，尤其是对数据关系的认识，应在传统以文件目录、案卷目录及电子文件号等档案关联关系的基础上，丰富信息包之间、信息包与其他档案之间、信息包内容要素之间的关联关系。应当看到，三维数模中所包含的对象是可识别且相互关联的，在三维数模创建、使用和运行管理中也会生成有关的电子文件、二维图纸等各类记录，同时设计、施工及交付的原始三维数模也应与经过各类格式转化、鉴定整理后的存档数据产生关联。因此，在三维数模归档与后续管理实践中，应将工程对象分层管理、分阶段建设的业务联系转化为三维数模档案内在的各类联系，实现三维数模档案与其他各类项目档案的同步管理。

3. 完善技术支撑

应依据国家数字档案馆（室）建设、电子档案与电子文件系统功能建设的一般要求，立足企业三维数模管理软件、数字档案馆（室）系统等信息系统建设基础，补充建设必要的三维数模档案管理软件工具、数据接口等，进一步健全支撑三维数模档案管理的软硬件环境，把好数据流入、安全管理和数据流出的关键环节，加强全流程安全检测和审计跟踪，促进技术融合、数据融合和业务融合，优化提升三维数模档案管理流程和效率。

（四）业务域：全面提升

业务域是企业三维数模档案管理的主体内容，需要明确三维数模档案管理的对象，并按照电子文件归档与电子档案管理的规范流程实施有效管理。企业三维数模档案管理在业务上主要包括资源建设、安全管理和有效供给三个板块。

1. 加强资源建设

三维数模档案资源建设计划涉及企业档案资源规划、数据归档与数字化加工处理等工作。三维数模档案资源建设计划主要发生在两个维度上，一是在建项目三维数模的动态性归集，涉及现行档案资源建设的界面，其思路是聚焦企业主业实业，根据归档节点控制，推动关键业务数据"增量电子化"；二是补充归集三维数模管理软件沉淀数据，逆向归集（再次建模）已竣工项目的三维数模资源等，涉及历史档案资源建设界面，其思路是最大化健全企业档案资源体系，并在条件允许的前提下对现有二维图纸实施三维化加工处置，逆向建立三维数模，实施"存量数字化"。

2. 扎实安全管理

推进企业三维数模档案安全管理,一是消除三维数模"难以归档"安全风险,确保"应归尽归""应收尽收"。不仅要对三维数模档案管理进行必要的档案管理规则前置嵌入,对三维数模创建、使用和管理实施源头管控,推进三维数模档案化治理,提升归档质量,还要健全三维数模固化发布、收集归档等环节建设,畅通三维数模档案归集整合渠道,消除数据散失、数据失真等风险。二是基于档案安全保密管理原则,对三维数模档案实施妥善的入库、介质、环境和统计管理,实施在线、离线、异地和异质等备份策略,加强安全检测和审计跟踪等。三是加强鉴定处置与服务利用中的安全控制,确保能为利用者提供及时、准确、有效的档案服务的同时,维护企业三维数模档案的安全性、保密性,如健全利用权限管理、利用行为规范、利用范围限制、利用流程规范等,使三维数模档案始终处于安全可控状态。

3. 提供有效供给

企业三维数模档案安全管理应明确价值取向。一般而言,电子档案管理的目标就是通过对电子档案的有效管理,充分实现电子档案在利用服务、数据共享、决策支持、文化建设方面的价值。应明确三维数模档案管理的存证溯源、设计复用、数据分发、便享利用、长期保存的价值取向,建立健全的三维数模多元服务策略,即确定三维数模档案服务对象,建立集三维数模归档管理业务服务、查询利用基础服务、展览陈列编研服务、模型处理增值服务、模型档案知识服务等在内的多元服务体系。通过推进三维数模档案服务利用,丰富档案宣传服务形式,提升设计人员、文档人员及决策者利用效率,激活三维数模档案的证据价值、业务价值和数据要素价值。

三 企业三维数模档案管理流程深化

管理流程是企业三维数模档案管理的核心内容,根据资源建设、安全管理和有效供给的业务域宏观任务,结合规划域、治理域、技术域的有关内容，在更微观的管理流程上，企业三维数模档案管理可分为"固化发布—收集归档—安全保管—鉴定处置—利用服务"五个流程节点。

针对当前企业三维数模"难以归档"现象，本书将重点分析固化发布、收集归档节点，对安全保管、鉴定处置与利用服务节点内容予以简要说明。

（一）固化发布

固化发布指通过三维数模管理软件等业务系统生成并发布符合所属业务交付要求，经模型数据质量确认和归档范围识别处理的三维数模提交信息包（SIP）的过程。固化发布由三维数模归档移交的责任主体（下文简称归档移交方，即上文治理域中三维数模的形成单位或部门，涉及设计人员和有关审批人员等）完成。SIP应存于业务系统，为利于管理，可在三维数模软件等业务系统中划分预归档库以集中保管。

1. 节点内涵

从档案管理角度看，考虑前端控制、全程管理等管理理念的应用，经固化发布的SIP便是归档整理的对象。换句话说，固化发布既是对三维数模数据实施档案化治理，借助档案管理规则和方法维系数据证据与业务价值的逻辑起点，也是三维数模档案管理的业务起点。通过固化发布，三维数模及其有关记录将被转化为不可逆的并支撑全程可控的数据组织与表达方式，即固定下来成为档案存证对象，从而避免受信息本身及软件环境等内外部动态因素的干扰而使SIP失去控制且造成信息缺损、失真等现象。

从模型交付的角度看，不同的模型应用面向决定了模型交付的目标、模型精细度、模型深度等，SIP固化发布的本质是面向档案管理应用的模型交付。因此，SIP固化发布应满足档案管理需求。对档案管理需求的认识可采用层次化的视角分析，第一层是满足档案管理总体需求，即满足企业档案管理关于档案资源规划、多元服务、安全管理、信息化建设、文化建设的总体需求，在企业实践中，可按规划域的认识予以定位和明确。第二层可单独剥离并揭示档案管理对外部的有效供给需求，这一供给需求会随企业管理和项目管理需求的变化而变化，体现出多元、动态的特点，例如：针对侧重于反映竣工实际效果和支持可视化演示的需求，模型固化发布应重点关注模型几何图形及属性信息与现场施工的一致性，深度上不必达到专项深化设计的水平，方法上可实施轻量化数据转化；针对侧重沉淀企业数据资产，强化设计历史数据的档案备份，服务设计复用的需求，则可以进行更具深度的原始模型数据固化并存档软件环境等信息。

从技术手段的角度看，固化发布是为维护三维数模真实性而采取的技术措施和业务过程。在固化发布阶段，三维数模及围绕其产生的数字摘要、电子签名、时间戳、完整性校验值等固化信息将封装成为一个完整的档案管理对象。

从流程关系的角度看，固化发布是企业三维数模归档、移交、分发等数据流转关系的前置环节。三维数模收集归档以其固化发布为前提，换言之，只有三维数模固定下来成为档案存证对象——符合"文件办理完毕"并经归档范围等价值确认，才能成为收集归档的对象。在三维数模档案管理中，为形成切实可行的归集整合策略，提升三维数模档案质量，应考虑将档案管理的起始节点置于固化发布节点。实际上，在档案行业新近电子文件归档相关标准研制中，已将电子文件归档和电子档案管理的流程前移至形成阶段，如《ERP系统电子文件归档和电子档案管理规范》（征求意见稿）便规定了ERP系统电子文件输出的对象、要求、时间和格式信息，其本质便是对ERP系统电子文件的固化发布。

在固化发布节点实施上，主要包括模型数据质量确认、归档范围识别处理两个方面。

2. 模型数据质量确认

模型数据质量确认包括确认固化发布模型是否符合模型管理、模型精度、模型深度、解析转化和信息校验的要求，在细节业务上则包含模型管理要求确认、模型精度要求确认、模型深度要求确认、解析转化要求确认、信息校验要求确认"5个确认"。

（1）模型管理要求确认

在模型管理要求上，作为 SIP 固化发布的三维数模，应完成模型设计、模型校审、碰撞检查、管线综合等模型质量与业务流程确认程序，达到各阶段及各应用面向的业务交付要求，并经质量确认和版本冻结。根据流程数据可全程追溯的一般要求，在三维数模信息包固化发布中，应通过标识、导出和聚合等方式，固化三维数模信息、业务流程信息、机构人员信息以及权限申请、碰撞检查报告、管线综合任务单等业务流程有关表单、报告，其中模型信息是主干信息，其他信息是共同交付物、协同文件及相关元数据等。

（2）模型精度要求确认

模型精细度是衡量三维数模中所容纳的模型单元丰富程度的指标。根据《建筑信息模型设计交付标准》（GB/T 51301-2018）等标准，可确定三维数模中所包含的模型单元级别，如 1.0 项目级（承载项目、子项目或局部建筑信息）、2.0 功能级（承载完整功能的模块或空间信息）、3.0 构件级（承载单一的构配件或产品信息）、4.0 零件级（承载从属于构配件或产品的组成零件或安全零件信息），其中零件级为通用型的最小模型单元。根据归档要求和服务面向，企业可选择相应的模型精度要求，一般而言，竣工移交的模型精细度不低于 3.0 构件级。

（3）模型深度要求确认

模型深度指模型设计几何图形和属性信息的详细程度，其中几何图形详细程度（也称几何图形精度）代表的是视觉呈现时几何表达的真实性和精准性；属性信息深度反映模型单元承载物理、地址、材质、成本等属性信息的详细程度，能最大化地反映工程对象的事实。如果几何图形和属性信息存在差异，应以属性信息为准。企业档案管理部门可根据自身需求，确定模型设计文件归档和竣工移交要求，划定 SIP 模型深度。以 GB/T 51301-2018 所列钢结构模型深度为例，其三维设计模型深度要求见表 7-3。

表 7-3 三维设计模型深度要求示例①

工程对象		方案设计	初步设计	施工图设计	深化设计	竣工移交
钢结构	钢梁	—	G2/N1	G2/N2	G3/N3	G3/N4
	钢柱	—	G2/N1	G2/N2	G3/N3	G3/N4
	钢骨梁	—	G2/N1	G2/N2	G3/N3	G3/N4
	钢骨柱	—	G2/N1	G2/N2	G3/N3	G3/N4
	拉索	—	G1	G2/N1	G2/N2	G3/N3
……						

模型单元几何图形精度等级划分

等级	代号	几何图形精度要求
1 级	G1	满足二维化或符号化识别需求
2 级	G2	满足空间占位、主要颜色等粗略识别需求
3 级	G3	满足建造安装流程、采购等精细识别需求
4 级	G4	满足高精度渲染展示、产品管理、制造加工准备等高精度识别需求

模型属性信息深度等级划分

等级	代号	信息深度等级要求
1 级	N1	宜包含模型单元的身份描述、项目信息、组织角色等信息
2 级	N2	宜包含和补充 N1 等级信息，增加实体系统关系、组成及材质，性能或属性等信息
3 级	N3	宜包含和补充 N2 等级信息，增加生产信息、安装信息
4 级	N4	宜包含和补充 N3 等级信息，增加资产信息、维护信息

在表 7-3 所列模型深度要求中，如设计单位对钢结构工程对象模型单元（施工图设计）模型实施固化发布并归档至档案部门，则 SIP 在钢梁、钢柱、钢骨梁、钢骨柱模型单元上为 G2/N2，在拉索模型单元上为 G2/N1。

---

① 住房和城乡建设部、国家监督检验检疫总局：《建筑信息模型设计交付标准》（GB/T 51301-2018），中国建筑工业出版社 2019 年版，第 8—9 页。

（4）解析转化要求确认

固化发布时应进行必要的格式转化工作。在转化中应进行解析和对比，确定转化后模型与原始模型是否一致，是否满足信息无损要求。为满足存证溯源、设计复用、数据分发、便享利用、长期保存的档案管理多元需求，应建立原始三维模型信息包、三维模型轻量化信息包、中性数据格式信息包三类固化发布和收集归档策略，见表7-4。其中，三维模型轻量化信息包、中性数据格式信息包应予以解析和转化。以中性数据格式信息包为例，可参照STEP中性数据标准格式，将支持STEP数据定义的有效要素解析出来并输出，将不支持STEP标准输出的要素，通过XML扩展信息的方式予以定义。[①]

表7-4　　　　　　　　　模型数据与文件格式

序号	SIP格式类型	数据格式	文件格式	文档管理应用面向
1	原始三维模型信息包	原始数据格式	原生软件系统或PDMS软件输出的文件格式	存证溯源、设计复用、数据分发
2	三维模型轻量化信息包	IFC等数据轻量化标准格式	轻量化模型文件RVM、属性文件ATT等	便享利用
3	中性数据格式信息包	STEP中性数据标准格式	模型文件STEP、拓展信息XML等	长期保存

（5）信息校验要求确认

此处的信息校验要求，不是在模型管理中对模型质量的业务性校验，而是面向档案管理需求的信息校验工作，即为确保三维数模信息包在各阶段及长期保存环节的真实、完整、可用与安全，实施电子签名、时间戳、完整性校验等固化信息封装，以及阶段性"四性"检测数据同步。

---

① 方嘉昕、符安邦：《舰船三维数模长期存档策略初探》，《机电兵船档案》2019年第3期。

在电子签名、时间戳、完整性校验等固化信息封装上，可根据《电子档案证据效力维护规范》（DA/T 97-2023）[①]，在电子签名、时间戳、完整性校验等存证方式中选择一种或多种方式。例如，采用电子签名技术方式存证的，应以 SIP 为被签名对象，签名人为归档移交方；采用完整性校验算法方式存证的，校验对象应为 SIP。在封装固化信息过程中，应保存相应过程数据、日志等。

在阶段性"四性"检测数据同步中，应将检测数据同步纳入信息包管理的子集内容，实现对信息包的安全可追溯。在提交信息包 SIP 阶段，如涉及多个归档移交方的变迁，宜实施固化发布阶段的"四性"检测工作。在归档信息包 ASIP、档案（长期保存）信息包 AIP、移交信息包 TIP 中还要增加归档、长期保存、移交阶段的"四性"检测。

3. 归档范围识别处理

识别归档范围并实施相应的数据处理是固化发布三维数模提交信息包的关键问题，包括确定归档范围、丰富元数据、保存软件系统、管理校验信息、聚合各类文件等工作。归档范围识别处理的基本思路是：以满足档案管理需求为导向，以符合三维数模形成规律为基础，衔接多元归档模式，推进"应归尽归""应收尽收"，从而最大化管控企业档案数字资产。

SIP 归档范围应以"横向+纵向"的方式理解和划定，如图 7-8 所示。"横向"指覆盖工程项目建设全生命周期管理主要阶段、主要工程对象、主要应用场景的各类三维数模，即确定 SIP 来源类型，最大化保存工程全貌；"纵向"指明确面向档案管理应用的模型交付数据集合，即确定 SIP 的子集内容。亦即，归档范围确认包括 SIP 来源类型识别处理、SIP 子集内容识别处理两方面的工作。

第一，来源类型识别处理。

三维数模可以从多种不同的角度予以分类，应根据实际工程项目三

[①] 中国国家档案局，《电子档案证据效力维护规范》，2023 年 12 月 1 日。

维数模分类确定 SIP 来源类型，如阶段来源 SIP、对象来源 SIP 和应用场景 SIP 等。

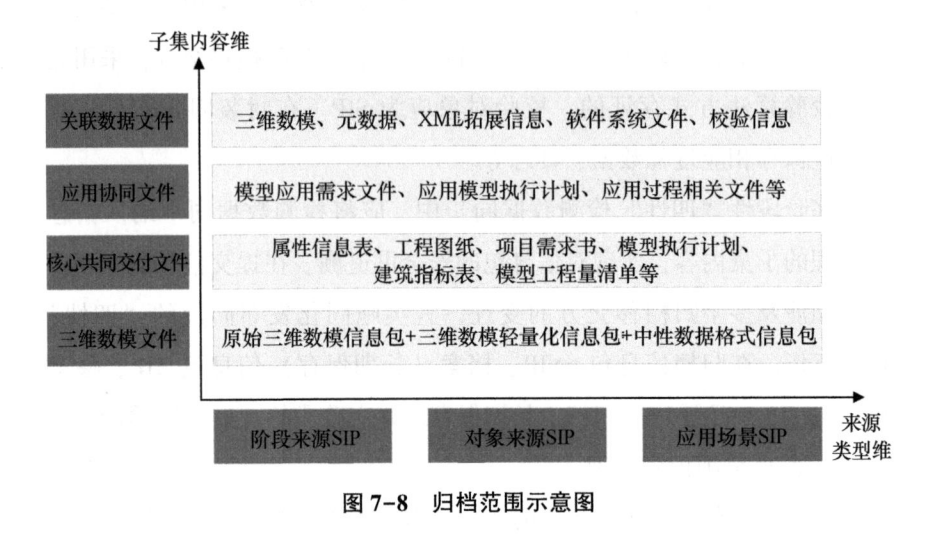

```
子集内容维
┌─────────────┬──────────────────────────────────────────────────────┐
│ 关联数据文件 │ 三维数模、元数据、XML拓展信息、软件系统文件、校验信息 │
├─────────────┼──────────────────────────────────────────────────────┤
│ 应用协同文件 │ 模型应用需求文件、应用模型执行计划、应用过程相关文件等│
├─────────────┼──────────────────────────────────────────────────────┤
│核心共同交付文件│ 属性信息表、工程图纸、项目需求书、模型执行计划、     │
│             │ 建筑指标表、模型工程量清单等                          │
├─────────────┼──────────────────────────────────────────────────────┤
│三维数模文件 │ 原始三维数模信息包+三维数模轻量化信息包+中性数据格式信息包│
└─────────────┴──────────────────────────────────────────────────────┘
    阶段来源SIP      对象来源SIP       应用场景SIP    来源类型维
```

图 7-8　归档范围示意图

阶段来源 SIP 指按照工程项目建设全生命周期管理主要阶段确定 SIP 来源类型，是实施传统项目文件立卷归档的通行规则。模型应用的主要阶段可分为方案设计、初步设计、施工图设计、深化设计、施工过程管理、竣工移交 6 个阶段。这 6 个阶段均应固化发布形成三维数模提交信息包（SIP）。

对象来源 SIP 指按照工程对象单元组合关系确定 SIP 来源类型。在工程实践中，通常按照工程对象单元组合关系划分类别强调实体的组合关系，反映工厂设施系统的层次结构以及建筑产品、设备及材料采购或分包单元，如项目整合模型、专业系统组合模型、单系统模型、构建模型、零件模型等。

应用场景 SIP 指按照应用场景确定 SIP 来源类型。在场景应用中，工程建设者在读取三维设计模型的基础上，形成性能化分析、设计效果表现、项目审批、投资管理、招投标、质量管理、成本管理、进度管理、产品采购、建筑资产管理、运营和维护等多样化专业模型。

第二，SIP 子集内容识别处理。

SIP 子集内容包括三维数模文件、核心共同交付文件、应用协同文件、关联数据文件等。其中，三维数模文件包括原始三维数模信息包、三维数模轻量化信息包、中性数据格式信息包，是核心数据文件；核心共同交付文件、应用协同文件是文档文件；关联数据文件包括元数据、XML 拓展信息、软件系统文件、校验信息。各子集内容可以采用 EEP、ZIP 等封装方式，形成 SIP。

一是三维数模文件。三维数模文件是固化发布 SIP 的核心对象，是承载工程设计、施工、监理、竣工等建造信息的重要载体，通过工程项目各个阶段 SIP 的固化发布及收集归档，充分呈现了工程项目建造信息。

应整合原始三维数模文件归档、三维数模轻量化归档、中性数据格式归档 3 种方式，建立多元化集成归档模式的认识，在固化发布中，应将三维数模保存或转化为以下三类数据包：原始三维数模信息包、三维数模轻量化信息包、中性数据格式信息包。在数据组织上，这三类信息包既独立封装其组成数据，又统一封装于某一工程对象的 SIP 中。

二是核心共同交付文件。核心共同交付文件是模型交付与模型设计紧密相关的，作为核心共同交付物的文件。核心共同交付文件一般包括属性信息表、工程图纸、项目需求书、模型执行计划、建筑指标表、模型工程量清单等。核心共同交付文件可采用 OFD、PDF、XML、ET、XLS、DBF 等格式固化发布。

三是应用协同文件。除核心共同交付文件外，工程实际运行管理中还可能涉及大量的模型应用协同工作，如造价分析、建筑表现、施工组织、产品采购、资产管理等，进而产生应用协同文件。常见的应用协同文件为模型应用需求文件、应用模型执行计划、应用过程相关文件等。在应用协同时，由信息应用方根据应用类别提出所需的信息，制定应用需求文件并提交给模型设计提供方，模型设计提供方根据需求文件制订模型执行计划，建立信息模型，并完成向应用方的交付。应用方提取所需的模型单元数据,在设计信息的基础上创建应用模型。应用协同文件可采用 OFD、PDF、XML、ET、XLS、DBF 等格式固化发布。

四是关联数据文件。除三维数模文件、核心共同交付文件、应用协同文件外,SIP 的子集还涉及以下其他关联数据文件:三维数模元数据(三维数模元数据涉及模型文件元数据,以及核心共同交付文件、应用协同文件等文件元数据。元数据集一般包括基本属性、档案属性、关联属性、业务属性四类属性,其中业务元数据应适当抽取属性信息表,增加核心模型属性,具体范围由企业档案管理机构与业务板块共同制定并予以制度固化。三维数模元数据可采用 XML、ET、DBF 等格式固化发布);XML 拓展信息(根据模型解析转化要求,需要在转化中进行转化后模型与原始模型一致性对比工作。对目前 STEP 标准等数据格式不支持的要素类型,需通过 XML 扩展对其进行定义。因此,应针对中性数据格式信息包,保留 XML 拓展信息);软件系统文件(如提交以采用原始数据格式归档的原始三维数模信息包,为确保原始模型数据真实、完整、安全和可用,宜使用信息系统集成固化并归档的方式实施,即固化发布相应的软件环境。软件环境宜采用以光盘形式保存的软件程序及有关操作说明等文件,并建立与原始三维数模信息包的索引);校验信息[采用电子签名、完整性校验等信息包固化技术措施,并将电子签名信息要素、完整性校验值、时间戳及其他各阶段"四性"检测数据同步纳入信息包管理的子集内容,实现对信息包的安全可追溯。在提交信息包 SIP 阶段,应添加电子签名信息要素、初始完整性校验值、时间戳等,在归档信息包 ASIP、档案(长期保存)信息包 AIP、移交信息包 TIP 中还要增加所属阶段的"四性"检测数据及其他过程管理数据]。

(二)收集归档

三维数模信息包应经过系统全面的收集、整理并向文档部门归档移交。收集归档的对象是三维数模提交信息包(SIP),归档整理的成果是三维数模归档信息包(ASIP)。

1. 节点内涵

通过收集归档，三维数模提交信息包（SIP）经整理成三维数模归档信息包（ASIP）后从形成部门的业务系统脱离，迁移至档案管理部门文档管理系统。例如，SIP 存于三维数模软件等业务系统的预归档库，那么收集归档应从业务系统预归档库向文档管理系统归档接收库迁移。

在实施流程与规则上，三维数模信息包的收集归档应参照《电子文件归档与电子档案管理规范》（GB/T 18894-2016）、《建设项目档案管理规范》（DA/T 28-2018）等标准，依据企业电子档案管理、建设项目档案管理等规范具体确定。本书将收集归档确定为收集、整理、形成 ASIP、移交清点、数据交换、归档检测、登记编目等环节。

2. 收集

收集指三维数模信息包经固化发布为提交信息包后，根据归档范围确定的基本范围，自动将 SIP 采集到归档文件夹中。

（1）收集要求

一是信息包应齐全、完整，并保持信息包之间及信息包子集内容之间的有机联系，以 EEP、ZIP 等方式封装。

二是应基于三维数模管理系统等软件完成收集。

三是三维数模文件应收集原始三维数模信息包、三维数模轻量化信息包、中性数据格式信息包三类信息包，每类信息包应封装为独立的 EEP、ZIP 等文件，对不符合模型数据与文件格式的三维数模文件应进行格式转化，不能解析转化的部分应保存 XML 拓展信息。

四是文档文件（核心共同交付文件、应用协同文件等）应根据工程项目建设和档案管理实际完整收集，在格式上应参照版式文件长期保存格式的有关要求进行格式转化等处理工作，宜采用 OFD、PDF、XML、ET、XLS、DBF 等通用格式保存。

五是关联数据文件应完整收集，三维数模元数据可采用 XML、ET、DBF 等格式存储，XML 拓展信息以 XML 格式存储，软件系统文件保存软件程序、操作说明等文件及索引（其中，软件程序、操作说明等文件以光盘形式保存，在三维数模信息包中只保留软件系统文件的说明文件，如以一个 TXT 文档描述软件基本信息和对应光盘存储地址），校验信息保存实际选用的固化信息。

（2）收集时间

归档移交方应编制三维数模信息包年度或阶段归档计划，可与其他项目文档收集、整理和归档时间节点保持一致，也可预先建立好相应案卷，在三维数模固化发布后实时收集、整理和归档，存入相应案卷。为适应项目部管理，归档三维数模信息包应在完成项目档案验收、整改后按归档计划分批归档。

3. 整理

三维数模档案整理原则是遵循三维数模形成规律和工程项目建设文件成套性的特点，保持数据、文件之间的有机联系，区分不同价值，便于保管和利用。整理工作包括质量检查、确定密级、价值鉴定、分类组织等。

（1）质量检查

开始正式整理之前应首先审查归档对象的质量。由于在固化发布阶段已将业务要求和部分文档管理要求嵌入，实施了模型数据质量确认和归档范围识别处理等工作，因此在整理阶段将主要从档案管理的齐全、完整和安全等维度进行质量检查，同时检查固化发布阶段的模型数据质量记录等。在模型文件上，应确保其完成模型数据质量确认并有检查确认的痕迹记录；在文档文件（核心共同交付文件、应用协同文件等）上，应确保其满足工程项目文件归档整理的一般质量要求，如字迹清楚、图样清晰、图表整洁、签字手续完备等；在关联数据上，应根据其归档范围、格式及内容信息自身要求审查其形成质量。

（2）确定密级

应根据企业文档定密、分级管理的要求，对三维数模信息包各要素确定密级，一般密级包括绝密、机密、秘密、工作秘密、核心商业秘密、普通商业秘密、非密7个级别。信息包各要素的文件密级应保持一致，确定密级的工作可在收集整理节点实施，也可提前至固化发布节点。

（3）确定保管期限

应对归档整理的对象实施价值鉴定，判定并标识其保管期限。确定保管期限应依据归档范围，在收集整理节点实施，也可提前至固化发布节点。确定保管期限应符合以下要求：三维数模信息包的保存期限一般为永久；应以一个完整的三维数模信息包为对象实施价值鉴定，确定保管期限；三维数模信息包子集内容的所有对象的保管期限应保持一致。需要注意的是，核心共同交付文件、应用协同文件等文档文件与三维数模文件具有紧密联系，虽然它们在其他归档类目中也可能会重复涉及，且可能被划分为其他保管期限，但在此处应与三维数模信息包的总体保管期限保持一致，定为永久。

（4）分类组织

分类并划分文件整理单元，实施组卷或组件是归档整理的主要工作。

在分类上，可按工程阶段、工程对象、应用场景、版本等特征进行分类，也可将2—4种特征进行组合，如"工程阶段—工程对象—应用场景—版本"，一般应至少保留工程阶段和版本的分类标识。

在组织上，主要涉及对包含三维数模信息包在内的工程文件整理，应运用组卷和组件相结合的方式进行组织。首先，根据信息包所属的工程阶段，定位到对应的工程文件卷，即工程准备阶段文件卷、监理文件卷、施工文件卷、竣工图、竣工验收文件卷等（设施设备类、科研类三维数模参照设施设备文件和科研文件的立卷要求实施），例如，方案设计、初步设计、施工图设计等形成的信息包可先定位到工程准备阶段文件类目，再定位到勘察设计文件类目的文件夹组织存储。其次，按版本组织信息包，将同一版本的信息包子集内容要素分别存入其中，并通过EEP、ZIP等方式封装成为完整的三维数模信息包。例如，三维数模区分不同的工程对象、应用场景，应结合版本，增设类目或文件夹保存。

在命名上，三维数模信息包的档号可参考企业规定的编码方式确定，一般应包含项目号、分类号、年度、保管期限、件号。三维数模信息包计算机名可采用"唯一性代码+系统显示名"格式，其中"唯一性代码"采用"哈希值+日期时间"或"随机码+日期时间"或"工程代码+日期时间"等方式命名，"系统显示名"可运用"设计阶段划分标识+模型固化标识+变更版本代码"的方式命名。

三维数模信息包各子集内容要素的计算机名可在信息包计算机名的基础上，增加子集要素代码生成。例如，原始三维数模信息包、三维数模轻量化信息包、中性数据格式信息包分别编码为 M1、M2、M3，形成"三维数模信息包计算机名+模型文件代码"的存档模型号；各类核心共同交付文件编码为 W1.1、W1.2；各类应用协同文件编码为 W2.1、W2.2；关联数据文件编码为 B1（元数据 XML 等文件）、B2（XML 拓展信息文件）、B3（软件系统文件的说明文件 TXT）、B4（校验信息 BIN 等文件）。

4. 形成 ASIP

将完成整理的三维数模提交信息包以归档文件夹为单位封装形成归档信息包（ASIP），并采用版本、时间等方式排序。

5. 移交清点

移交前，对归档信息包及其子集内容要素进行自动清点，归档的三维数模信息包门类、保管期限、件数应与归档信息包的配置信息相匹配。经清点，如不符合相关要求，退回整理阶段。

6. 数据交换

数据交换是将归档信息包（ASIP）从三维数模软件等业务系统交换到文档管理系统的过程。数据交换一般基于 Web Service、中间库等通用标准的统一数据交换接口，实现在线归档移交。针对无法满足在线归档条件的归档信息包，或特殊类文件（如软件系统文件），可采用光盘等离线归档的方式进行。

7. 归档检测

参照《文书类电子档案检测一般要求》(DA/T 70-2018)及企业"四性"检测规则与软件工具,对归档信息包的真实性、完整性、可用性和安全性等方面进行检测,对不符合要求的归档信息包予以退回,并向三维数模软件等业务系统反馈结果。通过归档检测,归档信息包便可正式从归档接收库进入数字档案馆(室)系统的档案管理库。

在归档检测中,应重点检测电子签名、完整性校验值等固化信息,对比各数据格式的模型文件是否种类齐全、数量完整,检测匹配的核心共同交付文件、应用协同文件、元数据、XML拓展信息、软件系统文件说明等是否完整、可读。

8. 登记编目

将检测合格的归档信息包导入数字档案馆(室)系统归档库,并清点、核实拟接收归档信息包的子集内容与数量、大小等。通过计算机文件名建立归档信息包子集内容的关联,并在元数据中的过程元数据记录归档移交和登记行为,登记归档信息包。依据清点、检测结果,按批次或归档年度填写归档登记表单文件,最终完成归档信息包的归档。

为方便对三维数模归档信息包的统一管理,应根据《档案著录规则》(DA/T 18-2022)结合保管和查询要求,编制三维数模档案条目,著录信息包及其子集内容要素有关信息,编制三维数模档案目录,应至少包括序号、档号、存档模型号、责任者、日期、密级、备注等项目。

(三)安全保管、鉴定处置与利用服务

通过对三维数模及其有关记录的收集归档,三维数模档案管理将进入档案管理部门管理环节,包括对三维数模档案进行安全保管、鉴定处置、利用服务等工作。根据前述研究方案,针对当前企业三维数模"难以归档"现象,本书将重点分析固化发布、收集归档节点,对安全保管、鉴定处置和利用服务节点内容并予以简要说明。

根据国家档案行业通行的数字档案资源总库管理方式,档案管理机构的资源总库可划分为档案归档接收库、档案管理库、档案利用库和档案长期保存库四个组成部分。收集归档是将三维数模档案提交至档案归档接收库，待档案管理人员清点登记和归档检测后，作为 ASIP 的三维数模档案便可进入档案管理库。其中，归档接收库、档案管理库在物理上为同一个库，只是在逻辑上（记录状态上）予以划分，档案管理人员可基于档案管理库进行必要的整理维护、鉴定处置、档案统计等工作。档案管理库中的档案经固化发布后，进入档案利用库提供检索利用。

为满足长期保存要求，应将档案管理库中需长期保存的档案迁移进档案长期保存库形成 AIP。档案长期保存库一般为物理独立建设。为了实现档案可读取、可识别、可理解、可检索等长期保存要求，需定期对长期保存库中的数据以合理的存储架构和备份策略妥善管理，也需定期开展检测，对于不再符合长期保存要求的数据需要进行迁移，迁移时需要将长期保存库中的数据取出重新进入管理库，完成迁移之后再回到长期保存库。另外，档案管理库中的档案资源若由于某种原因遭到破坏或者数据丢失，可以通过档案长期保存库进行数据恢复。档案长期保存库中的档案若需要发布利用，也可以发布到档案利用库中提供利用。

1. 安全保管

安全保管节点旨在确保三维数模档案得到长期维护所涉及的过程和操作，需以经济、有效、安全的方式存储以便利用。三维数模档案安全保管应符合《电子档案单套管理一般要求》（DA/T 92-2022）、《电子文件归档与电子档案管理规范》（GB/T 18894-2016）、《档案数据硬磁盘离线存储管理规范》（DA/T 75-2019）、《电子档案证据效力维护规范》（DA/T 97-2023）等标准要求，满足企业档案安全管理有关规定，建立健全安全管理机制措施，保证三维数模档案始终在安全可信的环境下管理，确保其过程可溯、长期可用、风险可控。安全保管的对象是档案（长期保存）信息包（AIP），涉及系统安全管理、存储备份管理、转换迁移、安全检测和审计跟踪等工作。

(1) 系统安全管理

涉及三维数模档案管理的企业数字档案馆（室）系统、三维数模软件、轻量化阅读工具及格式转化工具等信息系统应符合《信息安全技术　网络安全等级保护定级指南》（GB/T 22240-2020）等信息安全防护有关标准，符合企业信息安全管理要求。涉密的三维数模档案还应符合涉密信息系统分级保护及企业涉密信息系统管理要求，根据前述三维数模档案管理体制，应由企业保密部门加强对涉密三维数模档案的管理。此外，系统安全管理还应关注在三维数模归档、三维数模档案移交等管理权转移过程中进行在线互信签名，确保程序规范；应按照三维数模档案管理应急预案或处置方案定期进行演练；等等。

(2) 存储与备份

在存储备份上，应建立三维数模档案存储与备份规划，形成多态并存、灵敏调整、长期管控的档案存储与备份策略。在存储与备份规划上，应随技术发展定期更新，关注数字建造、数字孪生、三维设计等信息技术的发展和软件环境的升级淘汰。在存储与备份中，还应特别注意以下内容：一是应为三维数模档案安全存储配置专用在线存储设备或虚拟云存储空间。二是应除原始三维数模信息包存档外，其他保存的三维数模数据及有关文档应在不依赖特定管理系统的前提下实现三维数模档案的自包含、自描述和自证明。三是应将三维数模档案及其元数据，三维数模档案管理系统及其配置数据、日志数据纳入备份管理范围，制定科学合理的三维数模档案备份策略，根据实际情况对三维数模档案进行在线、离线、异地、异质备份。四是应具备三维数模档案及其目录数据库备份与恢复能力等。

(3) 转换与迁移

制定、评估三维数模档案数据转换与迁移策略，确保转换与迁移后三维数模档案信息包各子集内容之间，尤其是模型文件与元数据、审计日志、配置信息之间的关联关系，保持上述内容的完整性、可用性。应注意以下内容：一是三维数模档案保存格式不能满足长期保存需要时，应对三维数模档案进行格式转换，其中，三维数模档案格式转换时，应自动采集相关元数据，转换前格式应持续保存。二是当三维数模档案存储设备更新、系统扩充、应用软件升级、存储载体改变等情况发生时，应对三维数模档案管理系统及其数据进行相应迁移和更新操作。三是保存运维三维数模档案的服务器、网络设备、存储设备、安全管理设备等基础设施应根据迁移和更新需求及时调整、扩容、升级。

（4）安全检测

在长期保存环节，应对三维数模档案进行定期检测，加强数字档案馆（室）系统及其他相关系统的安全运维。应注意以下内容：一是根据《电子档案单套管理一般要求》（DA/T 92—2022）等规范要求，三维数模存档信息包应每年至少进行 1 次检测。二是应具备对在线三维数模档案存储状况进行监控和警告的能力。三是应定期对保存运维三维数模档案的文档管理系统、格式转换软件工具、轻量化阅读工具、服务器、网络设备、存储设备及安全管理设备等软硬件进行有效性检测，确保三维数模档案保管环境无病毒感染、无安全隐患。

（5）审计跟踪

为加强对三维数模档案的可信管控，应加强对三维数模档案管理流程、信息系统等操作行为实施审计跟踪。操作行为一般涉及行为描述、步骤、对象、日期和人员等。应注意以下内容：一是应自动记录审计跟踪事件信息，并将有关审计信息按元数据施以管理，规范三维数模档案过程元数据采集、系统操作行为元数据采集、用户行为检测与预警发布信息采集管理。二是应规范审计跟踪日志管理，审计跟踪日志和重要操作日志可按日期、人员等条件进行检索查询，保存时间应为永久，且应纳入备份恢复范围。三是应加强对数据访问的安全管理和审计跟踪，应根据业务和安全要求建立权限控制措施，访问记录宜能够追溯。

2. 鉴定处置

鉴定指对三维数模及三维数模档案的内容和技术状况进行评估的过程，确认其技术状态和价值属性，判断其是否合乎数据质量要求、是否属于归档范围等。根据鉴定结论，可按规范的管理程序对三维数模档案进行留存、移交或销毁等处置行为。对三维数模档案鉴定处置，可由档案管理人员从档案长期保存库中将 AIP 迁出，进行相应的鉴定处置工作，并在处理完毕后，将需长期保存的数据重新迁回到长期保存库。

根据鉴定的内容，三维数模档案鉴定包括价值鉴定和技术鉴定两个方面，其中，价值鉴定分为归档阶段的保管期限鉴定以及档案管理阶段的到期鉴定等。在鉴定处置阶段，除围绕档案真实性、可靠性、完整性和安全性各方面状况进行技术鉴定外，主要涉及企业三维数模档案的到期鉴定。三维数模档案鉴定处置应遵循精练与慎销相统一、保存价值与利用价值并重、管理成本与经济效益兼顾的原则，提升数字档案资源质量。

在到期鉴定上，应由企业档案管理部门通过组织档案鉴定委员会、鉴定小组等形式开展鉴定工作，形成最终鉴定结论，并根据最终鉴定结论销毁处置档案。在数字档案馆（室）环境下，可通过植入系统中的三维数模档案保管期限与鉴定处置规则，设置自动化鉴定处置模块，使系统能根据保管期限、触发条件或事件，对于保管期限届满的三维数模档案，自动提醒档案管理人员实施到期鉴定处置行为。

在三维数模档案处置上，主要涉及销毁、移交、续存等活动。移交指根据企业档案移交进馆工作有关要求，将三维数模档案向外部档案馆移交，在本书中不再赘述。销毁是消除或删除失去价值的三维数模档案，使之无法恢复的过程。三维数模档案销毁是期满鉴定的后置程序，可分为数据销毁和载体销毁。数据销毁是指将失去利用和保存价值的档案信息包数据内容，通过某种科学方式擦除，使其无法恢复的过程。载体销毁是指将存储载体连同其上的记录数据通过某种方式使其灭失的过程。在销毁实施上应建立制定方案、实施销毁、销毁登记等工作程序。

3. 利用服务

利用服务指查找、使用或检索三维数模及三维数模档案的权利、机会和方法。利用服务是企业三维数模档案工作的归宿，从档案价值实现角度看，利用服务对接存证溯源、设计复用、数据分发、便享利用、长期保存等需求。在三维数模档案利用服务中，通过利用需求分析、利用权限审核等工作，抽取保存在长期保存库、档案管理库的 AIP 有关数据，并将其发布到档案利用库之中，形成三维数模档案发布信息包（DIP），再通过各类利用服务渠道、工具予以实现。

三维数模利用服务应建立多元服务的总体框架，包括三维数模归档管理业务服务、查询利用基础服务、展览陈列编研服务、模型处理增值服务、三维数模档案知识服务等。

第一，业务服务。

三维数模档案管理业务服务是企业档案管理部门面向企业所属各单位/部门提供的以三维数模归档为核心的基本服务。该服务主要围绕三维数模固化发布、收集归档等展开，其实质是对企业所属各单位/部门提供三维数模档案管理业务指导。一般而言，业务服务的形式包括在线咨询及线下培训、宣传和指导。为针对性开展三维数模归档管理业务服务，可重点面向设计单位、项目部及归口管理的各合同分包商、外委单位、参建单位/部门的三维数模形成人员、文档人员实施，服务内容可包括企业三维数模设计管理、运行管理及三维数模档案管理的制度宣贯，三维数模固化发布及收集归档实操演练，三维数模利用服务程序与方法培训等。

第二，查询利用。

三维数模档案查询利用是企业档案管理部门向服务对象提供馆藏三维数模及其有关数据的基础服务，主要包括查询、借阅、复制、咨询、统计、技术交流等。在制度建设上，应明确各单位有关人员在进行利用三维数模档案时需履行的审批手续，包括非密与涉密查询利用的审批手续，以及利用超出权限范围内的三维数模档案的审批手续等；应明确查询利用审批负责人，确定审批权限；应明确查询利用的程序、表单和违规处理等规则；应明确查询利用的访问控制、数据加密解密、日志监控等在内的安全保障措施。

为保障三维数模设计复用和修改,应为每个三维数模文件创建分类和标识信息,包括模型类型、作者、日期、相关主题等,以便后续检索和管理。建立针对三维数模特征的索引,如根据模型的几何形状、材质、颜色等特征进行索引,以便用户能够通过关键词或特定属性进行检索。建立专门的模型管理系统或数据库,用于存储、组织和管理三维数模文件,使用户能够方便地查看、编辑和导出模型。

查询利用关联三维数模档案元数据管理,也应健全机构人员实体元数据、查询利用业务实体元数据,方便对接查询利用权限,实施访问控制。同时,不管以何种利用方式均应通过日志或其他方式记录利用过程,记录信息包括利用者、利用方式、档号、文件编号、利用时间等,利用过程应作为档案业务实体元数据的一部分进行保存。

此外,在查询利用中,为确保信息传递过程中的正确性和完整性,应确定三维数模尤其是其属性信息是工程对象的唯一数字描述。同时考虑到以移动介质等方式分发 DIP 容易导致数据修改、版本混乱等情况,应通过信息系统访问权限控制实施在线或文档部门现场查询,而不宜采用移动介质的数据分发方式。

第三,编研服务。

三维数模档案承载了工程实体丰富的几何图形和属性信息,可发挥其数据优势,针对不同层次的数据可视化需求,通过轻量化处理,将三维数模档案转化为文件尺寸较小的虚拟现实交互演示模型,保留运算简化的几何外形、材质贴图等渲染表现所需的基本信息和有关索引信息,可灵活用于可视化和工程交互操作演示。对档案编研而言,上述方法实质是创建了基于三维数模档案的沉浸式、交互式的数字展览陈列空间,通过数字空间及其关联的各类文档,极大地创新了数字叙事背景下档案编研开发的形式与方法,能为传统档案信息编研服务赋能。

第四,增值服务。

通过三维数模档案资源链建设,有助于提升档案管理部门对三维数模设计、格式转化、档案交付等的工作能力，也有助于固化工作探索成果，积累制度经验，促进技术创新，积累知识产权，进而为档案管理部门提供三维数模档案处理外包增值服务，如协助同类企业实施三维数模档案管理咨询外包、制度建设外包，协助其实施归档、格式转化等。

第五，知识服务。

通过提取三维数模档案关联数据，嵌入工程建造知识本体标识，再现数据血缘关系图谱，打造面向设计、建造等工程全生命周期管理决策的模型知识库，将推进企业建设工程档案资源体系创新，凝聚档案服务知识化能力，进而为档案管理人员提供个性化档案资源定制和知识推送服务、工程决策咨询服务，同时也有助于档案管理人员对三维数模档案管理全过程的智慧化可视化跟踪统计、监管，进一步提升档案管理水平。

第八章

结论、建议与下一步研究工作

第一节 结论

本书从数据视角入手,对以数据为管理对象的档案管理理论与实践进行了系统研究,主要有以下结论:

一 结论一:数据应该成为档案管理的对象之一

探究档案管理发展史和学术史,随着社会进步和信息技术的发展,档案管理经历了以纸质档案、电子档案为对象的两个阶段。社会进入大数据这一信息化发展的新阶段,数据将成为建设中国式现代化最重要的生产要素之一。将数据纳入档案管理范畴,是档案工作为迎接大数据时代挑战、加快融入国家大数据战略、激发数据要素活力的必然要求。

档案工作最重要的职能是留存人类发展史、人类文明史。利用档案信息资源可以构建出一个历史模型,这个历史模型与真实历史的差别决定档案保存的数量、质量和颗粒细度等因素。研究引入信息论的重要概念——交叉熵来标识这种差距。交叉熵反映了两个信息源的一致性。由于档案归档范围与保管期限的设定,档案信息资源构建的历史模型与真实历史之间交叉熵的必然存在。

让档案最真实、最详细地还原出历史事实,就需要尽可能降低交叉熵的值。档案部门归档范围越大，交叉熵就相应越低。然而不管是纸质档案还是电子文件，以文件形态的档案管理扩大归档范围，相应的管理成本将急剧上升。大数据的完备特性，让交叉熵的降低成为可能。

如果归档保存某单位、某行业等的全量数据及其关联关系，就相当于档案归档保存的数据集合与该单位、该行业真实历史的数据集合是同一个集合，或者是高度重合的，它们的交叉熵是零或接近于零。这时，更可以说档案是对历史的真实、相对完整的留存。

二 结论二：需要对档案概念体系进行拓展

构建将数据档案纳入的管理理论体系，对于档案人员从文件形态档案管理向数据形态档案管理的观念转变、思维转变具有根本上的决定性意义，是解决数据档案管理实践的迫切需求。

概念体系上，可以以数据为属概念为档案下定义。研究成果将档案定义为"社会组织和个人在以往的社会实践活动中直接形成的、可以进行加工处理且处理结果能使社会实践消除不确定性的数据"。定义中的数据包括非结构化数据和结构化数据，非结构化数据即当前档案的管理对象——纸质档案和电子档案，结构化数据可以构成数据文件，但归档保存的是结构化数据及其元数据。

数据归档的前提是数据之间有关联关系，通过这种关联关系能进行加工处理。如果把数据的值看作是数据档案内容，关联关系、处理加工则反映了数据档案的结构、背景，可以视作数据档案不可或缺的元数据。

三 结论三：需要对档案管理理论体系进行拓展

对来源原则、全宗理论、鉴定理论、前端控制等进行了拓展。

来源原则适用于数据档案的管理。应用来源原则时，更应该考虑伴随业务流的数据流，关注数据的起源、路径以及数据之间的关联关系、加工处理等，同时保持对于数据的形成者、形成目的、处理程序和职能范围等的关注度，从而为数据的真实完整与长期可用提供保障。

全宗理论同样适用于数据档案的管理。数据档案是全宗理论有机体的重要组成部分；全宗的界限不仅仅是一定的社会单位，还要看该单位是否具有跨层级、跨地域、跨系统、跨部门、跨业务的协同管理和服务，是否具有跨单位的数据共享关系，是否具有跨单位的统一业务平台；全宗的组成应该包括与之有业务关系（数据驱动）的另一单位生成的必须共享数据，同时对于全宗内应扩大归档范围。全流程一体化政务服务平台可以建立起跨单位的、以数据档案组成的事务全宗。

宏观鉴定法适用于数据档案的鉴定，对于大数据可以采用集聚价值鉴定法。运用宏观鉴定法应确认数据的职能来源、确认数据的血缘关系、确认数据标准化，可以利用数据血缘分析工具辅助鉴定事务数据价值。

应对数据的多源、多模态、全面性以及数据间逻辑关系的正确稳定等进行前端控制，应将 ER 图、数据字典、数据血缘关系图谱等作为数据档案元数据在前端进行控制。

四 结论四：数据归档前应经过数据治理

立档单位内只有消除了信息孤岛现象，数据归档才是有意义的，数据才是真实的、一致的。

数据归档范围应是主数据全部归档、事务数据选择性归档、分析数据可不归档。元数据归档范围应包括 ER 图、数据字典、数据血缘关系图谱、指针链接。

归档操作时可以对整张表（如主数据表）进行数据抽取归档，也可根据数据间逻辑关系，抽取相应数据建立起事务数据视图，对视图中的数据收取归档。抽取归档可以采用时间戳和 MD5 码两种方式。归档后数据应保存在立档单位统一的数据档案保存平台上，如归档数据子湖。现有档案管理系统没有能力对数据进行归档保存。

五　结论五：需要构建国家大数据战略下档案管理理论框架

从需求响应—价值重塑（环境输入）、业务模式—业务重构（核心内容）、应用场景—应用重建（输出反馈）三方面来构建既符合档案学研究的一般规律，也符合系统理论分析思路。

国家大数据战略下档案管理有着数据化、智慧化、精准化的要求，档案用户有着对于档案内容与知识需求的细粒度与语义化、档案内容呈现的场景化与可视化、服务方式需求的精准化和智能化、档案与业务融入的协同化与知识化、用户参与的主动性与多样化等需求，需要对档案管理进行价值重塑。

基于全生命周期的大数据综合治理是实现大数据下档案管理业务重构的基础，应按照大数据生命周期架构设计档案管理业务，核心是档案资源建设。

应用场景首先是大数据背景下档案管理应用生态的营造，涵盖了新特征、新框架和新路径的全面构建。以数据为关键要素的档案应用重建，可以在政务数据、企业三维数模管理中率先开展。

第二节　建议

本书第三章从档案管理对象视角，对档案管理的学术史进行了分析和研究，寻找档案管理理论与实践发展的一般规律。按照其发展规律，提出如下建议：

一　试行/实行电子文件与数据归档"双套制"

数据归档、数据档案管理目前尚未有较为成熟的理念、模式与最佳实践，和 2000 年左右电子文件管理的状况极为相似。学界在 2020 年左右已开始对数据档案的思考，这时的关注者只是学界部分学者，实践界正在全力落实电子文件单套制，虽然意识到了数据管理的重要性，但和

20年前对电子文件的认识一样，以为数据不是档案的管理对象，档案不应该管，也没有能力管。笔者前段时间遇到的一个大学的档案馆长，交流中还很严肃地说数据不应该管，如果管了和大数据管理部门就没有区别了，档案部门就可能被合并或撤销了，甚至还对电子文件管理提出要慎重、步子不宜太大、单套制不应推行的观点。从调研情况看，这样的数据管理观点是普遍存在的。

探究档案工作发展历史与研究学术史，就会看到这种观点的保守性。2000年，中国社会进入信息化、网络化时代，电子政务、电子商务在我国开始全面推广应用，各种信息系统在各行各业的业务处理中广泛应用，大量电子文件生成。20世纪末学界有识之士已经认识到了电子文件管理的重要性，一些先行者开始了对电子文件管理的研究。从开始学界与档案一线人员的不接受，到慢慢了解并有了概念上的认识和思维的转变。有识之士认识到自上而下电子文件管理实施的重要性，将研究成果与政策建议向国家档案局提出呼吁，最终出现了电子文件双套制管理。在双套制管理实行的二十年中，单套制研究始终未中止，随着国家、学界及档案人员对电子文件更进一步的理解，单套制在"十三五"开始试点，在"十四五"正式进入国家宏观规划内容，并提上实施日程。

本质上，这种保守的观点还是停留在纸质档案的思维上，认为管好了纸质档案就是做好了档案工作，没有看到时代的发展与技术的进步。如果一直没有把电子文件纳入档案管理范畴，现在的档案部门将会是什么工作状况和什么工作生态，不敢想象！大数据是信息化发展的新阶段，大数据已经上升到国家战略，数字经济建设、数字中国建设已经成为国家发展的重要目标，档案部门应该融入大数据的浪潮中，方能跟上大数据时代前进的步伐。否则，时代抛弃你的时候，连声招呼都不会打！

为了迎接大数据时代的挑战，加快融入国家大数据战略，激发数据要素活力，可以像纸质档案与电子文件双套制归档一样，按照"存量档案数据化、增量数据档案化"路径，实行电子文件与数据归档

"双套制"。

存量档案数据化，是指已归档的电子文件，按照档案数据化的思路，通过人工或人工智能识别的方式，对电子文件内容提取出重要数据加以存储管理，并建立与电子档案间的有机联系。

增量数据档案化，是指在电子文件归档时，尤其是对那些从数据库中提取数据，根据数据间逻辑关系按照固定格式形成的电子文件，在归档电子文件的同时，对相关数据、数据间逻辑关系进行归档保存。

试行/实行电子文件与数据归档"双套制"，同时跟踪社会实践与信息技术的发展，坚持开展数据档案的研究。相信和电子文件管理史一样，二十年后，数据档案会成为档案管理的重要内容。

二 数据归档试点先行

这种保守的观点有其产生的现实背景。将文件形态的档案管理转向数据形态的档案管理，不仅仅是管理思维的转变，也不仅仅是管理理论的发展，更重要的是管理的现实基础与能力。数据的多源、多模态、离散型造成人类不能像文件形态档案一样被直观认识理解，需要根据数据间逻辑关系形成特定的信息才能被理解，而生成的这个特定信息已成为电子文件。尤其是单位内各业务系统存在大量信息孤岛的情况下，数据标准不统一，数据不一致，数据重复，数据间关联关系不清晰，数据设计不规范，等等，更是加剧了数据档案管理的困难。

依然可以从历史寻找思想。从2000年开始各地大力开展电子文件管理项目，2009年12月中央办公厅、国务院办公厅等建立了国家电子文件管理部际联席会议制度，负责统筹规划和组织协调全国电子文件管理工作。相继，国家电子文件管理部际联席会议办公室在杭州等地开展电子文件归档试点，国家档案局与国家发改委又遴选典型企业开展企业电子文件归档与电子档案管理试点工作。

数据归档与数据档案管理可以借鉴电子文件管理经验，在三个方面展开试点工作。

一是在大型国企试点数据归档，尤其是进行了数据治理、实现主数据管理、数据湖已初步建立的大型国企，如中国石化、中国石油、南方电网、中国移动等。这些大型国企建立了数据标准化体系和完善的数据全生命周期管理制度，拥有较为强大的数据管理工具，已具备数据归档的基础设施条件。更重要的是，2020年以来，国家大力推行企业数字化转型。习近平总书记关于推动数字经济建设的系列重要指示精神要求企业将数字化转型作为改造提升传统动能、培育发展新动能的重要手段。2020年8月，国务院印发《关于加快推进国有企业数字化转型工作的通知》，要求构建数据治理体系，建立覆盖全业务链条的数据采集、传输和汇聚体系，深入挖掘数据价值。大型国企对于数据归档管理有着迫切需求。

二是全流程一体化政务服务平台数据归档。中共中央办公厅、国务院办公厅印发《"十四五"全国档案事业发展规划》，明确提出以多机构联合办公的"互联网+政务服务"平台为典型案例，通过政务服务数据归档机制的建立完善、平台数据归档功能建设等推进政务数据服务归档。浙江"一网通办""最多跑一次"等平台建设最早也最成熟，在电子文件归档方面已经有了较为成熟的经验，数据归档试点也可在这样的地区先行先试。

三是三维电子文件归档问题。三维电子文件归档中涉及大量的数据归档，如公差、尺寸等，传统的档案管理虽能将三维数据分解为二维文件进行保存，然而在可视化还原中会丢失数据，迫切需要解决数据归档问题，这在航空航天、汽车等行业中需求强烈。

三 提高档案队伍构成的专业化与档案管理参与的多元化

依据国家档案局《2021年度全国档案主管部门和档案馆基本情况摘要》[①]，各级档案主管部门和综合档案馆现有专职人员中，博士研究

---

① 国家档案局：《2021年度全国档案主管部门和档案馆基本情况摘要》，2022年8月18日，https://www.saac.gov.cn/daj/zhdt/202208/fedf617068af49b7a92b80f54723746b.shtml。

生占比0.3%，硕士研究生占比9.2%，大学本科占比66.5%，大专占比20.3%，高中（含中专）及以下占比2.9%。从档案专业程度看，具有博士研究生档案专业程度占比0.04%，具有硕士研究生档案专业程度占比1.48%，具有大学本科档案专业程度占比10.50%，具有大专档案专业程度占比3.34%，具有中专及职业高中档案专业程度占比0.79%。

从数据统计看，全国档案工作人员中具有档案学背景的（含各种学历）占比为16.51%，档案队伍专业化程度非常低，具有研究生学历的档案工作人员占比1.52%，仅有606人（含研究生班学历），档案队伍中高学历人员少到可以忽略不计的地步。档案队伍当前的构成，使得档案管理新思维、新思路、新需求很难被档案人员所理解、所吸收，绝大多数的档案人员是在固化的档案工作模式中开展工作，就会出现像前文提及的那位大学档案馆长的保守的观点。

应加快档案队伍专业化建设，尤其是具有档案学研究生以上学历的人才队伍建设，深刻理解大数据给档案工作带来的挑战和机遇，转变档案管理思维模式。同时，应加大对数据管理、大数据技术等方面人才的吸收和引进，建立以档案学专业为主、相关专业支撑的专业化队伍。

在档案研究方面，提倡多元化参与，尤其是大数据时代，数据治理专家、大数据技术专家、法律专家、安全隐私管理专家等的参与至关重要。档案学界理解数据治理专家提出的数据治理本质、过程与成果，提出档案管理的需求，大数据技术专家利用技术实现需求，同时考虑法律专家认可的数据权益问题与安全隐私管理专家对数据隐私的疑虑。同电子档案管理类似，多元化的参与使得数据管理理论走向成熟，最佳实践成为指南。

四 提升档案工作者的数据素养与能力，主动参与数据治理

大数据时代对档案工作的要求越来越高，档案不仅是各项业务办结后的信息归宿，更是业务数据全生命周期中数据质量监管、管理优化的重要工具。档案工作队伍应吸纳数据管理方面人才，档案工作者不仅要

具备档案信息化、电子文件管理等方面的知识，还应该逐渐具备数据素养和一定的数据管理能力，具备探索数据、理解数据并使用数据进行交流的能力，主动以档案人员身份参与到数据治理中，就数据全生命周期与企业业务数据链的关键节点提出档案的管理理念和要求，实现企业数据的鉴别归档保存以及有效管理。

第三节　下一步研究工作

数据归档是档案工作在大数据时代面临的严峻挑战，既要求比较成熟的理论指导，又要以最佳实践为指南，绝不是一个项目研究就能解决全部问题的。随着研究的深入，笔者越发觉得数据归档的复杂性与紧迫感，还需要研究的内容很多。

一　档案理论体系的深入研究

数据归档是档案学界研究的热点问题，也是难点问题。"十四五"档案事业规划已经将政务数据、三维数模、数据文件等列入规划，提上日程，但档案界关于数据档案的内涵尚未达成一致，现有的档案管理理论尚未适应数据档案的管理，最佳实践尚未形成。

数据归档到底归档什么、如何鉴定归档、如何保存，深层次的可操作研究尚未见到。本书第四章用将近 3 万字专题论述理论体系的内容，但感觉仍有不足与欠缺，需要深入研究。

数据档案管理和数据治理之间的关系是什么，档案人员如何主动参与数据治理，也是一个需要深入研究的问题。

二　数据档案的真实、完整与长期可用的保障问题

本书初步研究了数据档案的真实完整可用问题，提出了时间戳、MD5 码的归档方式，以此保障数据的真实性。提出以 ER 图、数据血缘关系图谱、数据字典作为元数据，以此来保证数据的关联关系和完整

性。提出利用大数据平台的服务能力,来保障长期可用的问题。

如何结合数据治理过程,实现全生命周期的真实、完整与长期可用需要研究。一个初步的设想是,依据《数据管理能力成熟度评估模型》,将数据档案管理的相关需求嵌入评估模型的 8 个能力域 29 个能力项中。项目对数据生命周期能力域简要做了分析,下一步应该对 8 个能力域进行系统全面的研究,以此在数据档案的真实、完整与长期可用的保障方面提出具有更强操作性的方法与措施。

三 构建数据档案管理系统的功能框架

电子文件管理需要电子文件管理系统(ERMS),数据档案管理更需要数据档案管理系统来管理。项目提出在数据湖逻辑划分出数据档案子湖的方式来保存档案,是利用了数据湖(或数据湖仓)的特性,并不是专门的数据档案管理系统。现有的档案管理系统对文件形态的档案能实现有效管理,对于数据形态的档案没有管理能力。

数据湖(数据湖仓)并非专门用于档案管理,只能是一个临时方法。从长远看,设计专门的数据档案管理系统是必不可少的。如何借鉴数据湖(数据湖仓)的功能,对数据档案管理系统进行架构设计、功能设计、存储能力设计等,是下一步要进行的研究工作。

四 建立一个数据档案管理可信度评估的方法论

客观评价数据档案管理的可信性,满足外界对其可信性的期望,是数据归档研究的一个重要内容。笔者将继续研究数据档案管理可信度的评测体系:从法律上确定满足某些既定条件后其保存的数据档案就是可信的,如来源可靠、程序规范、要素合规;建立一个认证系统实现可信度的认证,如权威部门对管理流程满足数据档案管理需求功能的测定,以及对数据档案的审计跟踪,即通过技术认证系统,通过法律确定通过认证后数据档案可信的法律地位。在这个测评体系中,相关法律约束及与其他档案法规的关系、测定方法、审计跟踪的范围与过程、审计数据的处理、审计数据与数据档案的关系等都是下一步要研究的工作。

参考文献

一 经典文献

《马克思恩格斯选集》第三卷,人民出版社1972年版。

二 中文专著

陈兆祦、和宝荣、王英玮:《档案管理学基础》(第四版),中国人民大学出版社2021年版。

丁海斌:《档案学概论》(第二版),科学出版社2022年版。

丁烈云:《数字建造导论》,中国建筑工业出版社2019年版。

冯惠玲、刘越男:《电子文件管理教程》(第二版),中国人民大学出版社2017年版。

冯惠玲:《档案学概论》(第三版),中国人民大学出版社2023年版。

国家档案局:《曾三档案工作文集》,档案出版社1990年版。

李财富:《中国档案学史论》,安徽大学出版社2005年版。

梅宏:《大数据导论》,高等教育出版社2018年版。

王珊、萨师煊:《数据库系统概论》(第5版),高等教育出版社2014年版。

王英玮、陈智为、刘越男:《档案管理学》(第五版),中国人民大学出版社2021年版。

三 中文译著

［美］阿尔文·托夫勒：《第三次浪潮》，黄明坚译，中信出版社 2006 年版。

［美］冯·贝塔朗菲：《一般系统论：基础发展和应用》，林康义、魏宏森译，清华大学出版社 1987 年版。

［苏］B. H. 萨多夫斯基：《一般系统论原理》，贾泽林等译，人民出版社 1984 年版。

四 中文期刊

《全国档案事业发展"十五"计划（摘要）》，《中国档案》2001 年第 2 期。

安小米：《文件连续体模式对电子文件最优化管理的启示》，《档案学通讯》2002 年第 3 期。

安小米、郭明军、魏玮、陈慧：《大数据治理体系：核心概念、动议及其实现路径分析》，《情报资料工作》2018 年第 1 期。

安小米、宋懿、马广惠、陈慧：《大数据时代数字档案资源整合与服务的机遇与挑战》，《档案学通讯》2017 年第 6 期。

安小米、王丽丽：《大数据治理体系构建方法论框架研究》，《图书情报工作》2019 年第 24 期。

蔡盈芳：《电子档案管理应用区块链存储方式探析》，《档案学研究》2020 年第 4 期。

蔡盈芳、李子林：《大数据环境下政务档案信息共享与利用研究：框架设计》，《浙江档案》2019 年第 1 期。

曹惠娟、高闯、曾光、张茵：《军工企业档案工作数据化转型实施路径研究》，《浙江档案》2020 年第 5 期。

朝乐门、曲涵晴：《电子文件管理系统：从数字连续性到数据连续性》，《档案学通讯》2019 年第 3 期。

陈氢、张治：《融合多源异构数据治理的数据湖架构研究》，《情报杂志》2022 年第 5 期。

陈永斌、王立维：《全宗理论两命题新说》，《档案学通讯》1998 年第 2 期。

陈永生：《技术的先进性与经济的合理性——档案工作现代化的一个策略问题》，《山西档案》1994 年第 2 期。

邓君、王阮：《口述历史档案资源知识图谱与多维知识发现研究》，《图书情报工作》2022 年第 7 期。

丁华东、黄琳：《中国特色档案利用服务体系的建设与完善》，《档案学研究》2022 年第 1 期。

丁家友、周涵潇：《数字叙事视域下档案内容管理的发展趋势——档案数据资源生态圈的构建探索》，《档案学研究》2022 年第 6 期。

段荣婷、马寅源、李真：《国际文件/档案著录标准化前沿与趋势展望——基于国际最新著录标准 ICARiC 的研究》，《档案管理》2018 年第 1 期。

方康顺：《德清：重点推进档案数据交换共享》，《浙江档案》2018 年第 7 期。

方昀、仇伟海、李德昆、韩季红：《电子文件数据维保服务案例研究》，《档案学通讯》2018 年第 4 期。

冯惠玲：《档案记忆观、资源观与"中国记忆"数字资源建设》，《档案学研究》2012 年第 3 期。

冯惠玲：《走向单轨制电子文件管理》，《档案学研究》2019 年第 1 期。

冯惠玲、何嘉荪：《对全宗理论的反思——全宗理论新探之一》，《档案学通讯》1988 年第 4 期。

傅荣校：《当前档案机构改革若干问题探讨》，《档案学通讯》2020 年第 1 期。

嘎拉森、顾天荣：《〈文书类电子文件元数据方案〉（DA/T46—2009）要点解读及思考》，《北京档案》2019 年第 11 期。

高闯、柳林集：《合规与妥协：空客德国产品数据归档的现状及其启示》，《档案学研究》2021年第2期。

高珊、解飞：《联盟链用于电子档案单套制改革实践与思考——以中国移动浙江公司为例》，《北京档案》2023年第3期。

耿硕、徐彦红：《高校档案管理生态系统要素及其相互关系研究》，《北京档案》2019年第12期。

古志强、古晓琳：《大数据背景下基层广播电视档案管理创新和利用》，《中国档案》2022年第4期。

郭华东：《科学大数据——国家大数据战略的基石》，《中国科学院院刊》2018年第8期。

郭留红、高爱民、齐云飞、朱兰兰、郝伟斌：《公路建设项目电子文件元数据标准构建研究》，《档案管理》2022年第3期。

何嘉荪：《论全宗形态的异化——电子文件时代还有全宗吗?》，《档案学通讯》1998年第2期。

何嘉荪：《文件群体运动与文件管理档案化——"文件运动模型"再思考兼答章燕华同志之二》，《档案学通讯》2007年第4期。

何嘉荪：《文件生命周期理论及对我们的启示》，《档案学通讯》1991年第6期。

何玉颜：《档案部门参与政府大数据治理的路径研究》，《浙江档案》2018年第8期。

黄璜：《数字政府：政策、特征与概念》，《治理研究》2020年第3期。

黄睿、单庆元：《国外基于电子文件管理准则下的物联网数据管理分析及启示》，《档案管理》2021年第6期。

黄勇、贾新会、刘晓东、郭园、侯彦峰、霍云超：《基于"BIM+"技术的水电站智慧运维管控平台》，《西北水电》2021年第4期。

贾君枝、崔西燕、张贵香：《人工智能技术对知识组织的影响——以知识图谱为视角》，《图书馆论坛》2024年第2期。

金波、孙尧、杨鹏：《基于区块链技术的档案数据质量保障研究》，《图书馆杂志》2023 年第 10 期。

金波、添志鹏：《档案数据内涵与特征探析》，《档案学通讯》2020 年第 3 期。

金波、晏秦：《从档案管理走向档案治理》，《档案学研究》2019 年第 1 期。

金波、杨鹏：《"数智"赋能档案治理现代化：话语转向、范式变革与路径构筑》，《档案学研究》2022 年第 2 期。

金波、杨鹏：《大数据时代档案数据安全治理能力成熟度模型构建》，《档案学通讯》2022 年第 1 期。

金波、杨鹏、宋飞：《档案数据化与数据档案化：档案数据内涵的双维透视》，《图书情报工作》2023 年第 12 期。

金波、杨鹏、添志鹏、吕姗姗：《大数据时代档案数据生态平衡与调适》，《图书情报知识》2023 年第 1 期。

金波、周枫、杨鹏：《档案数据研究进展与研究题域》，《情报科学》2021 年第 11 期。

康蠡、周铭：《档案大数据生态系统涵义、构成与结构摭探》，《北京档案》2017 年第 8 期。

李彩丽、陆婧：《"元宇宙"视域下档案馆服务模式新探索》，《档案管理》2023 年第 1 期。

李妲：《大数据时代档案数据开放共享机制及推进策略探析》，《档案与建设》2023 年第 3 期。

李恩乐、张照余：《基于区块链技术的电子档案数据保全模式探析》，《浙江档案》2023 年第 3 期。

李芳、范海斌：《煤炭企业大数据智能归档利用体系建设实践》，《浙江档案》2022 年第 7 期。

李孟秋：《批判与建构：后现代语境下的档案叙事》，《档案学通讯》2022 年第 5 期。

李明华：《高举习近平新时代中国特色社会主义思想伟大旗帜 奋力开创

全国档案事业发展新局面》,《人民论坛》2018年第15期。

李曲直、韩丽:《"区块链+人事档案"管理应用初探》,《中国档案》2020年第7期。

李宗富、董晨雪:《档案数据治理:概念解析、三重逻辑与行动路向》,《档案管理》2022年第5期。

林明香、曲强:《基于区块链技术的异构档案数据安全管理研究》,《档案管理》2022年第6期。

林伟宏:《省域档案大数据共建共享方法与路径探讨》,《浙江档案》2022年第9期。

林小红、应好仁、楼冬仙:《科学推进档案"三合一"制度》,《浙江档案》2023年第5期。

刘宏达、王荣:《论新时代中国大数据战略的内涵、特点与价值——学习习近平总书记关于大数据的重要论述》,《社会主义研究》2019年第5期。

刘越男:《对电子文件元数据封装策略的再思考——由VERS标准的变化引起的研究》,《档案学研究》2019年第4期。

刘越男:《数据管理大潮下电子文件管理的挑战与对策》,《北京档案》2021年第6期。

刘越男:《数据治理:大数据时代档案管理的新视角和新职能》,《档案学研究》2020年第5期。

刘越男、何思源、王强、李雪彤、杨建梁、祁天娇:《企业档案与数据资产的协同管理:问题与对策》,《档案学研究》2022年第6期。

陆国强:《档案信息智能化利用:从数字化到数据化》,《浙江档案》2023年第5期。

马娥:《干部人事档案工作的管理与思考》,《档案管理》2020年第4期。

马海群:《档案数据开放的发展路径及政策框架构建研究》,《档案学通讯》2017年第3期。

马仁杰、李曼寻：《论"互联网+"时代档案价值与档案利用的关系》，《档案学研究》2020年第6期。

梅敬成、李建勋、何彦田：《基于STEP标准的三维模型数据长期存档系统》，《电子技术与软件工程》2019年第22期。

聂云霞、何金梅、肖坤：《基于小数据的档案信息服务精准化研究》，《山西档案》2021年第2期。

牛力、高晨翔、张宇锋、闫石、徐拥军：《发现、重构与故事化：数字人文视角下档案研究的路径与方法》，《中国图书馆学报》2021年第1期。

牛力、黎安润泽、刘慧琳、曾静怡：《从物理到数据：智慧档案2.0体系构建研究》，《档案学研究》2022年第3期。

祁天娇：《从历史档案到历史大数据：基于威尼斯时光机十年路径的探索》，《中国图书馆学报》2022年第5期。

祁天娇、冯惠玲：《档案数据化过程中语义组织的内涵、特点与原理解析》，《图书情报工作》2021年第9期。

钱毅：《基于完整性管控的数字档案对象全树结构模型研究》，《档案学研究》2020年第3期。

钱毅：《技术变迁环境下档案对象管理空间演化初探》，《档案学通讯》2018年第2期。

曲强、林明香、潘亚男：《区块链：构建韧性数字档案馆的新基建》，《中国档案》2021年第1期。

任越、焦俊杰：《文化大数据：档案数字叙事的发展机遇与提升策略》，《北京档案》2023年第5期。

史江、罗紫菌：《"智能+"时代档案管理方法创新探讨》，《档案学研究》2021年第2期。

史林玉、詹逸珂：《政务数据资源档案化管理：面向传统归档实践的分析和思考》，《浙江档案》2022年第7期。

谭海波、周桐、赵赫、赵哲、王卫东、张中贤、盛念祖、李晓风：《基于区块链的档案数据保护与共享方法》,《软件学报》2019年第9期。

陶水龙:《大数据视野下档案信息化建设的新思考》,《档案学研究》2017年第3期。

陶水龙:《海量档案数字资源智能管理及挖掘分析方法研究》,《档案学研究》2017年第6期。

万雨晨、杨国立:《数字记忆视角下数据管理的档案化路径研究》,《浙江档案》2022年第7期。

汪再军、周迎:《基于BIM的建设工程竣工数字化交付研究》,《土木建筑工程信息技术》2021年第4期。

王晨、李耀庭:《大数据视阈下档案学研究的困境和启示——基于CNKI档案类期刊的共词聚类分析》,《北京档案》2016年第6期。

王金玲:《档案数据的智慧管理与应用研究》,《中国档案》2018年第4期。

王良城:《档案安全风险评估机制的建立与推行》,《中国档案》2011年第2期。

王木亮:《三维电子文件单套归档和电子档案单套管理》,《中国档案》2023年第1期。

王宁、孔梦帆、于雪:《大数据背景下高校人事档案数据化组织流程与实现路径研究》,《情报科学》2022年第11期。

王宁、李晶伟:《大数据影响下的我国档案学研究发展刍议——基于实践需求环境的分析》,《档案与建设》2018年第10期。

王平、陈秀秀、李沐妍、侯景瑞:《区块链视角下档案数据质量管理路径研究》,《档案学研究》2023年第2期。

王阮、邓君:《故事线构建及可视化、情感化、场景化应用探索——以〈张学良口述历史〉为例》,《图书情报工作》2022年第7期。

王文君、冉栋刚、付庆玖、刘淑云、刘洪颜:《区块链视域下高校国有资产档案管理研究》,《北京档案》2021年第7期。

王子鹏:《数据文件归档研究——以江苏开放大学为例》,《档案管理》

2018 年第 4 期。

吴宝康：《论档案工作的意义及目前存在的问题》，《档案工作》1953 年第 10 期。

夏天、钱毅：《面向知识服务的档案数据语义化重组》，《档案学研究》2021 年第 2 期。

向立文、李培杰：《档案部门实施档案大数据战略的必要性与可行性研究》，《浙江档案》2018 年第 10 期。

谢锋、徐悦、王磊、王密、毕建新：《地方性建设电子档案元数据方案构建——以苏州市为例》，《档案与建设》2022 年第 8 期。

徐钦梅、戴敏：《档案数据化管理的实现路径研究》，《浙江档案》2021 年第 12 期。

徐拥军：《机构改革后档案工作面临的问题与对策》，《档案学通讯》2019 年第 5 期。

徐拥军：《省级档案机构改革的特点、影响与展望》，《求索》2019 年第 2 期。

徐拥军、李孟秋：《再论档案事业从"国家模式"走向"社会模式"》，《档案管理》2020 年第 3 期。

徐拥军、龙家庆：《加快档案治理体系建设 推动档案事业高质量发展》，《中国档案》2022 年第 1 期。

徐拥军、张臻、任琼辉：《国家大数据战略背景下档案部门与数据管理部门的职能关系》，《图书情报工作》2019 年第 18 期。

薛四新、黄丽华：《大数据环境下政府信息资源归档模式研究》，《中国档案》2021 年第 5 期。

杨冬权：《智慧档案馆（室）——我国档案馆（室）建设的新方向》，《中国档案》2020 年第 11 期。

杨晶晶：《企业档案数据自动分类管理实践探究》，《北京档案》2022 年第 3 期。

杨来青：《大数据背景下档案信息资源挖掘策略与方法研究》，《中国档案》2018 年第 8 期。

杨茜雅：《中国联通电子档案数据挖掘与智能利用的研究》，《档案学研究》2018 年第 6 期。

叶大凤、黄思棉、刘龙君：《当前档案大数据研究的误区与重点研究领域思考》，《北京档案》2015 年第 7 期。

尹鑫、张斌：《论加快构建中国特色档案学学术体系》，《图书情报知识》2021 年第 5 期。

于英香：《从数据与信息关系演化看档案数据概念的发展》，《情报杂志》2018 年第 11 期。

于英香：《大数据视域下档案数据管理研究的兴起：概念、缘由与发展》，《档案学研究》2018 年第 1 期。

于英香、孙逊：《从文件结构演化看电子文件数据化管理的发展——基于技术变迁的视角》，《档案学通讯》2019 年第 5 期。

於菊红：《大数据背景下档案管理范式的转型：从信息管理到数据管理》，《档案管理》2019 年第 6 期。

张斌、高晨翔、牛力：《对象、结构与价值：档案知识工程的基础问题探究》，《档案学通讯》2021 年第 3 期。

张斌、杨文：《中国特色档案学的发展脉络与演进逻辑》，《图书情报知识》2020 年第 5 期。

张斌、尹鑫：《中国特色档案学基础理论体系的历史发展与当代构建》，《中国图书馆学报》2021 年第 6 期。

张芳霖、唐霜：《大数据影响下档案学发展趋势的思考》，《北京档案》2014 年第 9 期。

张芳霖、王毓婕：《近代商会档案数据资源整合的意义、底层逻辑和实现路径》，《档案学通讯》2023 年第 3 期。

张慧颖、曹玉：《国家综合档案馆档案数据资源智慧化管理路径及其实现机制研究》，《北京档案》2022 年第 6 期。

张宁：《数据驱动视角下的电子文件单轨制管理研究》，《档案学研究》

2022 年第 5 期。

张正辉、王其武、周成龙：《融合 BIM+GIS 技术的交通工程档案与信息管理系统》，《土木建筑工程信息技术》2022 年第 5 期。

张正强：《基于本体的电子文件元数据》，《中国档案》2020 年第 3 期。

赵生辉、胡莹：《"档案数据化"底层逻辑的解析与启示》，《档案学通讯》2021 年第 4 期。

赵生辉、胡莹：《档案数据基因系统：概念、机理与实践》，《档案学研究》2021 年第 1 期。

赵生辉、胡莹、黄依涵：《数据、档案及其共生演化的微观机理解析》，《档案学通讯》2022 年第 2 期。

赵彦昌、段雪茹：《大数据环境下档案信息资源整合的 SWOT 分析》，《北京档案》2016 年第 11 期。

赵跃：《大数据时代档案数据化的前景展望：意义与困境》，《档案学研究》2019 年第 5 期。

赵跃、石郦冰、孙寒晗：《"档案数据"一词的使用语境与学科内涵探析》，《档案学研究》2021 年第 3 期。

赵跃、孙晶琼、段先娥：《档案化：档案科学介入数据资源管理的理性思考》，《档案学研究》2020 年第 5 期。

郑洁洁：《数字时代的归档制度转型研究——以福建省公安厅数字档案室为例》，《档案与建设》2019 年第 8 期。

郑金月：《关于档案与大数据关系问题的思辨》，《档案学研究》2016 年第 6 期。

周枫、杨智勇：《基于 5W1H 分析法的档案数据管理研究》，《档案学研究》2019 年第 4 期。

周林兴、林凯：《大数据时代档案数据质量治理：因素、框架和路径》，《档案学研究》2023 年第 2 期。

周文欢：《ChatGPT 在档案领域应用和意义》，《中国档案》2023 年第 3 期。

周耀林、常大伟：《我国档案大数据研究的现状分析与趋势探讨》，《档案学研究》2017年第3期。

周耀林、吴化、刘丽英、张昕：《健康医疗大数据背景下我国医院档案管理研究：需求、转变与对策》，《档案学研究》2021年第6期。

朱国康、陈奇志、徐琨：《档案大数据安全面临的挑战与对策研究》，《北京档案》2019年第5期。

朱兰兰、段燕鸽：《总体国家安全观下电子档案单套制风险治理研究——基于"理念—主体—行动"的三维分析框架》，《档案管理》2022年第6期。

祝成：《人工智能技术在档案数据化工作中的应用分析》，《中国档案》2021年第4期。

庄子银：《大数据如何更好地服务于国家发展战略》，《人民论坛》2021年第Z1期。

五 外文专著

Ream B., *Personnel Administration: A Guide to the Effective Management of Human Resources*, ICSA Publishing, 1984.

DAMA International, *The DAMA Guide to the Data Management Body of Knowledge*, New York: Technics Publications, 2009.

Talcott P., *The Social System*, Routledge, 1991.

六 外文期刊

Hawkins A., "Archives Linked Data and the Digital Humanities: Increasing Access to Digitised and Born-digital Archives via the Semantic web", *Archival Science*, Vol. 22, 2021.

Cong Y. and Du H., "The Use of New Data Sources in Archival Accounting Research: Implications for Research in Accounting Information Systems and Emerging Technologies", *Journal of Emerging Technologies in Ac-*

counting, Vol. 19, 2022.

Agostinho D., "Archival encounters: Rethinking Access and Care in Digital Colonial Archives", *Archival Science*, Vol. 19, 2019.

Xu D., "An Analysis of Archive Digitization in the Context of Big Data", *Mobile Information Systems*, 2022.

Grattan et al., "On The Personnel Paper Trail", *Small Business Reports*, 1994.

Koontz H., "The Management Theory Jungle", *Academy of Management Journal*, Vol. 4, 1961.

Mordell D., "Critical Questions for Archives as (Big) Data", *Archivaria*, 2019.

Osakwe R. N., "Administrative Strategies of Departmental Heads as Determinants for the Effective Management of Human Resources in Tertiary Institutions in Delta State, Nigeria", *Higher Education Studies*, Vol. 5, No. 1, 2015.

后　　记

本书是我 2018 年 6 月申报的国家社会科学基金重点项目"国家大数据战略下档案管理理论与实践创新研究"（项目编号：18ATQ008）的最终研究成果，该成果于 2023 年 9 月被全国哲学社会科学规划办公室鉴定为优秀等级予以结项。承蒙全国哲学社会科学规划办公室和诸多评审专家的厚爱，这对我是巨大的科研鞭策和学术鼓励。

本人长期致力于电子文件管理的理论与实践研究，随着大数据上升为国家战略，认识到档案机构作为社会信息资源最重要的保存场所，必须参与到国家大数据战略中。大数据涵盖甚广，既包含了现有电子文件，又包含了未进入当前归档范围的信息资源。对于现有电子文件，通过分析电子文件与数据之间的区别与联系，提出其由若干数据、数据间逻辑关系以及固定格式三部分组成的观点，并以数据及其逻辑关系为关键要素，研究这三部分的组成机理，探讨将其管理转化为管理数据及其逻辑关系的可行性与条件。考虑到档案机构工作实际以及技术能力，将现有电子文件分为两类，一类是 Word 等文本文件、图形图像、音视频等电子文件，另一类是从数据库中提取数据，根据数据间逻辑关系按照固定格式形成的电子文件。对于第一类电子文件，仍可按照现有方式进行管理。项目以第二类为主要对象开展研究，进一步将研究结果扩展到第一类电子文件。

在研究过程中，针对国内学者整体上还处在初步探索阶段，尚未深入系统地解决档案机构对大数据能否管、如何管、怎么用的状况，将宏观把握与微观探究深度结合，将档案管理对象从文件扩展到数据，以档案部门积极参与国家战略中遇到的实际问题为研究内容，对档案学的基本概念与理论进行拓展，力图重构档案管理活动，研究档案管理机制，修正完善已有档案管理理论与方法，并对大数据下档案管理过程与开发利用模式、方法等进行实操研究，有利于提升档案机构的大数据管理能力与服务水平，加快其融入国家大数据战略的步伐。

最后，我作为课题主持人要特别感谢课题组成员在课题申报、课题研究过程中所作出的贡献；感谢多位评审专家在项目结项评审中给予的较高评价以及非常宝贵的修改补充意见，有助于我在本书出版之前能有针对性地予以充实、修订和完善。在项目研究过程中，广泛吸取了国内外大量的相关研究成果，参考与引用了许多专家学者的著述，在此谨向作者致以诚挚谢意！中国社会科学出版社的责任编辑刘艳老师为本书的出版付出了辛勤劳动，在此特表衷心的感谢！

大数据下档案管理理论与实践创新在不断发展，国内外研究与实践成果层出不穷。由于本人学识有限，书中定有不少疏漏，恳请专家、同行与广大读者批评指正，以期在后续研究中进一步完善。

李泽锋
2024 年秋于郑州航院